kompaktwissen

JAKOB WOLF

Grundwissen Bilanz

Bilanzen lesen und verstehen -
Analyse und Vergleich
von Konkurrenz,
Kunden und Lieferanten -
Die Eröffnungsbilanz -
Bilanzpolitische Entscheidung
vor dem Stichtag

Originalausgabe

Wilhelm Heyne Verlag
München

HEYNE KOMPAKTWISSEN
Nr. 22/312

Herausgeber der Reihe »kompaktwissen«:
Dr. Uwe Schreiber

Copyright © 1993
by Wilhelm Heyne Verlag GmbH & Co. KG, München
Printed in Germany 1993
Umschlaggestaltung: Atelier Ingrid Schütz, München
Satz: Schaber Datentechnik, Wels
Druck und Bindung: Ebner Ulm

ISBN 3-453-06347-3

Inhalt

Einführung	9
Teil I: Bilanzierung	13
1. Das europäische Bilanzrecht	13
1.1 Zielsetzungen	14
1.2 Europaweite Publizität	15
2. Der deutsche Jahresabschluß	17
2.1 Begriff	19
2.2 Bilanz	20
2.3 Gewinn- und Verlustrechnung	25

G und V nach dem Gesamtkostenverfahren — G und V nach dem Umsatzkostenverfahren — Erfolgsspaltung — Gewinnverwendung

2.4 Anhang	32
2.5 Lagebericht	34
2.6 Maßgeblichkeitsgrundsatz	38
2.7 Bilanzierungsgrundsätze	40

Grundsatz des true and fair view — Grundsatz der Wesentlichkeit — Klarheit und Übersichtlichkeit — Fristgerechte Aufstellung — Vollständigkeit — Verbot der Saldierung — Bilanzidentität — Unternehmensfortführung — Stichtagsbezogenheit — Einzelbewertung — Periodenabgrenzung — Darstellungsstetigkeit — Vorsicht

2.8 Veröffentlichung	50
2.9 Handels- und Steuerbilanzpolitik	57

Ziele der Bilanzpolitik — Instrumente der Bilanzpolitik

3. Aktivseite der Bilanz 65
   3.1 Anlagevermögen 65
   Arten — Anlagegitter — Anschaffungskosten — Herstellungskosten — Teilwert

   3.2 Umlaufvermögen 73
   Wertmaßstäbe — Aktive Rechnungsabgrenzungsposten

4. Passivseite der Bilanz 76
   4.1 Eigenkapital 76
   Kapitalkonto — Eigenkapital der Kapitalgesellschaften — Rücklagen — Stille Reserven

   4.2 Fremdkapital 82
   Kurzfristiges/mittelfristiges/langfristiges Fremdkapital — Rückstellungen — Verbindlichkeiten — Eventualverbindlichkeiten

Teil II: Bilanzanalyse 89

1. Begriff und Methodik der Bilanzanalyse 89
   1.1 Interne, externe Bilanzanalyse 90
   1.2 Aufbereitung der Bilanz und der Gewinn- und Verlustrechnung 92

2. Die Bilanzleser 96
   2.1 Das Management 98
   2.2 Die Kunden und Lieferanten 99
   2.3 Die Konkurrenten 101
   2.4 Die Banken 104
   2.5 Das Finanzamt 109
   2.6 Sonstige Bilanzleser 111
   Kreditauskunftsbüros — Potentielle Anteilseigner — Unternehmensberater — Presse, Öffentlichkeit

3. Auswertung des Jahresabschlusses 114
   3.1 Kennzahlenanalyse 114
   3.2 Betriebliche Vergleiche 116
   Innerbetrieblicher/zwischenbetrieblicher Vergleich — Vergleichsvoraussetzungen
   3.3 Betriebsvergleiche als Auswertungsinstrumente . 127
   Vergleichsträger — Wissenschaftliche Institute — Banken und Sparkassen — DATEV — Einzelauswertung — Branchendurchschnittswerte
   3.4 Kennzahlensystem 144

4. Analyse der Aufwands- und Ertragsstruktur 153
   4.1 Umsatzerfolg 154
   4.2 Rohertrag 162
   4.3 Aufwandsstrukturen 168
   4.4 Rentabilität 172

5. Analyse der Vermögensstruktur 175
   5.1 Vermögensänderung, Vermögensintensität 176
   5.2 Vermögensumschlag, Anlagenabnutzungsgrad ... 178
   5.3 Vorratswirtschaft 181
   5.4 Monetäres Umlaufvermögen 183

6. Analyse der Kapitalstruktur 186
   6.1 Gesamtkapitaländerung, Verschuldungsgrad 186
   6.2 Kapitalumschlag 188
   6.3 Eigenkapitalkennzahlen 189
   6.4 Fremdkapitalkennzahlen 192

7. Analyse der Finanzstruktur 195
   7.1 Finanzierungsregeln 195
   7.2 Liquiditätskennzahlen 197
   7.3 Cashflow 199
   7.4 Dynamische Liquidität 206

8. 25 Führungszahlen für das Management 208

Teil III: Kontrollfragen und Antworten 215

Anhang 224
*Gliederungsschemata der Bilanz und der Gewinn-
und Verlustrechnung (übersetzt und vergleichend in
Deutsch, Englisch, Französisch)*

Literaturverzeichnis 232

Stichwortverzeichnis 233

Einführung

In der Wirtschaft ist die Ansicht weit verbreitet, die Bilanz bzw. der Jahresabschluß werde nur von Fachleuten verstanden. Dazu zählt man insbesondere die Wirtschaftsprüfer, Steuerberater, Buchhalter, Controller und sonstige Experten des Rechnungswesens. Für die übrigen Interessenten stelle die Bilanz ein Buch mit sieben Siegeln dar.

Tatsächlich haben jedoch nahezu sämtliche leitenden Mitarbeiter in den Unternehmen das dringende Bedürfnis, den Jahresabschluß ihres eigenen Unternehmens lesen und verstehen zu können. Dies gilt für die kaufmännischen Führungskräfte genauso wie für die technischen. Sie wollen zum Beispiel wissen, ob ihnen der Jahresabschluß aufzeigen kann, wie es dem Unternehmen wirtschaftlich geht, bei dem sie als Führungskräfte beschäftigt sind. Gehören sie einem prosperierenden, ertragsstarken und krisensicheren oder eher einem wirtschaftlich absteigenden, ertragsschwachen und gefährdeten Unternehmen an?

Die mittelständischen Eigentümerunternehmer und Geschäftsführer von GmbHs, die über keine internen Experten des Rechnungswesens verfügen, haben meistens ein noch größeres Bedürfnis, sowohl die Jahresabschlüsse ihres eigenen Unternehmens als auch die Jahresabschlüsse ihrer Kunden, Lieferanten und Konkurrenten lesen und verstehen zu können.

Sie wollen im Hinblick auf den Jahresabschluß ihres eigenen Unternehmens kompetenter Gesprächspartner ihres Wirtschaftsprüfers bzw. Steuerberaters werden. Sie wollen zum Beispiel bei einer Bilanzbesprechung mit diesen externen Beratern alles verstehen, was ihnen an Erläuterungen zu ihrem Jahresabschluß gegeben wird. Kurz, sie wollen einen fachbezogenen Dialog mit diesen Beratern führen können.

Sollen während des laufenden Geschäftsjahres handels- und steuerbilanzpolitische Entscheidungen getroffen werden, muß der Unternehmer bzw. Geschäftsführer einer GmbH die Grundfragen der Bilanzierung beherrschen, um sich von seinem Berater gezielt über die Wirkungen seiner geplanten bilanzpolitischen Entscheidung auf den Jahresabschluß und auf die steuerliche Belastung beraten lassen zu können.

Was für den Jahresabschluß des eigenen Unternehmens gilt, trifft noch mehr auf die Jahresabschlüsse der Kunden und der Lieferanten zu. Der Unternehmer bzw. der Geschäftsführer einer GmbH möchte wissen, ob sich mit diesen Kunden und Lieferanten dauerhaft wirtschaftlich tragfähige Beziehungen herstellen lassen, oder ob die geplante Zusammenarbeit eher auf einem wirtschaftlich schwachen Fundament ruht.

Schließlich möchten die Unternehmer und die GmbH-Geschäftsführer auch die offengelegten Jahresabschlüsse ihrer Konkurrenten analysieren und interpretieren können, um die wirtschaftliche Potenz und die Gefährlichkeit dieser Wettbewerber richtig einschätzen zu können.

Die starken Motive, warum jemand die Grundfragen der Bilanzierung beherrschen möchte, sind damit klar. Häufig besteht jedoch eine Scheu, sich mit Bilanzierungsfragen zu beschäftigen, weil man glaubt, die Jahresabschlußanalyse setze ein umfangreiches Vorwissen voraus, sei besonders arbeitsaufwendig und schwer zu erlernen.

Das vorliegende Buch »Grundwissen Bilanzierung« versetzt den Leser in die Lage, sich verhältnismäßig schnell mit den wichtigen Fragen und Problemen sowohl der Bilanzierung als auch der Bilanzanalyse vertraut zu machen.

Teil I befaßt sich mit den Grundfragen der Bilanzierung.

In Punkt 1 wird aufgezeigt, daß in den zwölf EG-Staaten innerhalb des Europäischen Binnenmarktes für die Aktiengesellschaften und GmbHs ein einheitliches Europäisches Bilanzrecht existiert. Wenn daher der Leser das deutsche Bilanzrecht versteht, kann er den Jahresabschluß einer Kapitalgesellschaft jedes beliebigen EG-Staates, von sprachlichen Schwierigkeiten einmal abgesehen, lesen und interpretieren.

In Punkt 2 wird der deutsche Jahresabschluß der Kapitalgesellschaften dargestellt. Es werden die rechtlichen Grundlagen genauso erläutert wie die notwendigen Bestandteile Bilanz, Gewinn- und Verlustrechnung und Anhang sowie der ergänzende Bestandteil Lagebericht. Außerdem wird die Verzahnung zwischen Handels- und Steuerbilanz durch das Maßgeblichkeitsprinzip dargestellt. Es werden die Konsequenzen aufgezeigt, die sich aus der Offenlegungspflicht für die Jahresabschlüsse der Kapitalgesellschaften ergeben. Fast jeder Jahresabschluß ist durch bilanzpolitische Entscheidungen beeinflußt. Es werden daher die Grundzüge der Handels- und Steuerbilanzpolitik dargelegt, damit der Bilanzleser weiß, daß er die Bilanz nur dann zuverlässig analysieren kann, wenn er aufdeckt, an welcher Stelle zum Beispiel stille Reserven gelegt wurden.

In Punkt 3 wird auf die wesentlichen Fragen der Bilanzierung und Bewertung im Rahmen der Aktivseite und in Punkt 4 im Rahmen der Passivseite der Bilanz eingegangen.

Teil II befaßt sich mit der Bilanzanalyse.

In Punkt 1 werden die Methoden und Techniken der internen und externen Bilanzanalyse dargestellt. Dem Bilanzanalytiker wird gezeigt, wie er bei der Aufbereitung des Jahresabschlusses, das heißt insbesondere der Bilanz und der Gewinn- und Verlustrechnung, vorgehen sollte.

Punkt 2 bringt eine Darstellung der unterschiedlichen Bilanzleser bzw. -lesergruppen, die vor allem im Rahmen der externen Bilanzanalyse die Jahresabschlüsse der Kapitalgesellschaften einsehen und analysieren.

Punkt 3 befaßt sich mit der eigentlichen Auswertung des Jahresabschlusses. Dabei werden die beiden Grundvoraussetzungen der Bilanzanalyse:

- Einsatz der Bilanzkennzahlen im Rahmen von Kennzahlenvergleichen und
- Einsatz der Bilanzkennzahlen im Rahmen eines Kennzahlensystems

ausführlich dargestellt. Dem Leser werden auch praktische Hinweise geboten, welcher zwischenbetriebliche Vergleich für bestimmte Unternehmen in Frage kommt bzw. abgerufen werden kann.

Es wird ein Kennzahlensystem dargestellt, das, ausgehend von der Kennzahl Return on Investment (ROI), den Abriß eines Unternehmens bildet. Das Kennzahlensystem ist praxiserprobt und kann von jedem Bilanzanalytiker sofort eingesetzt werden.

Punkt 4 befaßt sich mit der Analyse der Aufwands- und Ertragsstruktur eines Unternehmens. Es werden einige wesentliche Kennzahlen dargestellt, die sich als Führungszahlen dazu eignen, die gesamte Ertrags- und Kostensituation eines Unternehmens zu erfassen.

Punkt 5 zeigt auf, mit welchen Kennzahlen sich die Vermögensstruktur eines Unternehmens durchleuchten und erfassen läßt.

Punkt 6 bringt die wichtigsten Kennzahlen zur Analyse der Kapitalstruktur eines Unternehmens. Dabei werden sowohl Kennzahlen für eine Gesamtbeurteilung als auch für die getrennte Untersuchung der Eigenkapital- und Fremdkapitalstruktur dargestellt.

Punkt 7 stellt die wichtigsten Führungszahlen zur Analyse der Finanzlage eines Unternehmens dar. Dabei wird neben den statischen Liquiditätskennzahlen auch die Kapitalflußrechnung abgehandelt.

In Punkt 8 werden schließlich 25 Führungszahlen vorgestellt, die ein effizientes Kennzahlensystem für das Management bilden können.

Teil III enthält 22 Kontrollfragen in programmierter Form, die dem Leser eine Selbstkontrolle des mit dem vorliegenden Buch erarbeiteten Grundwissens Bilanzierung und Bilanzanalyse ermöglichen sollen.

Regensburg, 1993   Jakob Wolf

Teil I:
Bilanzierung

1. Das europäische Bilanzrecht

Am 01. 01. 1993 entstand der europäische Binnenmarkt. Dieser umfaßt die 12 EG-Staaten:

- Belgien,
- Bundesrepublik Deutschland,
- Dänemark,
- Frankreich,
- Griechenland,
- Großbritannien,
- Irland,
- Italien,
- Luxemburg,
- Niederlande,
- Portugal,
- Spanien.

Diese 12 EG-Staaten verkörpern einen einheitlichen Markt von 340 Millionen Verbrauchern, die gegenwärtig ein Sozialprodukt von über DM 9 Billionen erwirtschaften.

Innerhalb dieses europäischen Binnenmarktes wird von sämtlichen Kapitalgesellschaften in den einzelnen EG-Staaten, das sind die Aktiengesellschaften und die Gesellschaften mit beschränkter Haftung, ein einheitliches europäisches Bilanzrecht praktiziert.

Es ist zu erwarten, daß ein Großteil der ehemaligen Ostblockstaaten dieses europäische Bilanzrecht der EG für ihre eigenen Kapitalgesellschaften übernehmen wird. Damit dürfte dieses einheitliche Bilanzrecht in der Zukunft eine noch gesteigerte wirtschaftliche Bedeutung erlangen.

Rechtsgrundlage für das einheitliche europäische Bilanzrecht ist die Vierte EG-Bilanzrichtlinie, die sämtliche EG-Staaten verpflichtete, die darin enthaltenen Vorschriften (Artikel) in nationales Recht umzusetzen. In der Bundesrepublik Deutschland wurden zum Beispiel die Vorschriften der Vierten EG-

Bilanzrichtlinie durch das Dritte Buch des Handelsgesetzbuches (HGB) in deutsches Recht gefaßt.

1.1 Zielsetzungen

Die Zielsetzungen, die mit dem einheitlichen europäischen Bilanzrecht für die Kapitalgesellschaften verfolgt werden, gehen eindeutig aus der Präambel der Vierten EG-Bilanzrichtlinie hervor. Die beiden Hauptziele sind:

Erste Zielsetzung:

Die Koordinierung der nationalen einzelstaatlichen Vorschriften der Kapitalgesellschaften (Aktiengesellschaften und GmbHs)

- über die Gliederung und den Inhalt des Jahresabschlusses,
- über den Inhalt des Lageberichts,
- über die Bewertungsmethoden und
- über die Offenlegung des Jahresabschlusses.

Mit dieser Zielsetzung soll erreicht werden, daß europaweit die Interessen sowohl der Gesellschafter als auch Dritter gegenüber den Aktiengesellschaften und GmbHs in möglichst umfassender Weise gewahrt werden. Der europäische Binnenmarkt führt zu einem lebhaften wirtschaftlichen Austausch zwischen den Kapitalgesellschaften in den verschiedenen EG-Staaten. Zahlreiche Aktiengesellschaften und GmbHs gründen darüber hinaus Tochtergesellschaften im gesamten EG-Raum. Viele EG-Bürger beteiligen sich als Gesellschafter an ausländischen Aktiengesellschaften oder GmbHs.

Alle diese Interessenten, Gesellschafter, Kunden, Lieferanten, Gläubiger, Konkurrenten usw. möchten den Jahresabschluß einer ausländischen Aktiengesellschaft oder GmbH lesen und verstehen können. Dies setzte voraus, daß die europäischen handelsrechtlichen Rechnungslegungsvorschriften vereinheitlicht wurden, wie es in der Präambel der Vierten EG-Bilanzrichtlinie verlangt ist.

Die Jahresabschlüsse der Kapitalgesellschaften in den einzelnen EG-Staaten sind einheitlich gegliedert, und es werden die gleichen Bewertungsmethoden angewandt. Der Bilanzleser kann daher jeden Jahresabschluß einer Aktiengesellschaft oder GmbH irgendeines EG-Staates verstehen und interpretieren, von sprachlichen Problemen selbstverständlich abgesehen.

Zweite Zielsetzung:

Die Sicherstellung, daß der Jahresabschluß der Kapitalgesellschaft innerhalb der Europäischen Gemeinschaft ein den tatsächlichen Verhältnissen entsprechendes Bild der

- Vermögenslage,
- Finanzlage und
- Ertragslage

der Gesellschaft vermittelt.

Mit dieser Zielsetzung soll erreicht werden, daß die Jahresabschlüsse der Aktiengesellschaften und der GmbHs in den EG-Staaten voll miteinander verglichen werden können. Da zum Beispiel sowohl der Jahresabschluß einer deutschen GmbH als auch einer französischen GmbH den wirtschaftlich wahren Gewinn ausweisen muß, ist bei Vorliegen ähnlicher betriebsstruktureller Faktoren die Ertragssituation der beiden Kapitalgesellschaften direkt vergleichbar. Beide Gesellschaften müssen in ihren Jahresabschlüssen ein den tatsächlichen Verhältnissen entsprechendes Bild der Ertragslage vermitteln. Dies führt zu einer europaweiten Vergleichbarkeit der Jahresabschlüsse der Aktiengesellschaften und GmbHs in sämtlichen EG-Staaten.

1.2 Europaweite Publizität

Die Aktiengesellschaften und die GmbHs sind in sämtlichen 12 EG-Staaten verpflichtet, ihre Jahresabschlüsse, das heißt:

- Bilanz,
- Gewinn- und Verlustrechnung,

- Anhang,
- Lagebericht

offenzulegen. Die Offenlegungspflicht bedeutet für die Mehrzahl der Kapitalgesellschaften eine Hinterlegung ihrer Jahresabschlüsse bei dem zuständigen Handelsregister. Die Einsicht in diese Handelsregister in den EG-Staaten ist jedermann gestattet.

Die Risiken bei der Anknüpfung von Geschäftsbeziehungen mit ausländischen Kapitalgesellschaften sind meistens unübersichtlicher und schwerer einzuschätzen als in bezug auf Aktiengesellschaften oder GmbHs in Deutschland.

Will sich daher jemand zum Beispiel über eine ausländische GmbH informieren, ist ihm zu raten, sich die offengelegten Jahresabschlüsse dieser Kapitalgesellschaft zu beschaffen. Auf diese Art und Weise bekommt er meistens ein fundiertes Bild über die Vermögens-, Finanz- und Ertragslage dieses potentiellen ausländischen Geschäftspartners.

Die Quoten der offengelegten Jahresabschlüsse liegen in sämtlichen EG-Staaten im Durchschnitt zwischen 80% und 95%, so daß es, im Gegensatz zu Deutschland (Offenlegungsquote nur ca. 20%), relativ einfach ist, sich den Jahresabschluß einer GmbH in jedem beliebigen EG-Staat zu besorgen. Beispielsweise bietet die Deutsch-Französische Industrie- und Handelskammer in Paris jedem Interessenten an, gegen eine minimale Pauschalgebühr von DM 100,— den offengelegten Jahresabschluß jeder beliebigen französischen AG oder GmbH zu beschaffen.

Für jedes Unternehmen, das mit ausländischen Geschäftspartnern in der Rechtsform einer GmbH zu tun hat, sollte es selbstverständliche Betriebspraxis werden, sich die offengelegten Jahresabschlüsse dieser Kapitalgesellschaften zu besorgen.

2. Der deutsche Jahresabschluß

Wie bereits ausgeführt, wurde die Vierte EG-Bilanzrichtlinie durch das Dritte Buch des HGB in deutsches Recht überführt. Wenn sich daher jemand mit den Grundfragen der Bilanzierung befaßt, sollte er sich als erstes eine Ausgabe des Handelsgesetzbuches besorgen, das den größten Teil der handelsrechtlichen Rechnungslegungsvorschriften enthält, die bei der Aufstellung sowohl des handelsrechtlichen als auch des steuerrechtlichen Jahresabschlusses beachtet werden müssen.

Das Dritte Buch des HGB ist zweigeteilt:

- Der erste Teil, der sogenannte »**Kaufmannsteil**«, der die Paragraphen 238 bis einschließlich 263 HGB umfaßt, enthält die Minimalanforderungen, die der Gesetzgeber an Buchführung und Bilanzierung stellt.

  Für Personengesellschaften (OHG, KG, GmbH & Co. KG, BGB-Gesellschaft) enthalten diese Paragraphen abschließend die gesamten handelsrechtlichen Rechnungslegungsvorschriften.

  Der Kaufmannsteil, das heißt die §§ 238—263 HGB, gilt auch für die Aktiengesellschaften und die GmbHs.

- Der zweite, sogenannte »**Besondere Teil**«, der die Paragraphen 264 bis einschließlich 335 HGB umfaßt, enthält ausschließlich die ergänzenden Rechnungslegungsvorschriften für die Aktiengesellschaften und die GmbHs. Zugleich enthält dieser zweite Teil auch die Rechnungslegungsvorschriften für die Konzerne.

Diese Zweiteilung der Rechnungslegungsvorschriften im HGB führt dazu, daß bei der Aufstellung des handelsrechtlichen Jahresabschlusses einer Kapitalgesellschaft sowohl der erste Teil, der Kaufmannsteil, als auch der zweite Teil, der Besondere Teil, beachtet werden muß. Man muß daher grundsätzlich zweimal im Gesetz nachlesen: Erst wird der Kaufmannsteil aufgeschlagen und die entsprechende Vorschrift herausgesucht, anschließend muß geprüft werden, ob nicht für die Kapitalgesellschaften der spezielle Teil eine Rechtsvorschrift enthält, die vom Kaufmannsteil abweicht. In diesem Fall gilt für die Kapitalgesellschaft selbstverständlich die abweichende Vorschrift des Besonderen Teils.

Beispiel: In § 253 Abs. 4 HGB, also im Kaufmannsteil, ist folgendes geregelt: »Abschreibungen sind außerdem im Rahmen vernünftiger kaufmännischer Beurteilung zulässig.« Dies bedeutet, daß eine Nichtkapitalgesellschaft in ihrem Jahresabschluß im Rahmen vernünftiger kaufmännischer Beurteilung zum Beispiel bei der Bewertung der Aktiva stille Reserven bilden kann.

§ 279 Abs. 1 HGB enthält im speziellen Teil die vom Kaufmannsteil abweichende Regelung: »§ 253 Abs. 4 HGB ist nicht anzuwenden.« Dies bedeutet, daß Aktiengesellschaften und GmbHs bei der Bewertung ihrer Aktiva nicht berechtigt sind, stille Reserven im Rahmen vernünftiger kaufmännischer Beurteilung zu bilden.

Im Aktiengesetz und im GmbH-Gesetz finden sich ergänzend noch einige wenige Rechnungslegungsvorschriften, die ganz speziell nur für diese beiden Rechtsformen gelten. Als Beispiele seien § 158 AktG und § 29 GmbHG genannt, die spezielle Gewinnverwendungsvorschriften nur für die Aktiengesellschaft bzw. nur für die GmbH enthalten.

Der steuerrechtliche Jahresabschluß sowohl der Kapitalgesellschaften als auch der Nichtkapitalgesellschaften wird, wie noch im einzelnen dargestellt wird, aus dem handelsrechtlichen Jahresabschluß abgeleitet. Dies bedeutet, daß die handelsrechtlichen Rechnungslegungsvorschriften des HGB auch für die Steuerbilanz gelten.

Die steuerrechtlichen Rechnungslegungsvorschriften finden sich im Einkommensteuergesetz in den §§ 4—7 EStG. Diese wenigen Paragraphen bilden das Grundgerippe des Bilanzsteuerrechts für alle Unternehmen, unabhängig davon, welche Rechtsform sie aufweisen.

Zum Bilanzrecht zählen auch noch die **Grundsätze ordnungsmäßiger Buchführung und Bilanzierung (GoB),** die sowohl bei der Aufstellung des handelsrechtlichen als auch des steuerrechtlichen Jahresabschlusses beachtet werden müssen. Die Quellen der GoB sind:

- Rechtsvorschriften (Handelsrecht, Steuerrecht, Aktienrecht, GmbH-Recht);
- Handelsbräuche (praktische Übung ordentlicher Kaufleute);
- Handelsrechtsprechung und Steuerrechtsprechung (z.B. Urteile des Bundesgerichtshofes oder des Bundesfinanzhofes) sowie deren Kommentierung in der Fachliteratur;
- Erkenntnisse der Betriebswirtschaftslehre über Buchführung und Bilanzierung (= Ergebnisse der wissenschaftlichen Diskussion über Probleme der Buchführung und Bilanzierung, die zur Entwicklung neuer Praktikergrundsätze führen).

2.1 Begriff

Der Jahresabschluß der Einzelunternehmen und Personengesellschaften (OHG, KG, BGB-Gesellschaft) besteht aus Bilanz und Gewinn- und Verlustrechnung (§ 242 Abs. 3 HGB).

Demgegenüber stellt der Jahresabschluß der Aktiengesellschaften und GmbHs ein Trio dar. Er besteht aus:

- Bilanz,
- Gewinn- und Verlustrechnung und
- Anhang,

die eine Einheit bilden (§ 242 HGB i. V. m. § 264 Abs. 1 HGB). Der Anhang ist notwendiger Bestandteil des Jahresabschlusses einer Kapitalgesellschaft. Ohne den Anhang liegt demnach kein Jahresabschluß vor. Mit dem Anhang folgen das europäische und das deutsche Bilanzrecht anglo-amerikanischer Bilanzierungspraxis, wonach die Bilanz und die Gewinn- und Verlustrechnung einer Kapitalgesellschaft relativ knapp gehalten und durch einen umfassenden Anhang erläutert wird. Im speziellen Teil des Dritten Buches des HGB finden sich insgesamt 70 Anhangvorschriften. Daraus wird deutlich, daß auch der Anhang der deutschen Aktiengesellschaften und GmbHs einen relativ großen Umfang einnimmt.

Der Jahresabschluß einer Kapitalgesellschaft wird noch durch einen sogenannten Lagebericht ergänzt. Dieser soll zusätzliche Informationen liefern, die über das hinausgehen, was der Bilanz, der Gewinn- und Verlustrechnung und dem Anhang zu entnehmen ist.

Konzerne haben einen Konzernabschluß zu erstellen, der aus

- Konzernbilanz,
- Konzernerfolgsrechnung und
- Konzernanhang,

also auch aus einem Trio, besteht (§ 297 Abs. 1 HGB). Der Jahresabschluß der Konzerne wird ebenfalls durch einen Konzernlagebericht ergänzt.

2.2 Bilanz

Die Bilanz wird aus der Buchführung und aus dem Inventar entwickelt. Sie stellt am Ende eines Geschäftsjahres (Bilanzstichtag) Vermögen und Kapital bzw. Aktiva und Passiva eines Unternehmens in Kontoform gegenüber.

Das **Inventar** ist ein ausführliches Verzeichnis aller Vermögensteile und Schulden nach Art, Menge und Wert. Das Inventar wird in der Regel mit Hilfe der EDV geführt. So sind zum Beispiel in der mit Hilfe der EDV aufgestellten Anlagendatei, die ein wesentlicher Bestandteil des Inventars ist, sämtliche Anlagegegenstände mit allen wesentlichen Daten einzeln aufgeführt. In der Bilanz hingegen werden diese Einzelpositionen des Inventars zu wenigen Bilanzpositionen zusammengefaßt. Dies dient der Übersichtlichkeit und der Klarheit der Bilanz. Nur so wird die Bilanz überhaupt lesbar. Die Bilanz enthält keine Mengenangaben.

Für die Bilanz gilt stets die Gleichung: Aktiva = Passiva. Beide Seiten der Bilanz haben demnach stets die gleiche Summe aufzuweisen. Die doppelte Buchhaltung ist auf dieser Bilanzgleichung aufgebaut und spiegelt nur folgende unterschiedliche Betrachungsweise wider:

- Die Passivseite der Bilanz zeigt die Herkunft des in dem Unternehmen investierten Kapitals auf (Mittelherkunft).
- Die Aktivseite der Bilanz enthält das Vermögen, das heißt die Verwendung des Kapitals auf der Passivseite, und gibt damit ein Bild der Investierung (Mittelverwendung).

BILANZ

Aktiva	Passiva
Mittelverwendung	*Mittelherkunft*
Anlagevermögen	Eigenkapital
Umlaufvermögen	Fremdkapital
Summe Aktiva	Summe Passiva

§ 266 HGB enthält die Vorschriften über die Gliederung der Bilanz der Kapitalgesellschaften. Wie detailliert und wie tief die Bilanz einer Kapitalgesellschaft gegliedert sein muß, hängt davon ab, welche Betriebsgröße sie aufweist. Dabei wird nach folgenden drei Betriebsgrößenklassen unterschieden:

- Kleine Kapitalgesellschaften,
- Mittelgroße Kapitalgesellschaften,
- Große Kapitalgesellschaften.

Die Frage, welcher der vorstehenden Betriebsgrößenklassen eine Kapitalgesellschaft angehört, hat nicht nur Konsequenzen für den Umfang der Bilanzgliederung, sondern bestimmt zum Beispiel auch darüber, ob der Jahresabschluß durch einen Wirtschaftsprüfer geprüft, in welchem Umfang der Jahresabschluß veröffentlicht werden muß und dgl.

Maßgebend für die Einstufung einer Kapitalgesellschaft in eine der drei Betriebsgrößenklassen ist, welche der folgenden

Betriebsgrößenmerkmale an zwei aufeinanderfolgenden Bilanzstichtagen überschritten bzw. nicht überschritten werden:

Kleine Kapitalgesellschaften:

Zwei der nachstehend aufgeführten Betriebsgrößenmerkmale werden **nicht überschritten:**

Bilanzsumme	DM 3,9 Mio.
Umsatzerlöse (netto ohne USt)	DM 8,0 Mio.
Beschäftigtenzahl (ohne Auszubildende)	bis 50 im Jahresdurchschnitt

Mittelgroße Kapitalgesellschaften:

Mindestens zwei der drei nachstehend aufgeführten Betriebsgrößenmerkmale der kleinen Kapitalgesellschaften werden **überschritten,** und mindestens zwei der drei Betriebsgrößenmerkmale der großen Kapitalgesellschaften werden **unterschritten:**

Bilanzsumme	DM 3,9 Mio. — DM 15,5 Mio.
Umsatzerlöse (netto ohne USt)	DM 8,0 Mio. — DM 32,0 Mio.
Beschäftigtenzahl (ohne Auszubildende)	50 — 250 im Jahresdurchschnitt

Große Kapitalgesellschaften:

Mindestens zwei der drei nachstehend aufgeführten Betriebsgrößenmerkmale werden **überschritten:**

Bilanzsumme	DM 15,5 Mio.
Umsatzerlöse (netto ohne USt)	DM 32,0 Mio.
Beschäftigtenzahl (ohne Auszubildende)	über 250 im Jahresdurchschnitt

Ein *Beispiel* soll die Einstufung in eine dieser drei Betriebsgrößenklassen erläutern. Angenommen, eine Kapitalgesellschaft weist an zwei aufeinanderfolgenden Bilanzstichtagen folgende Betriebsgrößenmerkmale auf:

Geschäftsjahr 01:

Bilanzsumme	DM 4,1 Mio.
Umsatzerlöse (netto ohne USt)	DM 8,4 Mio.
Beschäftigtenzahl (ohne Auszubildende)	48 im Jahresdurchschnitt

Geschäftsjahr 02:

Bilanzsumme	DM 2,9 Mio.
Umsatzerlöse (netto ohne USt)	DM 9,7 Mio.
Beschäftigtenzahl (ohne Auszubildende)	53 im Jahresdurchschnitt

Die Kapitalgesellschaft ist ab Geschäftsjahr 03 eine **mittelgroße Kapitalgesellschaft,** da sie an den zwei aufeinanderfolgenden Bilanzstichtagen 01 und 02 jeweils zwei von drei Betriebsgrößenmerkmalen der kleinen Kapitalgesellschaft überschritten hat. Dabei ist es ohne Belang, daß an den beiden aufeinanderfolgenden Bilanzstichtagen jeweils unterschiedliche Betriebsgrößenmerkmale (in 01 Bilanzsumme und Umsatzerlöse, in 02 Umsatzerlöse und Beschäftigtenzahl) überschritten wurden. Entscheidend ist allein, daß an zwei aufeinanderfolgenden Bilanzstichtagen jeweils zwei von drei Betriebsgrößenmerkmalen der kleinen Kapitalgesellschaft überschritten worden sind.

Abb. 1 im Anhang enthält das **Bilanzgliederungsschema der großen Kapitalgesellschaft** nach deutschem Bilanzrecht, vergleichend und übersetzt ins Englische und Französische.

Im Bilanzgliederungsschema der großen und der mittelgroßen Kapitalgesellschaft wird grundsätzlich eine dreistufige Tiefengliederung angewandt, die Großbuchstaben, römische Ziffern und arabische Ziffern umfaßt.

Beispiel:

Großbuchstabe:	A.	Anlagevermögen
Römische Ziffer:	I.	Immaterielle Vermögensgegenstände
Arabische Ziffer:	1.	Konzessionen, gewerbliche Schutzrechte und ähnliche Rechte und

Werte sowie Lizenzen an solchen Rechten und Werten

Zu jeder Bilanzposition muß die entsprechende Position des Vorjahres (Vorjahresbetrag) angegeben werden, so daß jeder Bilanzleser grundsätzlich die Bilanzen zweier aufeinanderfolgender Geschäftsjahre miteinander vergleichen kann.

Das Gliederungsschema der kleinen Kapitalgesellschaft muß nur die Positionen unter den Großbuchstaben und den römischen Ziffern enthalten. Eine weitere Tiefengliederung ist nicht notwendig.

Abb. 2 enthält das gesetzlich vorgeschriebene Mindestgliederungsschema der kleinen Kapitalgesellschaft:

Abb. 2: **Gliederung der aufzustellenden und offenzulegenden Bilanz der kleinen Kapitalgesellschaft**

Kleine Kapitalgesellschaft

Aktiva	Passiva

A. Anlagevermögen
  I. Immaterielle Vermögensgegenstände
  II. Sachanlagen
  III. Finanzanlagen
 	
B. Umlaufvermögen
  I. Vorräte
  II. Forderungen und sonstige Vermögensgegenstände
  III. Wertpapiere
  IV. Schecks, Kassenbestand, Bundesbank- und Postgiroguthaben, Guthaben bei Kreditinstituten
 	
C. Rechnungsabgrenzungsposten
	A. Eigenkapital
	  I. Gezeichnetes Kapital
	  II. Kapitalrücklage
	  III. Gewinnrücklagen
	  IV. Gewinnvortrag/Verlustvortrag
	  V. Jahresüberschuß/Jahresfehlbetrag
	
	B. Rückstellungen
	
	C. Verbindlichkeiten
	
	D. Rechnungsabgrenzungsposten

Die kleine Kapitalgesellschaft ist nicht verpflichtet, das Mindestgliederungsschema anzuwenden; sie kann vielmehr genauso tief gliedern wie die große oder die mittelgroße Kapitalgesellschaft.

Für **Einzelunternehmen** und **Personenhandelsgesellschaften** gibt es kein verbindliches Gliederungsschema der Bilanz, wie für die Kapitalgesellschaften. Es kristallisiert sich allerdings heraus, daß die Mehrzahl der Nichtkapitalgesellschaften ebenfalls das Bilanzgliederungsschema der großen Kapitalgesellschaft anwendet.

2.3 Gewinn- und Verlustrechnung

In Verbindung mit der Bilanz ist am Ende des Geschäftsjahres die Gewinn- und Verlustrechnung aufzustellen. Diese enthält die Gegenüberstellung der Aufwendungen und Erträge des Unternehmens. Übersteigen die Erträge die Aufwendungen, ergibt sich ein Jahreserfolg. Sind umgekehrt die Aufwendungen höher als die Erträge, entsteht ein Verlust. Unabhängig davon, ob der Saldo zwischen Aufwendungen und Erträgen einen Erfolg oder einen Verlust darstellt, wird dadurch das Eigenkapital eines Unternehmens verändert. Ein Erfolg erhöht das Eigenkapital, während ein Verlust das Eigenkapital vermindert. Man kann daher die Gewinn- und Verlustrechnung als eine Art Vorschaltkonto zum Eigenkapitalkonto auffassen, da eine Erfolgsveränderung in der Gewinn- und Verlustrechnung immer zugleich eine Eigenkapitaländerung in der Bilanz widerspiegelt.

In Deutschland muß die Gewinn- und Verlustrechnung grundsätzlich in **Staffelform** geführt werden. Die Gewinn- und Verlustrechnung kann entweder nach dem **Gesamtkostenverfahren** (Produktionsrechnung) oder nach dem **Umsatzkostenverfahren** (Umsatzrechnung) aufgestellt werden. Das Gliederungsschema der Gewinn- und Verlustrechnung ist unabhängig davon, ob das Gesamtkostenverfahren oder das Umsatzkostenverfahren praktiziert wird, für alle drei Betriebsgrößenklassen identisch.

Abb. 3 im Anhang enthält das Gliederungsschema der Gewinn- und Verlustrechnung sowohl nach dem Gesamtkostenverfahren als auch nach dem Umsatzkostenverfahren nach deutschem Bilanzrecht, vergleichend und übersetzt ins Englische und Französische.

Das **Gesamtkostenverfahren** (Produktionsrechnung) ist dadurch charakterisiert, daß im Gliederungsschema der Gewinn- und Verlustrechnung auf der Ertragsseite

    die Umsatzerlöse, bewertet zu Verkaufspreisen
+ die Bestandsmehrungen, bewertet zu Herstellungskosten
+ die anderen aktivierten Eigenleistungen, bewertet zu Herstellungskosten

= Gesamtleistung

ausgewiesen werden.

Die **Umsatzerlöse** sind um Erlösschmälerungen, wie Kundenrabatte und Kundenskonti, sowie um die Umsatzsteuer vermindert.

Unter **Bestandsmehrungen** sind die von einem Unternehmen auf Lager produzierten Fertigerzeugnisse und Halbfertigerzeugnisse zu verstehen, die im laufenden Geschäftsjahr nicht verkauft werden konnten. Ist der Lagerbestand am Ende eines Geschäftsjahres höher als am Jahresanfang, liegt eine Bestandsmehrung vor, die den Umsatzerlösen hinzuaddiert werden muß. Ist umgekehrt der Lagerbestand am Ende eines Geschäftsjahres niedriger als am Jahresanfang, liegt eine Bestandsminderung vor, die von den Umsatzerlösen abgezogen werden muß.

Unter den »**Anderen aktivierten Eigenleistungen**« sind in dem Unternehmen selbst erstellte Werkzeuge und Betriebsanlagen zu verstehen, die den Umsatzerlösen ebenfalls mit den Herstellungskosten hinzugerechnet werden müssen.

Von der **Gesamtleistung** sind die in einem Geschäftsjahr entstehenden Aufwendungen, gegliedert nach Aufwandsarten

- Materialaufwand,
- Personalaufwand,

- Abschreibungen,
- sonstige betriebliche Aufwendungen

abzuziehen.

Der Differenzbetrag ergibt den Erfolg oder Verlust vor Berücksichtigung der Steuern. Die Grundstruktur der Gewinn- und Verlustrechnung nach dem Gesamtkostenverfahren ist *Abb. 4* zu entnehmen.

Abb. 4: **Schematische Gliederung der Gewinn- und Verlustrechnung gemäß § 275 Abs. 2 HGB**

BETRIEBSERGEBNIS Positionen 1—8	ERGEBNIS DER GEWÖHNLICHEN GESCHÄFTSTÄTIGKEIT Position 14
FINANZERGEBNIS Positionen 9—13	
AUSSERORDENTLICHES ERGEBNIS Positionen 15—17	
STEUERN Positionen 18 und 19	
JAHRESÜBERSCHUSS/ JAHRESFEHLBETRAG Position 20	

Grundgedanke der Gliederung der Gewinn- und Verlustrechnung nach dem Gesamtkostenverfahren ist es, das **Ergebnis der gewöhnlichen Geschäftstätigkeit** von dem **Außerordentlichen Ergebnis** abzugrenzen.

Innerhalb des Ergebnisses der gewöhnlichen Geschäftstätigkeit wird so gegliedert, daß es möglich wird, ein **Betriebsergebnis** und ein **Finanzergebnis** auszuwerfen. Ein separater Ausweis der Zwischenergebnisse Betriebsergebnis und Finanzergebnis ist im gesetzlichen Gliederungsschema nicht ausdrücklich vorgeschrieben. Der Bilanzleser ist jedoch unschwer in der Lage, durch Zusammenfassung der GuV-Positionen 1 bis einschließlich 8 das **Betriebsergebnis** und der

Gliederungspositionen 9 bis einschließlich 13 das **Finanzergebnis** zu ermitteln.

Das Betriebsergebnis und das Finanzergebnis zusammen bilden das **Ergebnis der gewöhnlichen Geschäftstätigkeit (Position 14),** das nach dem Gesetz als Zwischensumme ausgewiesen werden muß.

Die Gliederungspositionen 15 bis 17 führen zum **Außerordentlichen Ergebnis,** das in der Gewinn- und Verlustrechnung ebenfalls als Zwischensumme zwingend ausgewiesen werden muß.

Das Ergebnis der gewöhnlichen Geschäftstätigkeit und das Außerordentliche Ergebnis zusammen bilden das **Unternehmensergebnis,** das jedoch nicht ausdrücklich als Zwischensumme ausgewiesen werden muß.

Von der Summe aus dem Ergebnis der gewöhnlichen Geschäftstätigkeit und dem Außerordentlichen Ergebnis (Unternehmensergebnis) sind die Steuern abzuziehen. Die Gliederungsposition Nr. 18 enthält die Steuern vom Einkommen und vom Ertrag. Darunter sind die Körperschaftsteuer, die Gewerbeertragsteuer und die Kapitalertragsteuer zu verstehen. Die Position Nr. 19 umfaßt die sonstigen Steuern wie Vermögensteuer, Grundsteuer, Gewerbekapitalsteuer, Erbschaftsteuer, Schenkungsteuer, Verbrauchsteuern und dgl.

Der Differenzbetrag zwischen dem Unternehmensergebnis (Positionen 1 bis 17) und den Steuern (Positionen 18 und 19) stellt den **Jahresüberschuß** oder den **Jahresfehlbetrag** (Position 20) dar.

Bei dem **Umsatzkostenverfahren** (Umsatzrechnung) werden von den Umsatzerlösen der in einem Geschäftsjahr verkauften Produkte die Herstellungskosten abgesetzt, die zur Erzielung der Umsatzerlöse angefallen sind (*Abb. 3*).

Die Bestandsmehrungen bei den unfertigen und bei den Fertigerzeugnissen sowie die anderen aktivierten Eigenleistungen (selbst erstellte Werkzeuge und Anlagen) werden in der Gewinn- und Verlustrechnung nach dem Umsatzkostenverfahren genausowenig ausgewiesen wie die für sie entstandenen Aufwendungen. *Abb.* 5 zeigt das Grundschema, wie die Gewinn- und Verlustrechnung nach dem Umsatzkostenverfahren funktioniert.

Abb. 5: **Gewinn- und Verlustrechnung nach dem Umsatzkostenverfahren**

Ent-fällt durch Saldierung.	Aufwand für: – Bestandserhöhung – andere aktivierte Eigenleistungen	Ertrag aus: – Bestandserhöhung – andere aktivierte Eigenleistungen (§ 275 Abs. 2 HGB)

– Herstellungskosten der umgesetzten Erzeugnisse (= G u. V Position 2) – übrige Aufwandsarten	Ertrag der umgesetzten Erzeugnisse
Gewinn	

Während bei dem Gesamtkostenverfahren die Aufwendungen nach Aufwandsarten (Kostenarten) gegliedert werden, erfolgt beim Umsatzkostenverfahren die Gliederung nach den Funktionsbereichen:

– Herstellung,
– Vertrieb,
– Allgemeine Verwaltung,
– (Forschung und Entwicklung).

Das **Gesamtkostenverfahren** zeigt, **woher** (Aufwandsart) der jeweilige Aufwand stammt, z.B. Materialaufwand, Personalaufwand, Abschreibungen, sonstiger Aufwand.

Das **Umsatzkostenverfahren** macht deutlich, **wofür,** d.h. für welche Funktionsbereiche (Herstellung, Vertrieb usw.), Aufwendungen entstanden sind.

Die Gewinn- und Verlustrechnung nach dem Gesamtkostenverfahren ist problemlos aus der Finanzbuchhaltung (Kontenpläne) abzuleiten. Bei der Gewinn- und Verlustrechnung nach dem Umsatzkostenverfahren werden die betrieblichen Aufwendungen nach den Funktionsbereichen Herstellung, Vertrieb, Allgemeine Verwaltung und evtl. Forschung und Entwicklung gegliedert. Aus diesem Grunde muß bei Durchführung des Umsatzkostenverfahrens eine Kostenstellen- und Kostenträgerrechnung zur Verfügung stehen, in denen die einzelnen Aufwandsarten gesammelt und anschließend auf die Funktionsbereiche verteilt werden können.

In der Bundesrepublik Deutschland dominiert eindeutig die Gliederung der Gewinn- und Verlustrechnung nach dem Gesamtkostenverfahren. Umgekehrt ist europaweit und international eher das Gliederungsschema nach dem Umsatzkostenverfahren gebräuchlich.

Jede Kapitalgesellschaft kann grundsätzlich frei wählen, ob sie das Gliederungsschema nach dem Gesamtkostenverfahren oder nach dem Umsatzkostenverfahren anwendet.

Wie bereits ausgeführt, muß in der Gewinn- und Verlustrechnung, unabhängig davon, welches Gliederungsschema zur Anwendung kommt, das Ergebnis der gewöhnlichen Geschäftstätigkeit von dem Außerordentlichen Ergebnis abgegrenzt werden.

In bezug auf diese **Erfolgsspaltung** folgt man in der deutschen Gewinn- und Verlustrechnung der anglo-amerikanischen Bilanzierungspraxis. Aufwendungen und Erträge sind nur dann außerordentlich, wenn sie

- betriebsfremd und
- selten

sind. So sind zum Beispiel Anlagenverkäufe über Buchwert, die zu Veräußerungsgewinnen führen, zwar betriebsfremd, aber keineswegs selten. Dementsprechend sind sie nicht dem Außerordentlichen Ergebnis, sondern dem Ergebnis der gewöhnlichen Geschäftstätigkeit (als »Sonstige betriebliche Erträge«) zuzurechnen.

Außerordentliche Aufwendungen und Erträge sind daher nur noch ganz selten anzutreffen (z.B. Ertrag aus der Aufgabe eines ganzen Geschäftszweiges, Enteignungen und dgl.), so daß in vielen Jahresabschlüssen ein Außerordentliches Ergebnis überhaupt nicht mehr vorzufinden ist.

Die letzte Position im Rahmen der Gewinn- und Verlustrechnung bildet der Jahresüberschuß bzw. der Jahresfehlbetrag. Die Überleitung von diesem Jahresüberschuß bzw. Jahresfehlbetrag zum Bilanzgewinn bzw. Bilanzverlust ist für die Aktiengesellschaften in § 158 Abs. 1 AktG verbindlich geregelt.

Findet das Gliederungsschema nach dem Gesamtkostenverfahren Anwendung, stellt sich diese Überleitung wie folgt dar:

Position:

20. Jahresüberschuß/Jahresfehlbetrag
21. Gewinnvortrag (+)/Verlustvortrag (−) aus dem Vorjahr
22. Entnahmen aus der Kapitalrücklage (+)
23. Entnahmen aus Gewinnrücklagen (+)
    a) aus der gesetzlichen Rücklage
    b) aus der Rücklage für eigene Aktien
    c) aus satzungsmäßigen Rücklagen
    d) aus anderen Gewinnrücklagen
24. Einstellungen in Gewinnrücklagen (−)
    a) in die gesetzliche Rücklage
    b) in die Rücklage für eigene Aktien
    c) in satzungsmäßige Rücklagen
    d) in andere Gewinnrücklagen
25. Bilanzgewinn/Bilanzverlust

Die GmbHs werden sich in den meisten Fällen diese gesetzliche Regelung für die Aktiengesellschaften zu eigen machen und in gleicher Weise vom Jahresüberschuß/Jahresfehlbetrag zum Bilanzgewinn/Bilanzverlust überleiten. Auf diese Art und Weise wird vermieden, daß die Bilanz und die Gewinn- und Verlustrechnung, was die Ergebnisverwendung anlangt, wie zwei unabhängige Rechenwerke nebeneinander stehen.

2.4 Anhang

Wie bereits ausgeführt, bildet der Anhang, zusammen mit Bilanz und Gewinn- und Verlustrechnung, den Jahresabschluß einer Kapitalgesellschaft. Der Anhang ist gleichberechtigter Bestandteil des Jahresabschlusses. Das deutsche Bilanzrecht kennt 70 Anhangvorschriften. Damit ist klar, daß der Anhang im Durchschnitt der Jahresabschlüsse der deutschen Kapitalgesellschaften einen relativ großen Umfang aufweisen wird. Damit folgt man anglo-amerikanischer Bilanzierungspraxis, wonach der Anhang umfangmäßig in etwa das Zehnfache von Bilanz und Gewinn- und Verlustrechnung zusammengenommen ausmacht.

Der Anhang hat die Funktion, die Bilanz und die Gewinn- und Verlustrechnung zu erläutern und zu ergänzen. Er hat zusätzliche Informationen über die Vermögens-, Finanz- und Ertragslage einer Kapitalgesellschaft zu liefern. Auf diese Art und Weise lassen sich die Bilanz und die Gewinn- und Verlustrechnung relativ knapp halten, da dem Bilanzleser ein ausführlicher Anhang zur Verfügung steht, der die notwendigen ergänzenden Informationen enthält.

Die 70 Anhangvorschriften sind zum Teil in einigen wenigen Paragraphen konzentriert (§§ 284, 285 HGB), zum Teil sind sie im Gesetz verstreut und müssen bei bestimmten Tatbeständen beachtet werden.

Beispiel: Führt eine Kapitalgesellschaft eine außerplanmäßige Abschreibung auf eine Großforderung durch, muß sie dies nach § 277 Abs. 3 HGB im Anhang angeben.

Grundsätzlich müssen bei der Aufstellung des Jahresabschlusses einer Kapitalgesellschaft alle 70 Anhangvorschriften gecheckt werden, um entscheiden zu können, welche Anhangangaben zwingend notwendig sind. In der Regel geht man dabei so vor, daß man eine Checklist verwendet, aus der sämtliche 70 Anhangvorschriften ersehen werden können. Es braucht dann nur abgehakt zu werden, welche Anhangangaben zutreffen.

Im Gegensatz zur Bilanz und Gewinn- und Verlustrechnung gibt es für den Anhang einer Kapitalgesellschaft kein verbindliches Gliederungsschema. Dies ist logisch, weil jede Kapitalgesellschaft bei der Aufstellung ihres Jahresabschlusses unterschiedliche Anhangvorschriften beachten muß. Welche Anhangvorschriften anzuwenden sind, kann sich von Geschäftsjahr zu Geschäftsjahr verändern. Ein verbindliches Gliederungsschema, wie es für die Bilanz und die Gewinn- und Verlustrechnung zwingend vorgeschrieben ist, wäre bei der Aufstellung des Anhangs nur hinderlich bzw. nicht praktikabel.

Die Kapitalgesellschaft hat demnach weitgehend freie Hand, wie sie ihren Anhang gliedert und strukturiert. Sie muß allerdings den Bilanzierungsgrundsatz der Darstellungsstetigkeit (§ 252 Abs. 1 Nr. 6 HGB) beachten, der auch für den Anhang gilt. Dies bedeutet, daß eine Kapitalgesellschaft, die bei der Aufstellung ihres Anhangs in einem Geschäftsjahr ein bestimmtes Gliederungsschema gewählt hat, dieses auch in den Folgejahren beibehalten muß, es sei denn, zwingende wirtschaftliche Gründe rechtfertigen eine Abweichung von dieser einmal gewählten Strukturierung des Anhangs. Außerdem muß die Kapitalgesellschaft bei der Strukturierung des Anhangs den allgemeingültigen Bilanzierungsgrundsatz der Klarheit und Übersichtlichkeit beachten.

Das folgende **Gliederungsschema** ist eine der zahlreichen in der Fachliteratur diskutierten Möglichkeiten, wie der Anhang strukturiert werden kann:

A. Allgemeine Erläuterungen

In diesem Teil des Anhangs werden die Angaben gemacht, die sich mit Änderungen der Darstellung des Jahresabschlusses und mit Fragen von eventuellen Störungen der Vergleichbarkeit zweier aufeinanderfolgender Jahresabschlüsse befassen.

B. Angaben zur Aktivseite der Bilanz

C. Angaben zur Passivseite der Bilanz

D. Angaben zur Gewinn- und Verlustrechnung

E. Ergänzende Angaben und Erläuterungen

In diesem Teil des Anhangs werden diejenigen Anhangvorschriften berücksichtigt, die eine Berichtspflicht über Tatbestände auslösen, die über die Bilanz und die Gewinn- und Verlustrechnung hinausgehen.

Die Kapitalgesellschaft kann ihren Anhang auf freiwilliger Basis auch noch durch eine Sozialbilanz, eine Wertschöpfungsrechnung, eine Kapitalflußrechnung und dgl. ergänzen.

Der Anhang stellt im Rahmen der Bilanzanalyse eine Fundgrube dar, die es zum Beispiel dem geübten externen Bilanzleser bzw. -analytiker ermöglicht, zu erkennen, ob und gegebenenfalls an welcher Stelle eine Kapitalgesellschaft stille Reserven gelegt hat. Der Anhang ist daher im Rahmen der Bilanzanalyse grundsätzlich mit auszuwerten.

2.5 Lagebericht

Jede Kapitalgesellschaft ist verpflichtet, einen Lagebericht aufzustellen (§ 264 Abs. 1 HGB). Die mittelgroßen und die großen Kapitalgesellschaften müssen darüber hinaus den Lagebericht auch noch veröffentlichen.

Wie bereits ausgeführt, ist der Lagebericht nicht notwendiger, sondern nur ergänzender Bestandteil des handelsrechtlichen Jahresabschlusses. Der Jahresabschluß ist jedoch nur dann komplett, wenn auch der Lagebericht vorliegt. Der Wirtschaftsprüfer darf demnach seinen Bestätigungsvermerk erst dann erteilen, wenn er auch den Lagebericht geprüft hat. Der Bestätigungsvermerk enthält folgenden Hinweis (§ 322 Abs. 1 HGB): »Der Lagebericht steht im Einklang mit dem Jahresabschluß.«

Der Lagebericht läßt sich nicht aus der Buchhaltung ableiten. Aufgabe des Lageberichts ist es, zusätzliche Informationen in allgemeiner Form zu bieten, die einen zusammenfassenden Überblick über die Gesamtlage der Kapitalgesellschaft geben und ergänzende Aufschlüsse darüber liefern, ob sich das Unternehmen auf dem Markt behaupten und seinen Verpflichtungen nachkommen kann.

Der Lagebericht (§ 289 HGB) umfaßt einen **Mindestbericht:**

- Bericht über den Geschäftsverlauf der Kapitalgesellschaft,
- Bericht über die Lage der Kapitalgesellschaft,

und einen **Zusatzbericht:**

- Bericht über Vorgänge von besonderer Bedeutung, die nach dem Schluß des Geschäftsjahres eingetreten sind,
- Bericht über die voraussichtliche Entwicklung der Kapitalgesellschaft (Prognosebericht),
- Bericht über den Bereich Forschung und Entwicklung.

Wie die Mehrzahl der bislang veröffentlichten Jahresabschlüsse in Deutschland zeigt, wird schon allein von der Gliederung her dem Lagebericht eine große Bedeutung zugemessen. Im allgemeinen sind nämlich die veröffentlichten Jahresabschlüsse wie folgt gegliedert:

- Lagebericht,
- Bilanz,
- Gewinn- und Verlustrechnung,
- Anhang.

Der Lagebericht leitet demnach häufig den offengelegten Jahresabschluß ein und wird dem Bilanzleser in einer mehr oder minder tiefen Gliederung als erstes präsentiert.

Wie bereits ausgeführt, müssen in Gesamtdeutschland ca. 500.000 GmbHs und ca. 2700 Aktiengesellschaften ihren Jahresabschluß veröffentlichen. Die Veröffentlichungspflicht umfaßt auch den Lagebericht. Während für die Aktiengesellschaften der Lagebericht nichts Ungewohntes ist, stellt er für die GmbHs Neuland dar, da vor Inkrafttreten des einheitlichen europäischen Bilanzrechtes weder eine Aufstellungspflicht noch eine Offenlegungspflicht für den Lagebericht existierte.

Diese GmbHs müssen sich daher mit der Aufstellung und Funktion des Lageberichts erst noch vertraut machen. Dabei ist zu lernen, daß die Informationen für den Lagebericht aus den unterschiedlichen Abteilungen und Funktionsbereichen eines Unternehmens (z.B. Produktion, Vertrieb, Verwaltung und dgl.) zusammengetragen werden müssen. Es sollte daher als erstes ein Organisationsplan aufgestellt werden, dem zu entnehmen ist, welche Mitarbeiter dem Unternehmen für die Aufstellung des Lageberichts Informationen zuliefern müssen.

Die GmbHs müssen auch noch lernen, daß der Lagebericht ein wirksames Instrument der Public Relations (Öffentlichkeitsarbeit) darstellt. Daher sollten die GmbHs bei der Gestaltung des Lageberichts, wenn möglich, auch mit einer Werbeagentur zusammenarbeiten.

Inhaltlich umfaßt der **Mindestbericht** im Rahmen des Lageberichts zum Beispiel folgende Informationen zum Geschäftsverlauf und zur Lage der Kapitalgesellschaft:

- Gesamtwirtschaftliche Entwicklung in der Bundesrepublik Deutschland,
- Branchenentwicklung,
- Beschaffungspreise für Roh-, Hilfs- und Betriebsstoffe,
- Beschäftigungslage des Unternehmens,
- Auftragseingangsentwicklung und dgl.

Der **Zusatzbericht** kann zum Beispiel folgende Informationen umfassen:

- **Vorgänge von besonderer Bedeutung, die nach Schluß des Geschäftsjahres eingetreten sind:**
  - Marktänderungen (z.B. Verlust von wichtigen Auslandsmärkten),
  - Produktionsbereiche (z.B. Produktionsausfälle, technische Probleme),
  - Rechtliche Verhältnisse (z.B. Ausgang wichtiger Prozesse),
  - Kunden (z.B. Ausfall wichtiger Kunden).

- **Voraussichtliche Entwicklung der Kapitalgesellschaft (Prognosebericht):**

  Der Lagebericht muß auch auf die voraussichtliche Entwicklung der Kapitalgesellschaft eingehen. Das Gesetz enthält keine Hinweise darauf, wie eine solche Prognoseberichterstattung aussehen soll oder muß. Es reicht eine Prognoseberichterstattung in verbaler Form aus. Dabei werden als Prognosezeitraum die folgenden zwei Jahre nach Bilanzstichtag angesehen.

Inhaltlich könnte im Prognosebericht folgendes ausgeführt sein:

- Produktion (z.B. Innovationen, d.h. neue Produkte, neue Verfahren),
- Geplante Stillegung von Produktionsanlagen,
- Personalentwicklung,
- Umsatzentwicklung,
- Ertragsentwicklung und dgl.

– **Bericht über Forschung und Entwicklung:**

Die Berichterstattung im Lagebericht über Forschung und Entwicklung ist selbstverständlich nur für solche Kapitalgesellschaften überhaupt relevant, die tatsächlich Forschung und Entwicklung betreiben. Dabei ergeben sich unter Umständen Überschneidungen mit den gesetzlichen Erfordernissen zur Prognoseberichterstattung.

In welchem Umfang eine Kapitalgesellschaft über ihren Bereich Forschung und Entwicklung im Lagebericht informiert, hängt im Einzelfall vor allem davon ab, inwieweit durch eine zu tiefgehende Berichterstattung unter Umständen das Schutzinteresse der Gesellschaft gegenüber den wesentlichen Konkurrenten verletzt werden könnte.

Andererseits kann eine detaillierte Berichterstattung über die Anstrengungen im Bereich Forschung und Entwicklung den Zielen der Öffentlichkeitsarbeit einer Kapitalgesellschaft nutzbar gemacht werden.

Inhalte des Lageberichts über den Bereich Forschung und Entwicklung könnten zum Beispiel sein:

- Forschungseinrichtungen,
- Mitarbeiter in der Forschung und Entwicklung,
- Aufwendungen für Forschung und Entwicklung,

- Ziele der Forschung und Entwicklung,
- Angemeldete Patente und dgl.

Die Kapitalgesellschaft wird in der Regel sämtliche der vorstehend aufgeführten Informationen sammeln. Welche der gewonnenen Informationen sie jedoch für den Lagebericht auswählt, hängt von den bilanzpolitischen Zielsetzungen ab, die sie gegenüber den Bilanzlesern und -analytikern verfolgt.

2.6 Maßgeblichkeitsgrundsatz

Das deutsche Bilanzrecht hat eine Besonderheit aufzuweisen, das sogenannte Maßgeblichkeitsprinzip, das man in den übrigen EG-Staaten so nicht kennt. Der Maßgeblichkeitsgrundsatz besagt, daß die Wertansätze in der Handelsbilanz zugleich die Wertansätze in der Steuerbilanz sind. Handels- und Steuerbilanz sind über dieses Maßgeblichkeitsprinzip eng miteinander verzahnt. Die Rechtsgrundlage hierfür findet sich in § 5 Abs. 1 EStG, der bestimmt, daß Gewerbetreibende, die buchführungspflichtig sind, das Betriebsvermögen anzusetzen haben, das nach den handelsrechtlichen Grundsätzen ordnungsmäßiger Buchführung auszuweisen ist. In zahlreichen Urteilen des Bundesfinanzhofes wurde dieses Maßgeblichkeitsprinzip immer wieder bestätigt und bekräftigt.

Der Maßgeblichkeitsgrundsatz bezieht sich sowohl auf die **Bilanzierung** (Was ist als Vermögensgegenstand oder Wirtschaftsgut zu bilanzieren?) als auch auf die **Bewertung** (Mit welchem Wert ist der Vermögensgegenstand oder das Wirtschaftsgut anzusetzen?) in der Handels- und Steuerbilanz.

Beispiel: Ein Unternehmen hat während des Geschäftsjahres einen bestimmten Rohstoff zum Kilopreis von DM 25,— eingekauft. Am Bilanzstichtag 31. 12. 01 beträgt der Kilopreis für den Rohstoff nur noch DM 20,—. Der Wertansatz für diesen Rohstoff ist sowohl in der Handels- als auch in der Steuerbilanz DM 20,— pro Kilogramm. Das Maßgeblichkeitsprinzip verlangt, daß in beiden Bilanzen der Rohstoff mit dem gesunkenen Wiederbeschaffungspreis von DM 20,— pro Kilogramm bewertet wird.

Diese Verzahnung von Handels- und Steuerbilanz hat jedoch auch ihre Grenzen. Das Maßgeblichkeitsprinzip wird zum Beispiel dann durchbrochen, wenn zwingende steuerrechtliche Vorschriften einem bestimmten handelsrechtlichen Wertansatz entgegenstehen.

Beispiel: Ein Unternehmen nimmt bei seiner Hausbank einen Kredit in Höhe von DM 100.000,— auf, bekommt aber nur DM 95.000,— ausbezahlt. DM 5.000,— stellen ein sogenanntes Abgeld (Damnum, Disagio) dar, das heißt das Unternehmen muß den Kredit in voller Höhe von DM 100.000,— zurückbezahlen, während das Abgeld von der Bank einbehalten wird. In der Handelsbilanz kann das Abgeld sofort als Betriebsaufwand verrechnet werden und vermindert damit den Handelsbilanzgewinn. In der Steuerbilanz hingegen muß das Abgeld, abweichend von der Handelsbilanz und zwingend nach Steuerrecht, auf der Aktivseite der Bilanz als Rechnungsabgrenzungsposten aktiviert werden und darf nur entsprechend der Laufzeit des gewährten Krediites abgeschrieben werden. Damit wird das Maßgeblichkeitsprinzip der Handelsbilanz für die Steuerbilanz aufgrund des Steuerrechts durchbrochen.

In vielen Fällen kehrt sich das Maßgeblichkeitsprinzip faktisch um, das heißt die Steuerbilanz wird maßgeblich für die Handelsbilanz. Diese Umkehrung des Maßgeblichkeitsprinzips wird vor allem durch steuerliche Fördermaßnahmen ausgelöst.

Beispiel: Nach dem sogenannten Fördergebietsgesetz können Unternehmen, die in den neuen Bundesländern investieren, Sonderabschreibungen in Anspruch nehmen. Wird zum Beispiel von einem Unternehmen in den neuen Bundesländern eine Maschine für DM 100.000,— angeschafft (Nutzungsdauer 10 Jahre), kann diese Maschine bereits im Jahr der Anschaffung mit 50% abgeschrieben werden. Es ist klar, daß viele Unternehmen diese steuerliche Sonderabschreibung in Anspruch nehmen möchten. Dies ist jedoch nur zulässig, wenn die Sonderabschreibung nicht nur in der Steuer-, sondern auch in der Handelsbilanz vorgenommen wird. Das Unternehmen wird daher auch in der Handelsbilanz eine Sonderabschreibung in Höhe von 50% der Anschaffungskosten auf die Maschine vornehmen. Damit kehrt sich aber das Maßgeblichkeitsprinzip faktisch um. Das Unternehmen wird, um in den Genuß dieser Steuervergünstigung zu kommen, in der Handelsbilanz dieselbe Sonderabschreibung vornehmen wie in der Steuerbilanz, was zu identischen Wertansätzen in beiden Bilanzen führt.

Die Rechtsgrundlage für die faktische Umkehrung des Maßgeblichkeitsprinzips findet sich in § 5 Abs. 1 Satz 2 EStG, wonach steuerrechtliche Wahlrechte (z.B. eine Sonderabschreibung) stets in Übereinstimmung mit dem Handelsrecht auszuüben sind.

Das Maßgeblichkeitsprinzip führt dazu, daß in Deutschland viele Kapitalgesellschaften eine Einheitsbilanz aufstellen, die Handels- und Steuerbilanz zugleich ist.

2.7 Bilanzierungsgrundsätze

Der Jahresabschluß jedes Unternehmens, unabhängig von der Rechtsform, ist nach den Grundsätzen ordnungsmäßiger Bilanzierung aufzustellen.

Für die Kapitalgesellschaften ist der wichtigste Bilanzierungsgrundsatz, der als Generalnorm aufzufassen ist, die den gesamten handelsrechtlichen Rechnungslegungsvorschriften vorangestellt wurde, der **Grundsatz des true and fair view.** Es handelt sich dabei um einen anglo-amerikanischen Bilanzierungsgrundsatz, der nunmehr auch im deutschen Bilanzrecht als übergeordneter Bilanzierungsgrundsatz gilt.

Der **Grundsatz des true and fair view** durchdringt alle anderen Bilanzierungsregeln bzw. Bilanzierungsgrundsätze, die bei der Aufstellung des handelsrechtlichen Jahresabschlusses einer Kapitalgesellschaft zu beachten sind. Er ist in § 264 Abs. 2 HGB (Spezieller Teil) verankert und lautet: »Der Jahresabschluß einer Kapitalgesellschaft hat unter Beachtung der GoB ein den tatsächlichen Verhältnissen entsprechendes Bild der

– Vermögenslage,
– Finanzlage und
– Ertragslage

des Unternehmens zu vermitteln.«

Der Grundsatz des true and fair view verlangt nicht mehr und nicht weniger, als daß ein wahrer Jahresabschluß (Bilanzwahrheit) aufgestellt wird, der die wirtschaftlich richtige Ertragssituation, Vermögenslage und Finanzlage exakt wiedergibt. Der Handelsbilanzgewinn soll den tatsächlichen Verhältnissen entsprechend ausgewiesen werden. Bilanz, Gewinn- und Verlustrechnung und Anhang sollen diesem Grundsatz des true and fair view entsprechen.

Der Grundsatz des true and fair view ist keinesfalls eine unverbindliche Generalnorm, vielmehr sorgen zahlreiche Einzelvorschriften im HGB dafür, daß diesem übergeordneten Bilanzierungsgrundsatz von den Kapitalgesellschaften auf jeden Fall Rechnung getragen wird.

Beispiel: Ein den tatsächlichen Verhältnissen entsprechendes Bild der Finanzlage, wie es der Grundsatz des true and fair view verlangt, soll z.B. dadurch erreicht werden, daß auf der Aktivseite der Bilanz bei allen ausgewiesenen Forderungen (Bilanzpositionen) in DM betragsmäßig angegeben wird, wie viele davon eine Restlaufzeit von mehr als einem Jahr aufweisen. Als Gegenposition auf der Passivseite der Bilanz müssen alle Verbindlichkeitenpositionen, die eine Restlaufzeit von weniger als einem Jahr aufweisen, in DM betragsmäßig ausgeworfen werden. Der Bilanzleser sieht, welchen Forderungen mit einer Restlaufzeit von mehr als einem Jahr Verbindlichkeiten mit einer Restlaufzeit von weniger als einem Jahr gegenüberstehen. Übersteigen z.B. die Verbindlichkeiten mit einer Restlaufzeit von weniger als einem Jahr die Forderungen mit einer Restlaufzeit von mehr als einem Jahr, können für das Unternehmen Liquiditätsprobleme entstehen.

Man befürchtet, daß das Finanzamt, insbesondere wegen des Grundsatzes des true and fair view, einen immer besseren und tieferen Einblick in die wahre Vermögens-, Finanz- und Ertragslage der Kapitalgesellschaften gewinnt, wodurch mehr Steuern ausgelöst werden könnten.

Ein weiterer wichtiger Bilanzierungsgrundsatz, der neu in das deutsche Bilanzrecht aufgenommen wurde, ist der **Grundsatz der Wesentlichkeit.** Dieser Grundsatz besagt, daß dem Bilanzleser alle für die Beurteilung der Vermögens-, Finanz- und Ertragslage wesentlichen Informationen vermittelt werden müssen. Zugleich besagt der Grundsatz der Wesentlichkeit aber auch, daß alle unwesentlichen Informationen weggelassen werden dürfen bzw. vernachlässigt werden können.

Was als wesentlich bzw. als unwesentlich angesehen werden kann, ist im HGB nicht definiert. Wird das Jahresergebnis einer Kapitalgesellschaft durch den Wertansatz einer bestimmten Bilanzposition um 5% bis 10% nach oben oder unten verändert, gilt dies in der Regel als wesentlich.

Ebenso gilt als wesentlich, wenn innerhalb einer Bilanzposition diese zu mehr als 50% auf einen bestimmten Geschäftsvorfall zurückzuführen ist.

Beispiel: In dem Jahresabschluß einer GmbH weist die Bilanzposition »Sonstige Rückstellungen« einen Betrag in Höhe von DM 100.000,— aus. Davon entfallen DM 60.000,— auf eine Prozeßkostenrückstellung. Diese Prozeßkostenrückstellung macht demnach 60% der Sonstigen Rückstellungen aus und muß daher nach dem Grundsatz der Wesentlichkeit im Anhang angegeben werden (§ 285 Nr. 12 HGB).

Im **Kaufmannsteil,** der für alle Rechtsformen gilt, sind folgende allgemeingültige Bilanzierungsgrundsätze verankert:

- **Grundsatz der Klarheit und Übersichtlichkeit (§ 243 Abs. 2 HGB):**

    Dieser Bilanzierungsgrundsatz hat vor allem formalen Charakter und betrifft die Gliederungsschemata der Bilanz und der Gewinn- und Verlustrechnung. Eine Kapitalgesellschaft muß die einmal gewählten Gliederungsschemata beibehalten, es sei denn zwingende wirtschaftliche Gründe rechtfertigen ein Abweichen. Das Recht einer kleinen Kapitalgesellschaft, zum Beispiel das Bilanzgliederungsschema der mittelgroßen oder der großen Kapitalgesellschaft zu wählen, bleibt durch diesen Bilanzierungsgrundsatz unberührt.

    Im übrigen erstreckt sich der Grundsatz der Klarheit und Übersichtlichkeit auch auf den Anhang.

- **Grundsatz der fristgerechten Aufstellung (§ 243 Abs. 3 HGB):**

    Der Jahresabschluß einer mittelgroßen und einer großen Kapitalgesellschaft ist von den gesetzlichen Vertretern (das sind bei einer Aktiengesellschaft der Vorstand und bei einer GmbH der oder die Geschäftsführer) innerhalb von drei Monaten nach Bilanzstichtag aufzustellen.

    Für kleine Kapitalgesellschaften erhöht sich diese Frist auf sechs Monate. Die Sechs-Monats-Frist gilt auch für Nichtkapitalgesellschaften.

- **Grundsatz der Vollständigkeit (§ 246 Abs. 1 HGB):**

    Dieser Grundsatz besagt, daß sämtliche Vermögensgegenstände (Wirtschaftsgüter), Schulden, Rechnungsabgrenzungsposten, Aufwendungen und Erträge im Jahresabschluß erfaßt werden müssen. Nach dem Grundsatz der Vollständigkeit müssen z.B. auch sämtliche entgeltlich erworbenen immateriellen Anlagegüter wie Patente, Lizenzen, Know-How, Software und dgl. in der Bilanz aktiviert und dürfen nicht als Aufwand verrechnet werden.

- **Grundsatz des Verbots der Saldierung (§ 246 Abs. 2 HGB):**

  Nach diesem Bilanzierungsgrundsatz dürfen z.B. nicht Positionen der Aktivseite mit Positionen der Passivseite der Bilanz und Aufwendungen nicht mit Erträgen in der Gewinn- und Verlustrechnung verrechnet werden.

  Beispiel: Ein Unternehmen hat eine Forderung in Höhe von DM 20.000,— an einen bestimmten Kunden. Umgekehrt weist es auf der Passivseite der Bilanz eine Verbindlichkeit in Höhe von DM 80.000,— an diesen selben Kunden aus. Forderung und Verbindlichkeit dürfen nicht saldiert werden.

- **Grundsatz der Bilanzidentität (§ 252 Abs. 1 Nr. 1 HGB):**

  Dieser Bilanzierungsgrundsatz besagt, daß die Wertansätze in der Eröffnungsbilanz des Geschäftsjahres mit den Schlußbilanzwerten des Vorjahres übereinstimmen müssen. Der Grundsatz der Bilanzidentität resultiert aus der doppelten Buchhaltung. Die Schlußbilanzkonten eines Geschäftsjahres stellen die Eröffnungsbilanzkonten des unmittelbar folgenden Geschäftsjahres dar.

- **Grundsatz der Unternehmensfortführung (§ 252 Abs. 1 Nr. 2 HGB):**

  Dieser Bilanzierungsgrundsatz besagt, daß bei der Bewertung unterstellt wird, daß ein Unternehmen seine Unternehmenstätigkeit fortsetzt. Der Grundsatz der Unternehmensfortführung darf nur in begründeten Ausnahmefällen durchbrochen werden. Solche liegen z.B. vor, wenn eine Sanierungsbilanz, Überschuldungsbilanz, Vergleichsbilanz und dgl. aufgestellt werden muß. In diesen Fällen kann, abweichend von dem Grundsatz der Unternehmensfortführung, eine Änderung in dem Bewertungsverfahren zwingend notwendig werden.

- **Grundsatz der Stichtagsbezogenheit (§ 252 Abs. 1 Nr. 3 HGB):**

    Das Stichtagsprinzip gilt sowohl für die Bilanzierung als auch für die Bewertung. Bei der Frage, ob ein Vermögensgegenstand in der Bilanz auszuweisen und zu welchem Wert er anzusetzen ist, sind alle Umstände zu berücksichtigen, die am Bilanzstichtag objektiv gegeben sind.

    In bezug auf dieses Stichtagsprinzip gilt die sogenannte Wertaufhellungstheorie, die besagt, daß die bessere Erkenntnis über die Verhältnisse am Bilanzstichtag zu berücksichtigen ist, auch wenn derartige wertaufhellende Tatsachen erst nach dem Bilanzstichtag, aber noch vor Aufstellung der Bilanz bekannt geworden sind.

    Beispiel: Ein Unternehmen hat am Bilanzstichtag 31. 12. 01 eine Forderung gegen einen Kunden in Höhe von DM 60.000,— aufzuweisen. Am 20. 02. 02, also noch vor der Bilanzaufstellung, erfährt das Unternehmen, daß gegen diesen Kunden die Einleitung eines Konkursverfahrens mangels Masse abgelehnt worden ist. Das Unternehmen muß die Kundenforderung in Höhe von DM 60.000,— noch zum 31. 12. 01 einzelwertberichtigen, d.h. ausbuchen, da bereits zum Bilanzstichtag objektiv feststand, daß die Kundenforderung nicht mehr realisiert werden kann (Wertaufhellungstheorie).

- **Grundsatz der Einzelbewertung (§ 252 Abs. 1 Nr. 3 HGB):**

    Dieser Bilanzierungsgrundsatz besagt, daß jeder Vermögensgegenstand in der Bilanz einzeln zu erfassen und zu bewerten ist. Der Grundsatz der Einzelbewertung verhindert, daß bei einem Bilanzposten Wertminderungen durch

Wertsteigerungen bei einem anderen Bilanzposten kompensiert werden.

Beispiel: Der Wertansatz von Vorräten ist von DM 100.000,— auf DM 80.000,— gesunken. Gleichzeitig ist der Wertansatz von Wertpapieren im Umlaufvermögen von DM 40.000,— auf DM 60.000,— gestiegen. Einer Wertminderung bei den Vorräten in Höhe von DM 20.000,— steht demnach eine Wertsteigerung bei den Wertpapieren in Höhe von ebenfalls DM 20.000,— gegenüber. Es ist nach dem Grundsatz der Einzelbewertung nicht zulässig, eine Abschreibung auf die Vorräte durch Hinweis auf die Wertsteigerung bei den Wertpapieren zu unterlassen.

- **Grundsatz der Periodenabgrenzung (§ 252 Abs. 1 Nr. 5 HGB):**

Dieser Bilanzierungsgrundsatz besagt, daß Aufwendungen und Erträge in dem Geschäftsjahr zu berücksichtigen sind, auf das sich der Jahresabschluß bezieht, ohne Rücksicht auf den Zeitpunkt ihrer Verausgabung oder Vereinnahmung.

Beispiel: Ein Unternehmen rechnet mit Kulanzleistungen, die es für seine Kunden aufgrund von Umsätzen des laufenden Geschäftsjahres 01 erbringen muß, in Höhe von DM 220.000,—. Die Ausgaben für diese Kulanzleistungen fallen erst in den Geschäftsjahren 02 und 03 an. Wirtschaftlich verursacht ist jedoch der Aufwand für die Kulanzleistungen bereits in der Periode 01. Das Unternehmen muß daher nach dem Grundsatz der Periodenabgrenzung noch zum Bilanzstichtag 31. 12. 01 eine Rückstellung für Kulanzleistungen in Höhe von DM 220.000,— zu Lasten des laufenden Gewinnes bilden.

- **Grundsatz der Darstellungsstetigkeit (§ 252 Abs. 1 Nr. 6 HGB):**

  Dieser Bilanzierungsgrundsatz besagt, daß ein in einem bestimmten Geschäftsjahr einmal gewähltes Bewertungsverfahren in den folgenden Geschäftsjahren beizubehalten ist.

  Beispiel: Eine Kapitalgesellschaft bewertet ihren Bestand an Fertigerzeugnissen in der Bilanz zum 31. 12. 01 zu Teilkosten, d.h. es werden in die Herstellungskosten der Fertigerzeugnisse keine Gemeinkostenzuschlagssätze einbezogen. Es ist nicht zulässig, zum Bilanzstichtag 31. 12. 02 oder zu späteren Bilanzstichtagen die Bestände an Fertigerzeugnissen anstatt mit den Teilkosten mit den Vollkosten (also unter Einbeziehung der Gemeinkostenzuschlagssätze) zu bewerten. Diese Änderung der Bewertungsmethode würde einen Verstoß gegen den Grundsatz der Darstellungsstetigkeit bedeuten.

  Von dem Grundsatz der Darstellungsstetigkeit darf nur in wirtschaftlich begründeten Ausnahmefällen abgewichen werden.

- **Grundsatz der Anschaffungskosten (§ 253 HGB):**

  Das Anschaffungskostenprinzip besagt, daß die Anschaffungs- oder Herstellungskosten von Vermögensgegenständen als Wertobergrenze gelten, die nicht überschritten werden darf. Gemeint sind dabei die fortgeführten Anschaffungs- oder Herstellungskosten.

  Beispiel: Ein Unternehmen hat im Geschäftsjahr 01 eine Maschine für DM 100.000,— angeschafft. Die betriebsgewöhnliche Nutzungsdauer der Maschine beträgt 10 Jahre. Sie wird linear, das heißt mit jährlich 10% abgeschrieben. Im Geschäftsjahr 06 ist der Buchwert der Maschine noch DM 40.000,— (= DM 100.000,— Anschaffungskosten — 60% Abschreibungen). Die Wiederbeschaffungskosten sind in dem Geschäftsjahr 06 für die Maschine um 30% gestiegen. Das Unternehmen kann jedoch trotz gestiegener Wiederbeschaffungskosten den Buchwert von DM 40.000,— (fortgeführte Anschaffungskosten) nicht überschreiten. Dies würde sonst einen Verstoß gegen das Anschaffungskostenprinzip bedeuten.

- **Grundsatz der Vorsicht (§ 252 Abs. 1 Nr. 4 HGB):**

  Dieser Bilanzierungsgrundsatz besagt, daß sich ein Unternehmen grundsätzlich nicht reicher machen darf, als es tatsächlich ist. Das Vorsichtsprinzip umfaßt als Untergrundsätze das Realisationsprinzip, das Imparitätsprinzip und das Niederstwertprinzip.

  - **Realisationsprinzip:**

    Das Realisationsprinzip besagt, daß Gewinne nicht schon dann im Jahresabschluß erfaßt werden dürfen, wenn sie nach Meinung des Unternehmens entstanden sind, sondern erst dann, wenn sie realisiert sind.

    Beispiel: Ein Unternehmen hat im Geschäftsjahr 01 Wertpapiere für DM 100.000,— angeschafft. Zum Bilanzstichtag 31. 12. 02 ist der Kurs dieser Wertpapiere auf DM 150.000,— gestiegen. Das Unternehmen ist nicht berechtigt, die Wertpapiere zu DM 150.000,— anzusetzen und einen Gewinn in Höhe von DM 50.000,— auszuweisen, da dies einen Verstoß gegen das Realisationsprinzip bedeuten würde. Noch nicht realisierte Gewinne dürfen nicht ausgewiesen werden. Erst wenn die Wertpapiere veräußert werden, ist der Gewinn als realisiert anzusehen.

    Im Hinblick auf das Realisationsprinzip stellt sich die Frage nach dem **Realisationszeitpunkt,** das heißt dem

Zeitpunkt, zu dem ein Gewinn als verwirklicht anzusehen ist und damit dem Vermögen des Unternehmens zugeordnet werden kann. Es gilt: Lieferzeitpunkt bzw. Leistungszeitpunkt = Realisationszeitpunkt.

Beispiel: Das Unternehmen A schließt am 31.11.01 mit dem Unternehmen B einen Kaufvertrag, wonach es sich verpflichtet, einen Vermögensgegenstand für DM 100.000,— zu liefern. Der Gewinnanteil beträgt 10%, das sind DM 10.000,—. Die Lieferung verzögert sich. Das Unternehmen A kann daher erst am 01.02.02 liefern. Das Unternehmen B bezahlt die Lieferung vereinbarungsgemäß am 30.04.02. Realisationszeitpunkt ist der Lieferzeitpunkt 01.02.02. Zu diesem Zeitpunkt ist der Gewinn als realisiert anzusehen, da sich das Risiko nur noch auf den reinen Geldeingang beschränkt.

- **Imparitätsprinzip:**

Das Imparitätsprinzip besagt, daß noch nicht eingetretene Verluste bereits dann im Jahresabschluß ausgewiesen werden müssen, wenn sie vorhersehbar sind. Diese im Vergleich zum Realisationsprinzip ungleiche Behandlung (Imparität = Ungleichheit) wird als Imparitätsprinzip bezeichnet.

Beispiel: Ein Unternehmen hat im Geschäftsjahr 01 ein neues Produkt auf den Markt gebracht. Ein Konkurrent behauptet, daß das Produkt sein Patent verletzt und droht dem Unternehmen mit Schreiben vom 01.11.01 Klage an. Das Unternehmen muß damit rechnen, daß der Konkurrent mit seiner Klage durchaus Erfolg haben kann. Es droht demnach ein Verlust, der nach dem Imparitätsprinzip in Form einer Prozeßkostenrückstellung noch zum 31.12.01 ausgewiesen werden muß.

- **Niederstwertprinzip:**
 Aus dem Imparitätsprinzip leitet sich direkt das Niederstwertprinzip her. Das Niederstwertprinzip gilt für die Vermögensbewertung und besagt grundsätzlich, daß bei Vorliegen verschiedener möglicher Werte am Bilanzstichtag der niederste anzusetzen ist.

 Beispiel: Ein Unternehmen hat im Geschäftsjahr 01 Rohstoffe für DM 400.000,— angeschafft. Am Bilanzstichtag 31. 12. 01 ist von diesen Rohstoffen noch ein Endbestand in Höhe von DM 100.000,—, bewertet zu den Anschaffungskosten, vorhanden. Das Unternehmen könnte jedoch dieselben Rohstoffe zum Bilanzstichtag 31. 12. 01 für die Hälfte der ursprünglichen Anschaffungskosten, das heißt für DM 50.000,—, wiederbeschaffen. Das Unternehmen muß nach dem Niederstwertprinzip die Rohstoffe in der Bilanz zum 31. 12. 01 mit den gesunkenen Wiederbeschaffungskosten in Höhe von DM 50.000,— bewerten.

2.8 Veröffentlichung

Jede Kapitalgesellschaft, selbst die kleinste GmbH, ist verpflichtet, ihren Jahresabschluß zu veröffentlichen. Die Veröffentlichung erfolgt bei den **kleinen** und **mittelgroßen** Kapitalgesellschaften in der Form, daß sie ihren Jahresabschluß bei dem zuständigen Registergericht hinterlegen und im Bundesanzeiger bekanntmachen, bei welchem Registergericht und unter welcher Nummer die Offenlegung vorgenommen wurde. Der Sitz des Registergerichts ist der Sitz des Amtsgerichts. Die Frist für die Offenlegungspflicht beträgt bei den mittelgroßen und großen Kapitalgesellschaften neun Monate nach Bilanzstichtag, während die kleine Kapitalgesellschaft ihren Jahresabschluß erst zwölf Monate nach Bilanzstichtag beim Registergericht zu hinterlegen braucht.

Die großen Kapitalgesellschaften müssen ihren gesamten Jahresabschluß (einschließlich Lagebericht) im Bundesanzeiger veröffentlichen.

Die Pflicht zur Veröffentlichung ihres Jahresabschlusses hat für jede Kapitalgesellschaft weitreichende Konsequenzen. Nach § 9 Abs. 1 HGB hat nämlich jedermann das Recht zur Einsichtnahme in den beim Handelsregister eingereichten Jahresabschluß und kann davon auch jederzeit eine Abschrift verlangen (Kopierkosten pro Seite DM 1,—). Will jemand in den beim Handelsregister hinterlegten Jahresabschluß einsehen, braucht er gegenüber dem Registergericht kein berechtigtes Interesse nachzuweisen. Es genügt zum Beispiel, bei dem Registergericht einfach eine Abschrift des Jahresabschlusses der X-GmbH gegen Bezahlung der Kopierkosten anzufordern. Dies bedeutet, daß die veröffentlichende GmbH keinerlei Kenntnis davon hat, welche Interessenten in ihren Jahresabschluß Einsicht genommen haben.

Die Kapitalgesellschaft muß davon ausgehen, daß die unterschiedlichsten Interessenten bzw. Interessentengruppen, wie Konkurrenten, Kunden, Lieferanten, Mitarbeiter, Kreditauskunftsbüros und dgl., in ihren offengelegten Jahresabschluß laufend einsehen.

Für viele Kapitalgesellschaften ist es eine Schreckensvorstellung, daß Außenstehende, unabhängig davon, welchen Interessentengruppen sie angehören, ohne weiteres ihren offengelegten Jahresabschluß einsehen können. Zum Teil können aus dem Recht zur Einsichtnahme tatsächlich negative Auswirkungen auf die veröffentlichende Kapitalgesellschaft resultieren.

Beispiele: a) Eine GmbH ist Zulieferer für ein oder wenige Herstellerunternehmen. Bislang ist es der Geschäftsführung der GmbH gelungen, den Einkäufern dieser Herstellerfirmen klarzumachen, daß die kalkulierten Verkaufspreise für ihre Produkte an der untersten Grenze liegen, die aus wirtschaftlichen Gründen nicht mehr unterschritten werden kann. Tatsache ist jedoch, daß die GmbH ein glänzende Ertragslage aufweist. Man kann sich vorstellen, daß die Einkäufer der Kundenfirmen mit dieser GmbH in Zukunft wesentlich härtere Preisverhandlungen führen werden, wenn sie sich anhand der offengelegten Jahresabschlüsse über die tatsächliche Vermögens- und Ertragssituation ihres Lieferanten informiert haben.

b) Eine relativ kleine GmbH stellt als innovatives Unternehmen ein neues Produkt her, mit dem sie in Konkurrenz zu einigen wenigen finanziell potenten Herstellern tritt. Die Konkurrenten dieser GmbH können sich anhand der offengelegten Jahresabschlüsse über die Vermögens-, Finanz- und Ertragslage informieren. Stellen die Konkurrenten z.B. fest, daß die GmbH nur über ein ganz geringes Eigenkapital verfügt und die Finanzlage angespannt ist, können sie sich mit ihrer Betriebspolitik darauf einrichten. Sie können ihr Konkurrenzprodukt kurzfristig und vorübergehend im Preis senken. Für die GmbH kann eine solche Preisunterbietung unter Umständen das Aus bedeuten.

Es stellt sich die Frage, was passiert, wenn eine Kapitalgesellschaft ihren Jahresabschluß nicht veröffentlicht, das heißt nicht beim Registergericht einreicht. § 335 HGB sieht bei Verletzung der Offenlegungspflicht die Erhebung eines sogenannten Zwangsgeldes durch das Registergericht vor. Dabei darf das einzelne Zwangsgeld die Höchstgrenze von DM 10.000,— nicht überschreiten. Allerdings kann das Zwangsgeld gegen eine Kapitalgesellschaft wiederholt erhoben werden.

Entscheidend ist allerdings, daß das Registergericht ein solches Zwangsgeld nicht von Amts wegen, sondern nur auf Antrag androhen und erheben darf. Antragsberechtigt sind die folgenden drei Gruppen:

- die Gesellschafter einer Kapitalgesellschaft,
- die Gläubiger,
- der Gesamtbetriebsrat (nicht das einzelne Betriebsratsmitglied).

Betrachtet man diese drei Antragsgruppen, wird deutlich, daß die Gesellschafter kaum interessiert sind, die Kapitalgesellschaft zur Einhaltung der Offenlegungspflicht zu zwingen.

Die Gruppe der Gläubiger hat dann kein Interesse, Antrag beim Registergericht zu stellen, wenn die Kapitalgesellschaft die Forderungen der Gläubiger bezahlt.

Bleibt der Gesamtbetriebsrat als Antragsgruppe. Hier kann die Unternehmensspitze den Gesamtbetriebsrat in der Regel davon überzeugen, daß eine Veröffentlichung des Jahresabschlusses die Interessen der Kapitalgesellschaft verletzen würde. Man wird dem Gesamtbetriebsrat anbieten, ihn intern über die wirtschaftlichen Verhältnisse der Kapitalgesellschaft zu informieren, so daß dieser nicht mehr auf den veröffentlichten Jahresabschluß angewiesen ist.

Überlegt man diese Situation, wird verständlich, warum in Deutschland gegenwärtig nur etwa 20% der offenlegungspflichtigen Kapitalgesellschaften ihren Jahresabschluß tatsächlich veröffentlichen.

Hieran ändert auch das sogenannte Löschungsgesetz nichts. Nach § 2 Löschungsgesetz kann eine Kapitalgesellschaft durch das Registergericht von Amts wegen gelöscht werden, wenn sie in drei aufeinanderfolgenden Jahren ihren Jahresabschluß nicht zum Handelsregister einreicht und kein Vermögen besitzt.

Das Registergericht muß in einem solchen Fall die Kapitalgesellschaft anschreiben und darauf hinweisen, daß es die Löschung beabsichtigt. Die Kapitalgesellschaft kann die Löschung dadurch vermeiden, daß sie dem Registergericht zum Beispiel durch eine Bankbürgschaft, einen Grundbuchauszug oder einen Kontoauszug und dgl. nachweist, daß sie nicht vermögenslos ist. Das Registergericht ist zur Löschung der Kapitalgesellschaft nicht berechtigt, wenn diese über Vermögen verfügt.

Da die Kapitalgesellschaften in den übrigen EG-Staaten ihrer Veröffentlichungspflicht fast zu hundert Prozent nachkommen, ist in Zukunft zu erwarten, daß auch die deutschen Kapitalgesellschaften durch strengere Sanktionsvorschriften gezwungen werden, ihre Jahresabschlüsse ebenfalls offenzulegen.

Jede Kapitalgesellschaft sollte sich grundsätzlich darauf einstellen, daß sie in der Zukunft zur Offenlegung ihres Jahresabschlusses gezwungen sein wird. Sie sollte davon ausgehen, daß alle interessierten Bilanzleser in ihren Jahresabschluß einsehen können und werden. Umgekehrt sollte ein Unternehmen, das Kunden, Lieferanten, Konkurrenten und dgl. in der Rechtsform der Kapitalgesellschaft hat, sich grundsätzlich deren Jahresabschlüsse besorgen und mit Hilfe der Bilanzanalyse auswerten.

Was eine Kapitalgesellschaft veröffentlichen, das heißt beim Registergericht hinterlegen muß, hängt davon ab, welche Betriebsgröße sie aufweist. Differenziert nach Betriebsgrößen ergibt sich für die Kapitalgesellschaft folgender Umfang der Veröffentlichungspflicht:

Kleine Kapitalgesellschaft:

- Bilanz in verkürzter Form (nur Positionen unter Großbuchstaben und römischen Ziffern),
- Anhang (ohne Anhangangaben zur Gewinn- und Verlustrechnung),
- Ergebnisverwendungsvorschlag der Geschäftsführung,
- Ergebnisverwendungsbeschluß unter Angabe des Ergebnisses.

Für den externen Bilanzanalytiker ist es wenig ergiebig, den Jahresabschluß einer kleinen GmbH zu analysieren, da dieser nur eine Bilanz in verkürzter Form und keine Gewinn- und Verlustrechnung enthält. Ebensowenig braucht die kleine GmbH ihren Lagebericht zu veröffentlichen.

Mittelgroße Kapitalgesellschaft:

- Bilanz,
- Gewinn- und Verlustrechnung (ohne Umsatzangaben),
- Anhang,
- Lagebericht,
- Bericht des Aufsichtsrats, wenn ein solcher existiert,
- Bestätigungsvermerk des Abschlußprüfers,
- Ergebnisverwendungsvorschlag,
- Ergebnisverwendungsbeschluß.

Der Jahresabschluß einer mittelgroßen Kapitalgesellschaft ist für den externen Bilanzanalytiker relativ aussagekräftig. Eine Schwierigkeit ergibt sich bei der offengelegten Gewinn- und Verlustrechnung, da hier bestimmte Positionen für die Offenlegung zusammengefaßt werden dürfen. Wird zum Beispiel die Gewinn- und Verlustrechnung nach dem **Gesamtkostenverfahren** angewandt, dürfen für die Offenlegung die ersten fünf Positionen zusammengefaßt werden:

1. Umsatzerlöse
2. ± Bestandsveränderungen
3. + Andere aktivierte Eigenleistungen
4. + Sonstige betriebliche Erträge
5. − Materialaufwand (a) und (b)

= Rohergebnis

In der offengelegten Gewinn- und Verlustrechnung stellt die Position »Rohergebnis« die erste Position dar. Die weiteren Positionen werden dann in der Numerierung, wie sie im Gliederungsschema nach dem Gesamtkostenverfahren aufgeführt sind, ausgewiesen. Für den externen Bilanzleser ist es wichtig zu wissen, daß in der Position Rohergebnis auch die »Sonstigen betrieblichen Erträge« enthalten sind. Darunter sind zum Beispiel Veräußerungsgewinne bei der Veräußerung von Anlagegegenständen über Buchwert, Erträge aus der Auflösung von Rückstellungen oder Sonderposten mit Rücklageanteil und dgl. enthalten. Es ist klar, daß durch diese Position »Sonstige betriebliche Erträge«, deren Höhe man als externer Bilanzanalytiker selbstverständlich nicht kennt, das Rohergebnis in einem bestimmten Umfang verfälscht werden kann.

Wird die Gewinn- und Verlustrechnung nach dem **Umsatzkostenverfahren** angewandt, dürfen für die Offenlegung folgende Positionen zusammengefaßt werden:

1. Umsatzerlöse
2. − Herstellungskosten der zur Erzielung der Umsatzerlöse erbrachten Leistungen

---

3. = Bruttoergebnis vom Umsatz
6. + Sonstige betriebliche Erträge

= Rohergebnis

Für den externen Bilanzanalytiker ergibt sich in bezug auf die veröffentlichte Position »Rohergebnis« die gleiche Schwierigkeit wie bei der Gewinn- und Verlustrechnung nach dem Gesamtkostenverfahren. Auch hier sind die »Sonstigen betrieblichen Erträge« im Rohergebnis mit enthalten, ohne daß man als externer Bilanzleser deren Umfang kennt.

Große Kapitalgesellschaft:

- Bilanz,
- Gewinn- und Verlustrechnung (ungekürzt),
- Anhang,
- Lagebericht,
- Bericht des Aufsichtsrats, wenn ein solcher existiert,
- Bestätigungsvermerk des Abschlußprüfers,
- Ergebnisverwendungsvorschlag,
- Ergebnisverwendungsbeschluß.

Die große Kapitalgesellschaft muß alle diese Unterlagen in ungekürzter Form sowohl beim Handelsregister einreichen als auch im Bundesanzeiger veröffentlichen. Der externe Bilanzanalytiker gewinnt anhand dieser umfangreichen Unterlagen in der Regel ein zuverlässiges Bild über die wirtschaftliche Situation einer solchen großen Kapitalgesellschaft.

2.9 Handels- und Steuerbilanzpolitik

Grundsätzlich wird die Steuerbilanz jedes Unternehmens aus der Handelsbilanz abgeleitet. *Abb. 6* zeigt, wie die Steuerbilanz aus der Handelsbilanz entsteht:

Abb. 6: **Erstellung der Steuerbilanz**

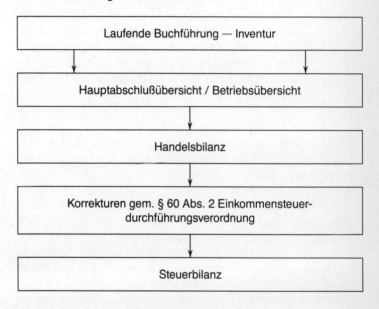

Die laufende Buchführung und die Ergebnisse der körperlichen Bestandsaufnahme (Inventur) führen zur Hauptabschlußübersicht oder Betriebsübersicht. Diese besteht aus:

- Summenbilanz,
- Saldenbilanz I,
- Umbuchungen,

- Saldenbilanz II,
- Schlußbilanz,
- Erfolgsbilanz.

Durch Korrektur- und Bewertungsmaßnahmen entsteht aus der Hauptabschlußübersicht die Handelsbilanz. Die Steuerbilanz wird aus der Handelsbilanz in der Art und Weise hergeleitet, daß die Handelsbilanz nach den Grundsätzen des Steuerrechts korrigiert wird. Die Korrekturen nach Steuerrecht können durch Zusätze und Anmerkungen vorgenommen werden.

Beispiel: In der Handelsbilanz wurde das Abgeld (Damnum, Disagio) bei Aufnahme eines Investitionskredits sofort als Betriebsaufwand verrechnet. In der Steuerbilanz muß das Abgeld aktiviert und, verteilt auf die Laufzeit des Kredites, abgeschrieben werden. Dies kann durch eine Anmerkung in der Handelsbilanz erfolgen.

Die Steuerbilanz ist an das Finanzamt gerichtet. Aus diesem Grunde stellen die Einzelunternehmen und Personenhandelsgesellschaften, die ihren Jahresabschluß nicht zu veröffentlichen brauchen, in der Regel nur eine einzige Bilanz (Einheitsbilanz) auf, die Handels- und Steuerbilanz zugleich ist. Diese Unternehmen sind sich daher meistens gar nicht bewußt, daß grundsätzlich zunächst eine Handelsbilanz aufzustellen ist, aus der die Steuerbilanz abgeleitet wird. Man wird in diesen Unternehmen einen Wertansatz, der zwar handelsrechtlich zulässig ist, in der Regel erst gar nicht wählen, wenn er gegen zwingendes Steuerrecht verstößt, da die Steuerbilanz nur an das Finanzamt gerichtet ist und daher kein Bedürfnis nach einer eigenständigen Handelsbilanz besteht.

Die Kapitalgesellschaften gehen mehr und mehr dazu über, grundsätzlich zwei Bilanzen aufzustellen:

- die Steuerbilanz, die an das Finanzamt gerichtet ist, und
- die Handelsbilanz, die veröffentlicht wird.

Allerdings muß jede Kapitalgesellschaft ihre Handelsbilanz auch dem Finanzamt einreichen. Dies ergibt sich zwingend aus § 60 Abs. 3 EStDV, der wie folgt lautet: »Liegt ein Anhang, ein Lagebericht oder ein Prüfungsbericht vor, so ist eine Abschrift der Steuererklärung beizufügen.«

Das Finanzamt kann daher bei jeder Kapitalgesellschaft grundsätzlich die Ableitung der Steuerbilanz aus der Handelsbilanz zuverlässig zurückverfolgen, da ihm der gesamte handelsrechtliche Jahresabschluß vorliegt.

Wie bereits ausgeführt, müssen sämtliche Kapitalgesellschaften ihren handelsrechtlichen Jahresabschluß veröffentlichen. Jede Kapitalgesellschaft muß daher davon ausgehen, daß die unterschiedlichsten Interessenten, wie Kunden, Lieferanten, Konkurrenten, Kreditauskunftsbüros usw. regelmäßig in ihren handelsrechtlichen Jahresabschluß einsehen. Die Mehrzahl dieser Interessenten wird den veröffentlichten Jahresabschluß einer Kapitalgesellschaft mit Hilfe der Bilanzanalyse beurteilen und interpretieren.

Die Unternehmensspitze einer Kapitalgesellschaft wird sich daher genau überlegen, wie der zu veröffentlichende Jahresabschluß aussehen, das heißt welches Bild er über die Vermögens-, Kapital-, Finanz- und Ertragsstruktur dem externen Bilanzleser vermitteln soll. Immerhin besteht die Möglichkeit, den Jahresabschluß durch bilanzpolitische Entscheidungen zu beeinflussen.

Dabei wird man eine eigenständige Handelsbilanzpolitik betreiben, um den handelsrechtlichen Jahresabschluß, der von jedermann eingesehen werden kann, entsprechend den handelsbilanzpolitischen Zielsetzungen im gewünschten Sinne zu beeinflussen.

Beispiele: a) Hat eine GmbH nur einen oder wenige Großabnehmer als Kunden, mit denen harte Preisverhandlungen geführt werden müssen, wird sie den Handelsbilanzgewinn möglichst drücken und die Vermögens- und Kapitalstruktur ungünstig darstellen, um eine bessere Verhandlungsposition aufzubauen.

b) Will eine GmbH verhindern, daß ihre Gesellschafter finanzielle Mittel abziehen, das heißt höhere Ausschüttungen verlangen, wird sie eine Handelsbilanzpolitik betreiben, die die Ertragslage tendenziell negativ darstellt. Das gleiche gilt, wenn die GmbH überhöhte Lohn- und Gehaltsforderungen ihrer Mitarbeiter abwehren möchte.

c) Will eine GmbH dauerhaft neue Kunden gewinnen, wird sie eine Handelsbilanzpolitik betreiben, die darauf abzielt, sowohl die Ertragslage als auch die Vermögens-, Kapital- und Finanzstruktur tendenziell positiv darzustellen. Die potentiellen Kunden der GmbH sollen den sicheren Eindruck gewinnen, daß sie es mit einem leistungsstarken Partner zu tun haben, dessen Geschäfte florieren.

Die Ziele der Handels- und Steuerbilanzpolitik lassen sich wie folgt darstellen (*Abb. 7*):

Zur Erreichung dieser bilanzpolitischen Ziele steht dem Unternehmen ein umfangreiches bilanzpolitisches Instrumentarium zur Verfügung. Es sind dies insbesondere die folgenden Instrumente:

- **Bilanzierungswahlrechte:**
  - Aktivierungswahlrechte
  - Passivierungswahlrechte

- **Bewertungswahlrechte:**
  - Bewertung des Anlagevermögens
  - Bewertung des Umlaufvermögens
  - Bewertung der Rückstellungen und Verbindlichkeiten

- **Sonstige Wahlrechte:**
  - Gliederungswahlrechte (Bilanzgliederung)
  - Publizitätswahlrechte
  - Darstellung der Gewinnverwendung

Ein Großteil der **handelsbilanzpolitischen** Instrumente ist mit den **steuerbilanzpolitischen** Instrumenten identisch. Dies hängt mit dem bereits dargestellten Maßgeblichkeitsprinzip der Handelsbilanz für die Steuerbilanz zusammen (§ 5 Abs. 1 Satz 1 EStG), welches besagt, daß für die steuerliche Gewinnermittlung das Betriebsvermögen nach Handelsrecht anzusetzen ist.

Die weitgehende Identität der Instrumente der Handels- und Steuerbilanzpolitik resultiert aber vor allem aus der faktischen Umkehrung des Maßgeblichkeitsprinzips. Ein Unternehmen, das eine steuerliche Vergünstigung (z.B. Sonderabschreibungen) in Anspruch nehmen will, kann dies nur tun, wenn es dieselbe Steuervergünstigung auch für die Handelsbilanz in Anspruch nimmt. Da es die Steuervergünstigung unbedingt haben möchte, wird das Unternehmen sie in beiden Bilanzen gleich bewerten:

Beispiel: Ein Unternehmen nimmt die Sonderabschreibung gemäß § 4 FördergebietsG in Anspruch, das heißt, es schreibt zusätzlich zur linearen AfA im Jahr der Anschaffung eines Investitionsguts 50% ab. Da es für die Steuerbilanz will, daß sich diese Sonderabschreibung gewinnmindernd auswirkt, wird es selbstverständlich auch in der Handelsbilanz diese

Sonderabschreibung in Anspruch nehmen. Das Maßgeblichkeitsprinzip kehrt sich faktisch um. Die steuerbilanzpolitische Entscheidung ist mit der handelsbilanzpolitischen Entscheidung (Inanspruchnahme der Sonderabschreibung) identisch.

Es ist allerdings darauf hinzuweisen, daß die Kapitalgesellschaft durch das neue Handelsrecht für die Handelsbilanz einen wesentlichen größeren Spielraum für handelsbilanzpolitische Entscheidungen eingeräumt bekommen hat, als er in der Steuerbilanz besteht. Dies führt dazu, daß die Handelsbilanz, die veröffentlicht werden muß, von der Steuerbilanz abgekoppelt wird. Eine Kapitalgesellschaft kann in der Handelsbilanz eine wesentlich schlechtere Ertragslage, eine ungünstigere Vermögenslage, Kapital- und Finanzstruktur als in der Steuerbilanz ausweisen, wenn es ihren handelsbilanzpolitischen Zielsetzungen entspricht.

Der externe Bilanzleser, der nur auf den veröffentlichten Jahresabschluß angewiesen ist, muß sich bei seiner Bilanzanalyse darüber im klaren sein, daß

- der ausgewiesene Erfolg (Gewinn oder Verlust),
- das ausgewiesene Vermögen,
- die ausgewiesenen Schulden

im offengelegten handelsrechtlichen Jahresabschluß entsprechend den handelsbilanzpolitischen Zielsetzungen der Kapitalgesellschaft beeinflußt worden sind.

Für die Gewinnauswirkungen der Bilanzpolitik ist der Bilanzstichtag von zentraler Bedeutung. Setzt man alle denkbaren bilanzpolitischen Entscheidungen gleich 100%, müssen 60% dieser Entscheidungen **vor** dem Bilanzstichtag getroffen werden, damit sie sich noch auf den Gewinn des laufenden Geschäftsjahres auswirken. Lediglich 40% der bilanzpolitischen Entscheidungen können noch nach dem Bilanzstichtag mit Wirkung für das laufende Geschäftsjahr gefällt werden.

Ein Unternehmen sollte grundsätzlich über eine kurzfristige (monatliche) Erfolgsrechnung verfügen, damit es durch seine bilanzpolitischen Entscheidungen frühzeitig auf sich abzeichnende Gewinnauswirkungen reagieren kann. Wird zum Beispiel in einem Geschäftsjahr eine erhebliche Gewinnsteigerung erwartet, müssen bereits während des Jahres bilanzpolitische Entscheidungen getroffen werden, die den auszuweisenden Jahresgewinn vermindern.

Lautet also die bilanzpolitische Zielsetzung, die Ertragslage tendenziell negativ darzustellen, sind unter anderem folgende bilanzpolitische Maßnahmen denkbar:

- Das Unternehmen schafft noch in der ersten Jahreshälfte bewegliche Anlagegüter wie Maschinen, Kraftfahrzeuge, Büroeinrichtungsgegenstände und dgl. an und macht die höchstmögliche degressive Abschreibung (voller Jahresbetrag) geltend.

- Das Unternehmen schafft geringwertige Wirtschaftsgüter (Anschaffungskosten netto ohne USt. bis zu DM 800,—) an und macht die Sofortabschreibung nach § 6 Abs. 2 EStG geltend.

- Das Unternehmen führt in größerem Umfang Erhaltungsaufwendungen an seinem Betriebsgebäude durch, z.B. Ausmalen der Büroräume, Dachdeckerarbeiten und dgl., die sich sofort als Betriebsaufwand (Betriebsausgaben) gewinnmindernd auswirken.

- Das Unternehmen nimmt Leistungen von außenstehenden Unternehmensberatern in Anspruch und setzt das Honorar sofort als Betriebsaufwand (Betriebsausgaben) gewinnmindernd ab.

- Das Unternehmen forciert noch vor dem Bilanzstichtag die Ausbildungs- bzw. Fortbildungsförderung seiner Mitarbeiter, die zu sofort abzugsfähigen Betriebsausgaben führt.

Soll umgekehrt die Ertragslage eines Unternehmens tendenziell positiv dargestellt werden, können unter anderem folgende bilanzpolitische Entscheidungen getroffen werden:

- Das Unternehmen ordnet einen Anschaffungsstopp für Investitionsgüter vor dem Bilanzstichtag an und vermeidet dadurch Abschreibungen im laufenden Geschäftsjahr.

- Das Unternehmen verschiebt notwendige Instandhaltungsarbeiten auf einen Zeitpunkt nach dem Bilanzstichtag und vermeidet so Betriebsausgaben.
- Das Unternehmen verschiebt Geschäftsreisen, Werbekampagnen, Mitarbeiterförderung und dgl. auf einen Zeitraum nach dem Bilanzstichtag und verhindert so Betriebsausgaben.

Der Führungsspitze eines Unternehmens muß klar sein, daß nur sie persönlich die notwendigen bilanzpolitischen Entscheidungen während eines Geschäftsjahres treffen kann, um den Handels- und Steuerbilanzgewinn zu beeinflussen. Kein Steuerberater ist in der Lage und willens, diese Entscheidungen der Führungsspitze abzunehmen. Man kann nicht erwarten, daß der Steuerberater zum Beispiel seinen Mandanten anruft und ihn auffordert, das Dach seines Gebäudes decken zu lassen, damit der Gewinn gedrückt wird. Die Führungsspitze muß vielmehr während des Geschäftsjahres Sachverhalte gestalten. Sie kann sich allerdings von ihrem Steuerberater vor jeder bilanzpolitischen Entscheidung Rat holen, wie sich die eine oder andere Entscheidung auf die Handels- und Steuerbilanz voraussichtlich auswirken wird. Dazu sollte sie möglichst über ein Grundwissen in Bilanzierungsfragen verfügen, um einen kompetenten Gesprächspartner ihres Steuerberaters abgeben zu können.

Die handels- und steuerbilanzpolitischen Entscheidungen wirken sich auf das Eigenkapital einer Unternehmung aus. Diese Wirkungszusammenhänge lassen sich vereinfacht wie folgt ausdrücken:

Aktiva
− Fremdkapital

= Eigenkapital

Vermindern sich die Aktiva, vermindert sich zugleich das Eigenkapital. Erhöht sich das Fremdkapital (z.B. Erhöhung der Betriebsschulden), verringert sich ebenfalls das Eigenkapital.

Erhöhen sich die Aktiva, steigt das Eigenkapital. Vermindert sich das Fremdkapital, ist dies ebenfalls gleichbedeutend mit einer Eigenkapitalerhöhung.

Beispiel: Ein Unternehmen führt Sonderabschreibungen nach § 4 FördergebietsG durch. Dadurch verringern sich die Aktiva, was zu einer Eigenkapitalminderung führt.

Die Gewinn- und Verlustrechnung eines Unternehmens ist als ein Unterkonto des Eigenkapitalkontos aufzufassen. Wird ein Gewinn erzielt, erhöht sich das Eigenkapital; muß hingegen ein Verlust hingenommen werden, verringert sich das Eigenkapital.

3. Aktivseite der Bilanz

Die Aktivseite der Bilanz drückt aus, in welchen Vermögensgegenständen das Kapital eines Unternehmens investiert wurde. Dabei wird das gesamte Vermögen auf der Aktivseite der Bilanz in das Anlage- und das Umlaufvermögen unterteilt.

3.1 Anlagevermögen

Das Anlagevermögen umfaßt diejenigen Gegenstände, die dazu bestimmt sind, dauernd dem Geschäftsbetrieb des Unternehmens zu dienen (§ 247 Abs. 2 HGB). Es werden drei Gruppen von Anlagevermögen unterschieden:

- **Materielles Anlagevermögen:**
  Hierzu zählt das Anlagevermögen mit zeitlich unbegrenzter Nutzung (z.B. Grund und Boden) genauso wie das Anlagevermögen mit zeitlich begrenzter Nutzung (z.B. Gebäude, Maschinen).

- **Immaterielles Anlagevermögen:**
  Hierzu zählen insbesondere gegen Entgelt erworbene Rechte, die vom Unternehmen für längere Zeit genutzt

werden können, wie Patente, Lizenzen, Konzessionen und dgl.

- **Finanzanlagevermögen:**

  Hierzu zählen Beteiligungen an anderen Unternehmen, Wertpapiere, langfristige Darlehensforderungen und dgl.

Diese Dreiteilung des Anlagevermögens gilt gleichermaßen für die Handels- wie für die Steuerbilanz.

Das Steuerrecht unterscheidet noch zwischen abnutzbarem (z.B. Gebäude, Maschinen) und nicht abnutzbarem (z.B. Grund und Boden, Beteiligungen) Anlagevermögen sowie zwischen beweglichen (z. B. Computer, Büroeinrichtungen und dgl.) und unbeweglichen Anlagegütern. Diese Unterscheidung hat bestimmte steuerrechtliche Konsequenzen, wie unterschiedliche Abschreibungsfristen usw.

Anlagespiegel (Anlagegitter):

Im Jahresabschluß der Kapitalgesellschaften muß die Entwicklung der einzelnen Posten des Anlagevermögens in dem sogenannten Anlagespiegel (Anlagegitter) in detaillierter Form dargestellt werden (§ 268 Abs. 2 HGB). Das Anlagegitter ist dabei entweder unmittelbar in der Bilanz oder im Anhang auszuweisen. Beide Darstellungsvarianten sind in der Bilanzierungspraxis vorzufinden.

Das Anlagegitter umfaßt in der Regel neun Spalten (*Abb. 8*):

Spalte 1: Hier werden die **historischen Anschaffungs- und Herstellungskosten** sämtlicher im Anlagevermögen vorhandener Vermögensgegenstände einschließlich der entgeltlich erworbenen immateriellen Anlagegegenstände ausgewiesen.

Werden von dem Unternehmen Ingangsetzungs- oder Erweiterungsaufwendungen getätigt, können diese als Bilanzierungshilfe aktiviert werden. Sie sind dann ebenfalls im Anlagegitter auszuweisen.

Spalte 2: Hier werden sämtliche im Geschäftsjahr erfolgten **Zugänge** ausgewiesen. Dazu zählen auch die geringwertigen Wirtschaftsgüter (DM 100,– bis DM 800,– netto ohne USt. Anschaffungskosten).

Spalte 3: In dieser Spalte werden die **Abgänge** ausgewiesen. Sämtliche Vermögensgegenstände, die durch Verkauf, Tausch, Entnahme, Untergang aufgrund höherer Gewalt aus dem Betriebsvermögen einer Kapitalgesellschaft ausscheiden, müssen mit den historischen Anschaffungs- oder Herstellungskosten bewertet in dieser Spalte aufgeführt werden.

Spalte 4: Diese Spalte zeigt die **Umbuchungen.** Hier handelt es sich um sogenannte Ausweisänderungen, die zum Beispiel notwendig werden, wenn von der Position »Anlagen im Bau« auf das Konto »Gebäude« umgebucht wird.

Spalte 5: Hier werden die **kumulierten Abschreibungen** erfaßt. Diese umfassen sämtliche bislang und im laufenden Geschäftsjahr angefallenen Abschreibungen auf sämtliche Vermögensgegenstände, die sich am Bilanzstichtag noch im Betriebsvermögen der Kapitalgesellschaft befinden.

Spalte 6: Hier können die **Abschreibungen des laufenden Geschäftsjahres** auf die im Betriebsvermögen befindlichen Anlagegüter ausgewiesen werden. Die Abschreibungen des laufenden Geschäftsjahres sind nicht Pflichtbestandteil des Anlagegitters. Sie können alternativ auch im Anhang ausgewiesen werden. Die Regel dürfte jedoch der Ausweis im Anlagegitter sein.

Spalte 7: Hier werden die **Zuschreibungen** des laufenden Geschäftsjahres auf die Anlagegüter, die sich am Bilanzstichtag im Betriebsvermögen befinden (z.B. Zuschreibung auf Grund und Boden), ausgewiesen.

Abb. 8: **Anlagegitter gemäß § 268 Abs. 2 HGB**

Positionen des Anlagevermögens	Anlagenbest. zum Geschäftsjahresbeginn zu historischen Anschaffungs-/Herstellungskosten (1)	Zugänge der Periode zu Anschaffungs-/Herstellungskosten (2)	Abgänge der Periode zu historischen Anschaffungs-/Herstellungskosten (3)	Umbuchungen zu Anschaffungs-/Herstellungskosten (4)	Abschreibungen kumuliert Vorspalte: Abschreibungen lfd. Geschäftsjahr (5) (6)	Zuschreibungen (7)	Endbestand (= Restbuchwert) Vergleich mit: Buchwerte Vorjahr (8) (9)
	DM	DM	DM	DM	DM	DM	DM
Aufwendungen für die Ingangsetzung und Erweiterung des Geschäftsbetriebes A. Anlagaverm. I. Immater. Wirtsch.-Güter II. Sachanlagen III. Finanzanlagen							

Spalte 8: Hier werden die **Restbuchwerte** (Endbestände) der Anlagegüter zum Bilanzstichtag ausgewiesen.

Spalte 9: Diese Spalte enthält die **Buchwerte des Vorjahres**. Auf diese Art und Weise wird grundsätzlich ein innerbetrieblicher Vergleich mit den Vorjahreswerten ermöglicht.

Das Anlagegitter ist eine wesentliche Grundlage für die Bilanzanalyse. Es ermöglicht die Bildung zahlreicher Bilanzkennzahlen nicht nur zur Vermögensstruktur, sondern auch zur Finanzstruktur (vgl. Teil II).

Als Bewertungsmaßstäbe für die Bewertung des Anlagevermögens sind vor allem von Bedeutung:

- Anschaffungskosten,
- Herstellungskosten,
- Teilwert.

- **Anschaffungskosten:**

    Die Anschaffungskosten setzen sich wie folgt zusammen:

    Anschaffungspreis
    + Anschaffungsnebenkosten
    − Anschaffungspreisminderungen
    ──────────────────────────
    = Anschaffungskosten

    Zu den Anschaffungsnebenkosten zählen sämtliche Aufwendungen, die getätigt werden, um einen Vermögensgegenstand zu erwerben, z.B. Eingangsfrachten und Zölle, Provisionen, Speditionsanfuhr- und -abladekosten, Montagekosten, Umbaukosten, Versicherungen, Grunderwerbsteuer.

    Anschaffungspreisminderungen sind z.B. Rabatte, Lieferantenskonti, Boni.

- **Herstellungskosten:**

    Werden Anlagegegenstände nicht von Dritten erworben, sondern ganz oder teilweise selbst hergestellt, treten an die

Stelle der Anschaffungskosten die Herstellungskosten. Dies ist der Fall bei Fertigerzeugnissen, unfertigen Erzeugnissen, selbsterstellten Anlagen und Werkzeugen.

»Herstellungskosten sind die Aufwendungen, die durch den Verbrauch von Gütern und die Inanspruchnahme von Diensten für die Herstellung eines Vermögensgegenstandes, seine Erweiterung oder für eine über seinen ursprünglichen Zustand hinausgehende wesentliche Verbesserung entstehen.« (§ 255 Abs. 2 HGB, Abschn. 33 Abs. 1 EStR).

In der Handelsbilanz können die Herstellungskosten sowohl auf der Grundlage von Vollkosten als auch von Teilkosten bilanziert werden. Dadurch gibt es eine **Untergrenze** und eine **Obergrenze** der Herstellungskosten.

Untergrenze (Mindestwertansatz):

   Materialeinzelkosten
+ Fertigungseinzelkosten
+ Sondereinzelkosten der Fertigung

= Herstellungskosten

Wertobergrenze (Wahlrecht):

   Materialeinzelkosten
+ Fertigungseinzelkosten
+ Sondereinzelkosten der Fertigung
+ Materialgemeinkosten
+ Fertigungsgemeinkosten
+ Kosten der allgemeinen Verwaltung
+ Fremdkapitalzinsen (eventuell)

= Herstellungskosten

In der Steuerbilanz gibt es im Gegensatz zur Handelsbilanz kein Wahlrecht, die Herstellungskosten von Fertigerzeugnissen, unfertigen Erzeugnissen und dgl. mit den Teilkosten zu bewerten. Hier müssen grundsätzlich die Vollkosten als Herstellungskosten angesetzt werden. Für die Kosten der allgemeinen Verwaltung besteht jedoch auch in der Steuerbilanz ein Aktivierungswahlrecht. Sie können, sie müssen aber nicht aktiviert werden.

Anlagegüter, deren **Nutzung zeitlich begrenzt** ist (z.B. Gebäude, Maschinen und dgl.), sind planmäßig abzuschreiben. Dabei kommen als Abschreibungsverfahren insbesondere die lineare und die degressive Abschreibung in Frage.

Bei der **linearen Abschreibung** wird mit gleichbleibenden Jahresbeträgen abgeschrieben. Der Abschreibungsprozentsatz richtet sich bei der linearen Abschreibung nach der betriebsgewöhnlichen Nutzungsdauer des Vermögensgegenstandes.

Beispiel:

Anschaffungskosten eines Anlageguts: DM 100.000,—
Nutzungsdauer: 10 Jahre

$$\frac{DM\ 100.000,-}{10} = DM\ 10.000,- \text{ jährlicher Abschreibungsbetrag}$$

Die **degressive Abschreibung** verteilt die Anschaffungs- oder Herstellungskosten eines Wirtschaftsgutes mit Hilfe sinkender jährlicher Abschreibungsquoten auf die betriebsgewöhnliche Nutzungsdauer. Die jährliche Abschreibungsquote wird bei der auch steuerrechtlich zulässigen geometrisch-degressiven Abschreibung durch einen festen Prozentsatz vom jeweiligen Restwert ermittelt.

Der Abschreibungsprozentsatz darf nach Steuerrecht nicht höher sein als das dreifache des linearen Abschreibungssatzes und 30 % (geplant: Begrenzung auf 25 %) auf keinen Fall überschreiten.

Für Anlagegüter, deren **Nutzung zeitlich nicht begrenzt** ist (z.B. Grund und Boden, Beteiligungen und dgl.), kommt eine planmäßige Abschreibung nicht in Frage. Liegt jedoch bei solchen Anlagegütern eine voraussichtlich dauernde Wertminderung vor, muß eine außerplanmäßige Abschreibung vorgenommen werden (§ 253 Abs. 2 HGB).

Beispiel: Ein Unternehmen verfügt in seinem Betriebsvermögen über ein Grundstück, das mit den Anschaffungskosten von DM 1 Mio. bilanziert ist. Durch die Verkehrsplanung der Kommune wird dieses Grundstück durchschnitten und verliert an Wert. Der Wertverlust beträgt ca. 50% = DM 500.000,—. Das Unternehmen muß eine außerplanmäßige Abschreibung in Höhe von DM 500.000,— vornehmen und aktiviert dieses Grundstück nur noch mit dem Restwert von DM 500.000,—.

Bei einer vorübergehenden Wertminderung eines Anlageguts, dessen Nutzung zeitlich nicht begrenzt ist, kann eine außerplanmäßige Abschreibung nur vorgenommen werden, wenn es sich um ein Finanzanlagegut (z.B. eine Beteiligung oder Wertpapiere des Anlagevermögens) handelt.

- **Teilwert:**

Der Teilwert ist ein Begriff des Steuerrechts. Er ist u.a. in § 6 Abs. 1 Nr. 1 EStG wie folgt definiert: »Teilwert ist der Betrag, den ein Erwerber des ganzen Betriebes im Rahmen des Gesamtkaufpreises für das einzelne Wirtschaftsgut ansetzen würde. Dabei ist davon auszugehen, daß der Erwerber den Betrieb fortführt.«

Grundgedanke des Teilwertbegriffs ist es, bei der Bewertung eines Wirtschaftsguts immer einen Zusammenhang mit dem Betriebsganzen herzustellen und davon auszugehen, daß die Bewertung der Wirtschaftsgüter innerhalb eines fortgeführten Betriebs vorgenommen wird. Dies führt in der Regel zu einem anderen (meistens höheren) Wertansatz, als wenn ein Wirtschaftsgut losgelöst von dem Betriebsganzen bewertet wird.

Nach der Steuerrechtsprechung wird der Teilwert in den meisten Fällen mit den gesunkenen Wiederbeschaffungskosten gleichgesetzt. Das vorstehende Beispiel für die notwendige außerplanmäßige Abschreibung für das durch die Verkehrsplanung im Wert geminderte Grundstück ist zugleich ein Beispiel für eine Teilwertabschreibung. In der

Steuerbilanz müßte daher, genau wie in der Handelsbilanz, der Teilwert des Grundstücks in Höhe von DM 500.000,— angesetzt werden. Die außerplanmäßige Abschreibung nach Handelsrecht entspricht damit der Teilwertabschreibung nach Steuerrecht.

3.2 Umlaufvermögen

Das Umlaufvermögen umfaßt diejenigen Vermögensgegenstände, die nicht dazu bestimmt sind, dauernd dem Betrieb zu dienen. Dabei handelt es sich um Vermögensgegenstände, die verkehrsfähig, einzeln veräußerbar und bewertbar sind.

Das Gliederungsschema der Kapitalgesellschaften unterscheidet bei dem Umlaufvermögen vier Hauptposten mit entsprechenden Untergruppen (vgl. *Abb. 1* im Anhang):

- Vorräte,
- Forderungen und sonstige Vermögensgegenstände,
- Wertpapiere,
- Schecks, Kassenbestand und dgl.

Für die Bewertung des Umlaufvermögens sind, genau wie für die Bewertung des Anlagevermögens, die Anschaffungs- oder Herstellungskosten Ausgangspunkt und gleichzeitig Wertobergrenze, die nicht überschritten werden darf (§ 253 Abs. 1 HGB).

Für die Umlaufgüter gilt das strenge Niederstwertprinzip (§ 253 Abs. 3 HGB). Am Bilanzstichtag sind die Anschaffungskosten oder Herstellungskosten den nachstehend aufgeführten Wertansätzen gegenüberzustellen. Der niedrigere Wertansatz ist zu wählen. Als Wertmaßstäbe, die den Anschaffungs- oder Herstellungskosten gegenüberzustellen sind, kommen in Frage:

- Börsenpreis,
- Marktpreis, abgeleitet vom Beschaffungsmarkt,
- Marktpreis, abgeleitet vom Absatzmarkt,
- beizulegender Wert,

- Zukunftswert,
- Teilwert.

Der **Börsenpreis** ist der amtlich festgestellte Kurs. Auch wenn dieser Kurs (z.B. Kupferpreis an der Kupferbörse) am Bilanzstichtag extrem niedrig sein sollte, ist er für die Bewertung maßgebend.

Der **Marktpreis** ist der für eine bestimmte Warengattung durchschnittlicher Art und Güte zu zahlende Preis.

Bei Roh-, Hilfs- und Betriebsstoffen ist der maßgebliche Markt für die Ermittlung des Marktpreises der **Beschaffungsmarkt.**

Bei unfertigen Erzeugnissen und Fertigerzeugnissen sowie bei Überbeständen an Roh-, Hilfs- und Betriebsstoffen ist der für die Bewertung heranzuziehende Markt der **Absatzmarkt.**

Bei Handelswaren sowie Überbeständen an fertigen und unfertigen Erzeugnissen kommt eine Maßgeblichkeit sowohl des Beschaffungsmarktes als auch des Absatzmarktes in Frage. Die aus den beiden Märkten abgeleiteten Preise müssen miteinander verglichen werden. Der niedrigere Wert ist für die Bewertung heranzuziehen.

Der **beizulegende Wert** ist dann maßgebend, wenn ein Börsen- oder Marktpreis nicht bekannt ist. Um ihn ermitteln zu können, werden die Preise von Produkten ähnlicher Art und Güte herangezogen.

Beispiel: Ein Unternehmen hat im Laufe des Geschäftsjahres 01 für DM 200.000,— Anschaffungskosten Rohstoffe angeschafft. Am Bilanzstichtag 31.12.01 ist noch für DM 40.000,— ursprüngliche Anschaffungskosten ein Endbestand dieser Rohstoffe vorhanden. Die Wiederbeschaffungskosten für diese Rohstoffe am Beschaffungsmarkt belaufen sich auf DM 30.000,—. Das Unternehmen muß nach dem strengen Niederstwertprinzip diesen Endbestand mit DM 30.000,— gesunkenen Wiederbeschaffungskosten bewerten.

Der **Zukunftswert** ermöglicht eine Bewertung von Umlaufgütern unter dem Wertansatz, der sich aus dem Niederstwertprinzip ergibt. Es handelt sich um eine Kann-Regelung, das heißt, das Unternehmen kann den Zukunftswert ansetzen, muß aber nicht. Der Zukunftswert soll künftige Wertschwankungen vorwegnehmen. Er kann unter folgenden Voraussetzungen angesetzt werden:

- Es müssen Wertschwankungen zu erwarten sein, die sich auf den Wertansatz auswirken werden.
- Die Wertschwankungen müssen in der Zukunft liegen (bis zu zwei Jahre).
- Der niedrigere Wertansatz muß nach vernünftiger kaufmännischer Beurteilung notwendig sein, um eine Abwertung zu verhindern.

Beispiel: Ein Unternehmen hat ein Kilogramm eines bestimmten Rohstoffes (Anschaffungskosten DM 100,— je kg) am Bilanzstichtag 31. 12. 01 mit dem niedrigeren Marktpreis des Beschaffungsmarktes von DM 90,— je kg bewertet. In der nächsten Zukunft, d.h. in den kommenden zwei Jahren, wird eine weitere Minderung dieses Stichtagspreises um ein Drittel erwartet. Das Unternehmen darf anstelle des Wiederbeschaffungspreises von DM 90,— den Zukunftswert von DM 60,— ansetzen (Kann-Regelung).

In der Steuerbilanz ist der Ansatz des Zukunftswertes nicht zulässig.

Der Jahresabschluß stellt eine periodische Erfolgsrechnung dar. Seine wesentliche Aufgabe ist es, einen auf das Geschäftsjahr (Wirtschaftsjahr) abgegrenzten periodengerechten Erfolg auszuweisen. Dies macht die Bildung von Rechnungsabgrenzungsposten notwendig.

Rechnungsabgrenzungsposten liegen vor, wenn die drei folgenden Kriterien zutreffen (§ 250 HGB und § 5 Abs. 5 EStG):

1. Es muß sich um Einnahmen oder Ausgaben vor dem Abschlußstichtag handeln.
2. Die Einnahmen oder Ausgaben dürfen erst nach dem Abschlußstichtag erfolgswirksam werden, d.h. Aufwand oder Ertrag darstellen.
3. Der Erfolg (Aufwendungen oder Erträge) muß eine bestimmte Zeit nach dem Abschlußstichtag betreffen.

Beispiel: Ein Unternehmen hat gewerbliche Räume angemietet und zahlt die monatliche Miete von DM 10.000,— am 01.10.01 für ein halbes Jahr im voraus. Hierzu muß als erstes die gesamte gezahlte Miete verbucht werden: Per Mietaufwand DM 60.000,— an Bank DM 60.000,—. Zum Bilanzstichtag 31.12.01 ist die Miete für die drei Monate, die in das Geschäftsjahr 02 fallen, aktiv abzugrenzen: Per Aktive Rechnungsabgrenzung an Mietaufwand DM 30.000,—. Im Geschäftsjahr 02 wird dieser Rechnungsabgrenzungsposten wieder aufgelöst: Per Mietaufwand DM 30.000,— an Rechnungsabgrenzungsposten DM 30.000,—. Auf diese Art und Weise wird die anteilige Miete von DM 30.000,— erst im Geschäftsjahr 02 erfolgswirksam, also in dem Jahr, in das sie wirtschaftlich gehört.

4. Passivseite der Bilanz

Die Passivseite der Bilanz informiert über die Mittelherkunft. Dabei wird nach Eigenkapital und Fremdkapital unterschieden.

4.1 Eigenkapital

Der Ausweis des Eigenkapitals in der Bilanz hängt von der Rechtsform des Unternehmens ab.

Bei den **Einzelunternehmen** ergibt sich das Eigenkapital als Differenz zwischen

Betriebsvermögen
— Schulden (einschließlich Rückstellungen)
= Eigenkapital (Kapitalkonto)

Das Eigenkapital eines Einzelunternehmens erscheint demnach in der Bilanz auf dem Kapitalkonto. Dabei ist in der Regel dem Kapitalkonto ein Privatkonto vorgeschaltet, auf dem die Privatentnahmen und die Privateinlagen während des Geschäftsjahres erfaßt werden. Privatentnahmen vermindern und Privateinlagen erhöhen das Eigenkapital (Kapitalkonto).

Bei **Personenhandelsgesellschaften** wird das Eigenkapital auf den Kapitalkonten der einzelnen Gesellschafter ausgewiesen. Dabei wird in der Regel zwischen festen und beweglichen Kapitalkonten unterschieden. Auf den festen Kapitalkonten werden die festgelegten Kapitalanteile (z.B. 30.000,— Kommanditanteil) der Gesellschafter verbucht. Sie sind der gesetzliche Maßstab für die Beteiligung der Gesellschafter am Gesellschaftsvermögen. Auf den beweglichen Kapitalkonten (z.B. als Kapitalkonto II bezeichnet) wird der jährliche Gewinnanteil dem Kapitalkonto gutgeschrieben, während die Entnahmen der Gesellschafter sowie ein eventueller Verlust dem Kapitalkonto belastet werden.

Das Kapitalkonto eines Gesellschafters kann durch Verluste und/oder überhöhte Entnahmen auch zum negativen Kapitalkonto werden. Das negative Kapitalkonto ist in diesem Falle als Unterbilanzkonto auf der Aktivseite der Bilanz auszuweisen.

Das Eigenkapital einer **Kapitalgesellschaft** wird in dem Gliederungsschema der Bilanz auf der Passivseite in einer Gruppe zusammengefaßt wie folgt ausgewiesen:

A. Eigenkapital:
  I. Gezeichnetes Kapital;
  II. Kapitalrücklage;

III. Gewinnrücklagen:
  1. Gesetzliche Rücklage;
  2. Rücklage für eigene Anteile;
  3. Satzungsmäßige Rücklagen;
  4. Andere Gewinnrücklagen;
IV. Gewinnvortrag/Verlustvortrag;
V. Jahresüberschuß/Jahresfehlbetrag.

Das gezeichnete Kapital ist der feste Teil des Eigenkapitals der Kapitalgesellschaft, der für die Verbindlichkeiten des Kapitals unbeschränkt haftet. Das gezeichnete Kapital ist bei der Aktiengesellschaft das Grundkapital und bei der GmbH das Stammkapital.

Der übrige Teil des Eigenkapitals ist variabel, d.h. er kann sich ständig verändern. Der variable Teil des Eigenkapitals einer Kapitalgesellschaft umfaßt vor allem die sogenannten **offenen Rücklagen**. Die offenen Rücklagen stammen entweder aus einbehaltenen Gewinnen oder aus Sonderzahlungen von Anteilseignern bzw. Dritten.

Die offenen Rücklagen werden unterschieden in die **Kapitalrücklage** und die **Gewinnrücklagen** (vgl. *Abb. 9*).

Die Kapitalrücklage enthält nur Eigenkapitalbeträge, die der Kapitalgesellschaft von außen zugeführt wurden (Außenfinanzierung), während die Gewinnrücklagen aus Beträgen gespeist werden, die im laufenden Geschäftsjahr oder in einem früheren Geschäftsjahr aus dem Ergebnis gebildet worden sind (Selbstfinanzierung).

Zwischen den Bilanzpositionen Jahresüberschuß/Jahresfehlbetrag und Bilanzgewinn/Bilanzverlust besteht folgender Zusammenhang:

  Jahresüberschuß/Jahresfehlbetrag
+ Gewinnvortrag aus dem Vorjahr
− Verlustvortrag aus dem Vorjahr
+ Entnahmen aus den Rücklagen
− Einstellungen in die Rücklagen
───────────────────────────────
= Bilanzgewinn/Bilanzverlust

Abb. 9:

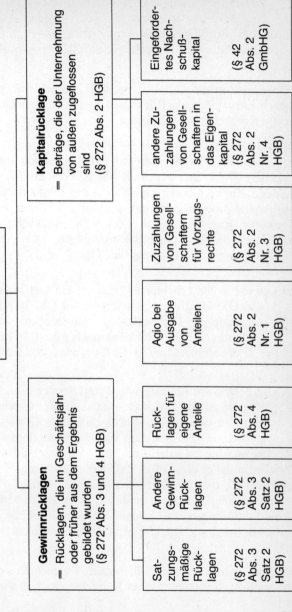

Ein **Bilanzgewinn,** der das Eigenkapital erhöht, ist der Teil des Jahresüberschusses, der nach Korrektur um den Gewinnvortrag/Verlustvortrag aus dem Vorjahr und nach Entnahme bzw. Einstellung in die Rücklagen für die Gewinnverwendung verbleibt.

Ein **Bilanzverlust** entsteht, wenn ein Jahresfehlbetrag nicht durch Entnahmen aus Rücklagen oder aus einem Gewinnvortrag ausgeglichen werden kann.

Zum Eigenkapital sind mit 50% ihres Wertansatzes auch die sogenannten Sonderposten mit Rücklageanteil (SOPO) zu rechnen. Diese Sonderposten mit Rücklageanteil, falls vorhanden, die im Gliederungsschema der Bilanz nach dem Eigenkapital auszuweisen sind, stammen entweder aus unversteuerten Rücklagen (z.B. § 6b EStG-Rücklage) oder aus steuerrechtlichen Sonderabschreibungen (z.B. Sonderabschreibung nach § 4 FördergebietsG).

Beispiel: Ein Unternehmen veräußert ein Gebäude, das mit DM 100.000,— aktiviert ist, für DM 700.000,—. Es kann die DM 600.000,— aufgedeckten stillen Reserven in eine Rücklage nach § 6b EStG einstellen, die offen zu Lasten des Gewinnes gebildet wird.

Sonderposten mit Rücklageanteil sind deswegen zu 50% zum Eigenkapital zu rechnen, da ein entstandener Gewinn mit ca. 50% Steuern belastet ist. Würde daher ein Gewinn nicht in eine steuerfreie § 6b-Rücklage eingestellt, sondern sofort versteuert werden, würden ca. 50% Steuerschuld entstehen. Setzt man daher diese effektive Steuerschuld mit 50% an, erhöht der Restbetrag von 50% das Eigenkapital. 50% der offenen Rücklage hingegen stellen eine aufgeschobene Steuerschuld dar, da in dem Moment, in dem die offene Rücklage aufgelöst wird, die Rücklage mit ca. 50% versteuert werden muß.

Im Rahmen der externen Bilanzanalyse errechnet sich das bilanzmäßige Eigenkapital einer Kapitalgesellschaft wie folgt:

Gezeichnetes Kapital
− Ausstehende Einlagen
+ Kapitalrücklage
+ Gewinnrücklagen
+ Eigenkapitalanteil SOPO (50%)
+ Eigenkapital der aus steuerlichen Gründen unterlassenen Zuschreibung
+ Bilanzgewinn
− Bilanzverlust

= Bilanzmäßiges Eigenkapital

Der interne Bilanzanalytiker kann das bilanzmäßige Eigenkapital, wie es vorstehend ermittelt wurde, weiter bereinigen, indem er Unterbewertungen, das heißt von ihm gelegte stille Reserven, wieder korrigiert. Dabei ist zu berücksichtigen, daß bei der Auflösung von stillen Reserven im Anlage- oder Umlaufvermögen die Ertragsteuern (Körperschaftsteuer, Gewerbeertragsteuer) abgesetzt werden müssen.

Beispiel: Ein Unternehmen hat den Endbestand eines importierten Rohstoffes, dessen Anschaffungskosten DM 200.000,− betrugen, durch Vornahme eines Importwarenabschlags (§ 80 EStDV) um DM 20.000,− niedriger bewertet. Die so gelegten stillen Reserven werden für die Ermittlung des Eigenkapitals wieder aufgelöst:

Zuschreibung bei den Vorräten	DM 20.000,−
abzgl. Ertragsteuern (ca. 60%)	− DM 12.000,−
Erhöhung des Eigenkapitals um	= DM 8.000,−

Bei der Auflösung von stillen Reserven erhöht sich demnach das Eigenkapital grundsätzlich nur um den Betrag nach Abzug der Ertragsteuern.

4.2 Fremdkapital

Das Fremdkapital wird von den Gläubigern nur befristet und verzinslich überlassen. Das Gliederungsschema der großen Kapitalgesellschaft weist das Fremdkapital wie folgt aus:

Fremdkapital:
(Sonderposten mit Rücklageanteil, davon 50%)
B. Rückstellungen
 1. Rückstellungen für Pensionen und ähnliche Verpflichtungen;
 2. Steuerrückstellungen;
 3. Sonstige Rückstellungen;
 4. Rückstellungen für latente Steuern
    (alternativ im Anhang).
C. Verbindlichkeiten
 1. Anleihen;
    - davon konvertibel;
 2. Verbindlichkeiten gegenüber Kreditinstituten;
 3. Erhaltene Anzahlungen auf Bestellungen;
 4. Verbindlichkeiten aus Lieferungen und Leistungen;
 5. Verbindlichkeiten aus der Annahme gezogener Wechsel und der Ausstellung eigener Wechsel;
 6. Verbindlichkeiten gegenüber verbundenen Unternehmen;
 7. Verbindlichkeiten gegenüber Unternehmen, mit denen ein Beteiligungsverhältnis besteht;
 8. Sonstige Verbindlichkeiten;
    - davon aus Steuern;
    - davon im Rahmen der sozialen Sicherheit.
D. Rechnungsabgrenzungsposten

Sonderposten mit Rücklageanteil (SOPO) stellen eigenkapitalähnliche Bilanzpositionen dar. Sie werden zu je 50% zum Eigenkapital und zum Fremdkapital gerechnet. Der Fremdkapitalanteil ist ein zinsloser Steuerkredit, den der Fiskus ohne Kreditwürdigkeitsprüfung in Höhe des in dem SOPO enthaltenen Steueranteils (ca. 50%) gewährt.

Rückstellungen sind Aufwendungen und Verluste, die in der laufenden Bilanzierungsperiode verursacht wurden. Sie unterscheiden sich von den Verbindlichkeiten in zweifacher Hinsicht:

- Rückstellungen sind im Gegensatz zu den Verbindlichkeiten sowohl der Höhe nach als auch ihrer Fälligkeit nach ungewiß.
- Bei Rückstellungen kann sogar ungewiß sein, ob eine Verpflichtung überhaupt entsteht.

Rückstellungen sind demnach ungewisse Verbindlichkeiten. Dies bedeutet jedoch nicht, daß jede noch so vage Verpflichtung als Rückstellung bilanziert werden darf und muß. Die Verpflichtung muß sich vielmehr unter Berücksichtigung des Vorsichtsprinzips mit einer gewissen Eintrittswahrscheinlichkeit abzeichnen.

Unter den Rückstellungen werden nicht nur Verpflichtungen gegenüber Dritten, sondern auch solche gegenüber dem Unternehmen selbst erfaßt. Diese sogenannten **Aufwandsrückstellungen** (Aufwand noch nicht Ausgabe) dienen dazu, den Aufwand periodengerecht zu erfassen, das heißt dem Geschäftsjahr zuzuordnen, in das der Aufwand gehört.

Beispiel: Für einen schwebenden Prozeß wird am Ende des Geschäftsjahres eine Rückstellung in Höhe der Kosten gebildet, die bei einem Unterliegen zu erwarten sind. Der Prozeß wurde im abgelaufenen Geschäftsjahr begonnen, deshalb sind die Kosten auch diesem Geschäftsjahr zu belasten.

Buchung:

Kto. Prüfung, Beratung,
   Rechtsschutz   DM 50.000,—
   an Sonstige Rückstellungen   DM 50.000,—

Im Gegensatz zur Handelsbilanz ist in der Steuerbilanz die Bildung von Rückstellungen stärker eingeschränkt. Nach

Steuerrecht sind folgende Rückstellungsbildungen anerkannt bzw. möglich:

- Rückstellungen für ungewisse Verbindlichkeiten (dazu zählen auch die Pensionsrückstellungen);
- Rückstellungen für drohende Verluste aus schwebenden Geschäften;
- Rückstellungen für unterlassene Instandhaltungsaufwendungen;
- Kulanzrückstellungen.

Rückstellungen zählen zu den bilanzpolitischen Instrumenten, die noch nach Bilanzstichtag mit Wirkung für die abgelaufene Bilanzierungsperiode gebildet werden können. Dabei hat es das Unternehmen in einem gewissen Umfang in der Hand, zu bestimmen, ob es bereits ernstzunehmende Anzeichen für die Rückstellungsbildung gibt, deren weitere Verdichtung nach den GoB zu einer Rückstellungsbildung zwingen. Dabei kann auch in einem weiten Umfang der Zeitpunkt für die Rückstellungsbildung bestimmt werden. Dasselbe gilt für die Bestimmung des Zeitpunktes der Auflösung einer Rückstellung.

Verbindlichkeiten sind mit ihrem Rückzahlungsbetrag (Erfüllungsbetrag) anzusetzen (§ 253 Abs. 1 HGB). Kapitalgesellschaften müssen bei den vorstehend aufgeführten acht Verbindlichkeitenkategorien folgende Angaben machen:

- Gesamtbetrag je Verbindlichkeitenkategorie laut Bilanzgliederungsschema;
- Aufteilung des Gesamtbetrages je Verbindlichkeitenkategorie laut Bilanzgliederungsschema nach:
  - Verbindlichkeiten mit einer Restlaufzeit bis zu 1 Jahr,
  - Verbindlichkeiten mit einer Restlaufzeit über 5 Jahre.

Auf der Grundlage dieser Angaben kann der Bilanzleser einen sogenannten Verbindlichkeitenspiegel erstellen (*Abb. 10*), der die Verbindlichkeiten wie folgt dem Fremdkapital zuordnet:

- **Kurzfristiges Fremdkapital:**
  Verbindlichkeiten mit einer Restlaufzeit bis zu 1 Jahr.

Abb. 10: **Verbindlichkeitenspiegel**

Art der Verbindlichkeit	Gesamt-betrag	davon mit einer Restlaufzeit von			gesicherte Beträge	Art der Sicherheit
		≤ 1 Jahr	1–5 Jahren	> 5 Jahren		
	TDM	TDM	TDM	TDM	TDM	
gegenüber Kreditinstituten	40.000	25.000	8.000	7.000	7.000	Grundpfandrechte
aus Lieferungen und Leistungen	35.000	35.000			31.000	Eigentumsvorbehalte
gegenüber verbundenen Unternehmen	18.000	15.000	3.000		15.000	Eigentumsvorbehalte
					3.000	Sicherungsabtretung von Forderungen
gegenüber Gesellschaftern	12.000		12.000		12.000	Grundpfandrechte
sonstige Verbindlichkeiten	5.000	5.000			—	
Summe	110.000	80.000	23.000	7.000	68.000	

Angaben aus der Bilanz │ durch Saldierung zu ermitteln │ Angaben aus dem Anhang

beim Klein- und Mittelformat stehen diese Angaben nur für den Gesamtbetrag der Verbindlichkeiten zur Verfügung

- **Mittelfristiges Fremdkapital:**
  Verbindlichkeiten mit einer Restlaufzeit zwischen 1 und 5 Jahren.
- **Langfristiges Fremdkapital:**
  Verbindlichkeiten mit einer Restlaufzeit von mehr als 5 Jahren.

Während die Verbindlichkeiten, die zum kurzfristigen und zum langfristigen Fremdkapital zählen, betragsmäßig unmittelbar dem Anhang entnommen werden können, ergeben sich die Verbindlichkeiten, die dem mittelfristigen Fremdkapital zugerechnet werden müssen, als Differenz zwischen dem langfristigen und kurzfristigen Fremdkapital.

Zum Fremdkapital zählen auch die **Rückstellungen für latente Steuern.** Eine solche Rückstellung muß in der Handelsbilanz dann gebildet werden, wenn der Handelsbilanzgewinn höher ist als der Steuerbilanzgewinn und sich diese vorübergehende Gewinndifferenz in den nächsten Bilanzierungsperioden wieder ausgleicht. Rückstellungen für latente Steuern sind stets gesondert auszuweisen.

Beispiel: In der Handelsbilanz werden sogenannte Ingangsetzungs- und Erweiterungsinvestitionen, die bei der Erschließung eines neuen Marktes in dem ehemaligen Ostblockland Ungarn entstehen, als Bilanzierungshilfe aktiviert. Durch diese Aktivierung erhöht sich der Handelsbilanzgewinn gegenüber dem Steuerbilanzgewinn, da die Ingangsetzungs- und Erweiterungsaufwendungen in der Steuerbilanz stets als Betriebsausgaben abgesetzt werden müssen. Der Handelsbilanzgewinn ist also höher als der Steuerbilanzgewinn. Die Gewinndifferenz gleicht sich jedoch spätestens innerhalb von vier Jahren wieder aus, da diese Erweiterungsaufwendungen nach § 282 HGB in den vier Folgejahren mit mindestens je 25% jährlich abzuschreiben sind. Die Rückstellung für latente Steuern ist ebenfalls in vier Jahren mit je 25% jährlich aufzulösen.

Eventualverbindlichkeiten sind unter der Bilanz zu vermerken oder im Anhang anzugeben. Hierzu zählen insbesondere:

- Verbindlichkeiten aus der Begebung und Übertragung von Wechseln;
- Verbindlichkeiten aus Bürgschaften, Wechselbürgschaften und Scheckbürgschaften;
- Verbindlichkeiten aus Gewährleistungsverträgen;
- Haftungsverhältnisse aus der Bestellung von Sicherheiten für fremde Verbindlichkeiten.

Eventualverbindlichkeiten sind darüber hinaus unter Angabe der gewährten Pfandrechte und sonstigen Sicherheiten entweder unter dem Strich der Bilanz oder im Anhang aufzuführen.

Schließlich ist von den Kapitalgesellschaften im Anhang auch noch der Gesamtbetrag der **Sonstigen finanziellen Verpflichtungen** anzugeben, die weder echte Verbindlichkeiten noch Eventualverbindlichkeiten darstellen dürfen. Hierzu zählen unter anderem:

- Mehrjährige Verpflichtungen aus Miet- und Leasingverträgen;
- Verpflichtungen aus begonnenen Investitionsvorhaben;
- Verpflichtungen aus notwendig werdenden Umweltschutzmaßnahmen;
- Verpflichtungen aus Vertragsstrafen und dgl.

Teil II:
Bilanzanalyse

1. Begriff und Methodik der Bilanzanalyse

Bilanzanalyse ist Praktikersprache und meint mehr als nur die Analyse der Bilanz. Unter Bilanzanalyse ist vielmehr die systematische **Auswertung** und kritische **Beurteilung** des **Jahresabschlusses** zu verstehen.

Der zu analysierende Jahresabschluß besteht bei Einzelunternehmen und Personenhandelsgesellschaften aus Bilanz und Gewinn- und Verlustrechnung, stellt also ein Duo dar.

Der zu analysierende Jahresabschluß der Kapitalgesellschaften ist demgegenüber ein Trio. Er besteht aus Bilanz, Gewinn- und Verlustrechnung und Anhang.

Im Rahmen der Bilanzanalyse werden alle Informationen ausgeschöpft, die sich aus Bilanz, Gewinn- und Verlustrechnung und Anhang sowie ergänzend aus dem Lagebericht gewinnen lassen.

Bilanzanalyse beinhaltet eine Vergangenheits- und Gegenwartsanalyse. Es werden meistens die Jahresabschlüsse sowohl des laufenden Geschäftsjahres als auch der rückliegenden Geschäftsjahre ausgewertet. Diese Vergangenheits- und Gegenwartsanalyse ermöglicht es dem Bilanzanalytiker, Schlüsse auf die Zukunft des Unternehmens zu ziehen.

Bilanzanalyse erhöht durch

- Aufbereitung,
- Zerlegung,
- Saldierung,
- Relativierung und
- Bildung von Kennzahlen

die Aussagekraft der Daten aus dem Jahresabschluß.

Der Jahresabschluß bietet eine Gesamtschau über alle Bereiche eines Unternehmens:

- Beschaffung,
- Fertigung,
- Lagerung,
- Vertrieb,
- Verwaltung.

Es gibt sonst keinen Zweig des betrieblichen Rechnungswesens, der vergleichbar eine Gesamtschau über alle Unternehmensbereiche liefern kann. Daraus wird deutlich, daß die Bilanzanalyse nicht nur für das Management eines Unternehmens, sondern für zahlreiche externe Bilanzleser eine Informationsquelle erster Ordnung darstellt.

1.1 Interne, externe Bilanzanalyse

Steht dem Bilanzanalytiker nur der veröffentlichte Jahresabschluß zur Verfügung, spricht man von **externer Bilanzanalyse.** Die Analyse muß sich zwangsläufig auf die Informationen beschränken, die sich aus dem offengelegten Jahresabschluß, das heißt aus

- Bilanz,
- Gewinn- und Verlustrechnung,
- Anhang,
- Lagebericht

gewinnen lassen. Dadurch sind der externen Bilanzanalyse Grenzen gezogen:

- Die externe Bilanzanalyse ist nur bei den Kapitalgesellschaften möglich, da nur diese gesetzlich verpflichtet sind, ihren Jahresabschluß offenzulegen.
- Die externe Bilanzanalyse muß qualitative Aspekte, die für eine Gesamtbeurteilung eines Unternehmens ebenfalls wichtig sein können, unberücksichtigt lassen, da sie dem externen Bilanzanalytiker nicht bekannt sind. Dazu zählen zum Beispiel die Qualität des Managements, das Firmen-

image, die technologische Reife der Produkte, das technische und organisatorische Know-How und dergleichen. Der externe Bilanzanalytiker könnte sich diese qualitativen Informationen teilweise nur über eigene Primärerhebungen (z.B. Kundenbefragungen, die eine Imageanalyse zum Ziel haben) beschaffen.
- Die externe Bilanzanalyse muß grundsätzlich in Rechnung stellen, daß der offengelegte Jahresabschluß durch bilanzpolitische Entscheidungen beeinflußt ist. Der externe Bilanzanalytiker kann oftmals auch durch Auswertung des Anhangs und des Lageberichts nicht in dem notwendigen Umfang beurteilen, ob und in welcher Höhe durch die Ausübung von Bilanzierungs- und Bewertungswahlrechten stille Reserven gelegt worden sind, die die Vermögens-, Kapital- und Ertragsstruktur der Unternehmung verfälschen.

Der geübte Bilanzanalytiker weiß, daß der externen Bilanzanalyse diese Grenzen gesetzt sind, und stellt sie bei der Gesamtbeurteilung des analysierten Unternehmens in Rechnung.

Zur Gruppe der externen Bilanzanalytiker zählen insbesondere Kunden, Lieferanten, Konkurrenten, potentielle Aktionäre und potentielle Gesellschafter einer GmbH, die Mitarbeiter der Unternehmung, Kreditauskunftsbüros, Kreditversicherer, kleine Gläubiger, die Presse und die sonstige interessierte Öffentlichkeit. Die Gruppe dieser externen Bilanzanalytiker kann häufig international besetzt sein, da in bezug auf die Kapitalgesellschaften ein europäisches Bilanzrecht existiert.

Stehen dem Bilanzanalytiker neben dem veröffentlichten Jahresabschluß weitere innerbetriebliche Informationsquellen zur Verfügung, spricht man von **interner Bilanzanalyse.** Solche internen Informationen können zum Beispiel sein:

- Kostenrechnung und Kalkulation,
- Kurzfristige Erfolgsrechnung (Deckungsbeitragsrechnung),
- Betriebsstatistik (Personalstatistik, Retourenstatistik und dgl.),
- Berichte der Außendienstmitarbeiter,
- Ergebnisse der Markt- und Konkurrenzforschung,

- Ergebnisse aus Gutachten externer Unternehmensberatungen

und dgl.

Die Ergebnisse der internen Bilanzanalyse sind naturgemäß aussagekräftiger und verläßlicher. Der interne Bilanzanalytiker kann nicht nur auf die internen Informationen im Unternehmen zurückgreifen, sondern weiß darüber hinaus, an welchen Stellen und in welchem Umfang durch bilanzpolitische Entscheidungen in den einzelnen Geschäftsjahren stille Reserven gelegt worden sind. Werden diese stillen Reserven aufgelöst, kann die interne Bilanzanalyse auf einer objektivierten Grundlage durchgeführt werden.

Zur Gruppe der internen Bilanzanalytiker zählen insbesondere die Führungsspitze (Top-Management), der Aufsichtsrat einer Kapitalgesellschaft, die Großaktionäre einer Aktiengesellschaft, die großen Gläubiger und punktuell unter Umständen das Finanzamt.

1.2 Aufbereitung der Bilanz und der Gewinn- und Verlustrechnung

Bevor mit der internen oder externen Bilanzanalyse begonnen werden kann, ist es notwendig, das Zahlenmaterial des Jahresabschlusses aufzubereiten. Hierzu sind auch die Anhanginformationen und die Informationen aus dem Lagebericht zu nutzen.

Die Aufbereitung des Jahresabschlusses geschieht unter anderem durch:

- Bereinigung,
- Richtigstellung und Saldierung,
- Aufspaltung und Umgruppierung,
- Zusammenziehung und Verdichtung.

Beispiel: Eine GmbH hat auf der Passivseite ihrer Bilanz ein gezeichnetes Kapital (Stammkapital) in Höhe von DM 1 Mio. auszuweisen. Auf der Aktivseite sind

DM 200.000,— nicht eingeforderte, noch ausstehende Einlagen aktiviert. Soll das Eigenkapital der GmbH für die Bilanzanalyse zutreffend abgegrenzt werden, müssen von dem gezeichneten Kapital in Höhe von DM 1 Mio. die DM 200.000,— noch ausstehenden, nicht eingeforderten Einlagen abgesetzt werden. Diese Saldierung der Aktivseite der Bilanz (Ausstehende Einlagen) mit der Passivseite der Bilanz (Gezeichnetes Kapital) ist ein Schritt zur Aufbereitung der Bilanz für die Bilanzanalyse.

Der wichtigste Punkt bei der Aufbereitung des Jahresabschlusses ist die Aufdeckung von stillen Reserven, die im Anlage- oder Umlaufvermögen gelegt wurden.

Beispiele: - Im Sachanlagevermögen wurden steuerliche Sonderabschreibungen durchgeführt, die über den Abschreibungen liegen, die dem tatsächlichen Verschleiß entsprechen.
- Im Umlaufvermögen wurden Vorräte (zum Beispiel Roh-, Hilfs- und Betriebsstoffe) unterbewertet.

Zur Aufdeckung solcher stillen Reserven muß der externe Bilanzanalytiker vor allem auf die Informationen im Anhang zurückgreifen.

Beispiele: - Im Anhang müssen für steuerliche Sonderabschreibungen sowohl die gesetzlichen Vorschriften, nach denen sie vorgenommen wurden, als auch die Höhe des jeweiligen Abschreibungsbetrages aufgeführt sein. Auf diese Art und Weise lassen sich stille Reserven im Anlagevermögen aufdecken.
- Im Anhang muß angegeben werden, wenn die Kapitalgesellschaft eine Zuschreibung auf das Anlage- oder Umlaufvermögen aus steuerlichen Gründen unterlassen hat. Wurde zum Beispiel

eine Zuschreibung in Höhe von DM 100.000,— auf ein Anlagegut aus steuerlichen Gründen unterlassen, weiß der externe Bilanzleser, daß

- das Anlagevermögen um DM 100.000,— höher auszuweisen ist,
- der Jahresüberschuß des laufenden Geschäftsjahres um DM 100.000,— abzüglich DM 65.000,— Ertragsteuern (Körperschaftsteuer, Gewerbeertragsteuer) = DM 35.000,— höher auszuweisen ist,
- das Eigenkapital sich um den versteuerten Gewinnanteil in Höhe von DM 35.000,— erhöht,
- das Fremdkapital sich um die Verbindlichkeiten an das Finanzamt für die Ertragsteuern in Höhe von DM 65.000,— erhöht.

Abb. 11 zeigt schematisch eine Strukturbilanz als Ergebnis der Aufbereitung des Zahlenmaterials der Bilanz.

Abb. 11: **Beispiel einer Strukturbilanz**

AKTIVA	PASSIVA
Immat. Vermögensgegenstände Sachanlagen Finanzanlagen Aufgedeckte Reserven	Gezeichnetes Kapital Kapitalrücklagen Gewinnrücklagen
Anlagevermögen (gesamt)	**Eigenkapital**
Vorräte Finanzumlaufvermögen Aufgedeckte Reserven	EK-ähnliche Mittel Langfristiges Fremdkapital (ohne Pensionsrückst.) Mittelfristiges Fremdkapital Kurzfristiges Fremdkapital
Umlaufvermögen (gesamt) **Sonstige Aktiva**	**Fremdkapital (gesamt)**
Gesamtvermögen	**Gesamtkapital**

Die Aufbereitung des Jahresabschlusses schließt auch die Aufbereitung der Gewinn- und Verlustrechnung ein. Die Aufbereitung soll dazu beitragen, daß der wirtschaftlich wahre Gewinn der Unternehmung aufgezeigt wird. Auch hierzu muß der externe Bilanzanalytiker auf die Anhanginformationen zur Gewinn- und Verlustrechnung zurückgreifen, die allerdings nur für die mittelgroßen und großen Kapitalgesellschaften vorliegen.

Beispiele: – Der Anhang gibt Auskunft darüber, ob die Herstellungskosten der Bestände an Fertigerzeugnissen und unfertigen Erzeugnissen zu Vollkosten oder zu Teilkosten bewertet wurden. Da in der Gewinn- und Verlustrechnung den Umsatzerlösen die Bestandsmehrungen zu Herstellungskosten hinzuaddiert werden müssen, ergeben sich durch die Bewertung dieser Herstellungskosten unmittelbare Gewinnauswirkungen.
– Der Anhang weist, wie bereits ausgeführt, die steuerlichen Sonderabschreibungen aus, die den Gewinn gemindert haben.
– Der Anhang weist, wie bereits ausgeführt, auf Zuschreibungen hin, die aus steuerlichen Gründen unterlassen wurden.

Eine gründliche Aufbereitung des Jahresabschlusses bildet eine wesentliche Grundlage für eine erfolgreiche interne und externe Bilanzanalyse, die ein zuverlässiges Bild über die Vermögens-, Kapital-, Finanz- und Ertragsstruktur einer Unternehmung vermittelt.

Sowohl die interne als auch die externe Bilanzanalyse geschieht mit Hilfe von Bilanzkennzahlen. Der Bilanzanalytiker muß sich daher mit dem umfangreichen Instrumentarium der Kennzahlenrechnung vertraut machen (vgl. Punkt 3).

2. Die Bilanzleser

Wie bereits ausgeführt, unterscheidet man **interne** und **externe** Bilanzleser bzw. -analytiker.

Zu den internen Bilanzlesern einer Kapitalgesellschaft zählen vor allem das Management des Unternehmens und unter Umständen auch die Gesellschafter einer GmbH bzw. die Großaktionäre einer Aktiengesellschaft. Wäre der Jahresabschluß allein an das Management gerichtet, wäre die Zielsetzung klar und einfach. Man würde versuchen, mit dem Jahresabschluß ein ungeschminktes, objektives Bild der Unternehmung zu vermitteln, das der wirtschaftlichen Wahrheit entspricht. Stille Reserven würde man genauso vermeiden wie eine zu positive Darstellung der Vermögens-, Finanz- und Ertragslage des Unternehmens.

Tatsächlich ist jedoch der Jahresabschluß einer Kapitalgesellschaft nicht nur an das Management gerichtet, sondern wendet sich darüber hinaus an zahlreiche externe Bilanzleser und -analytiker, wie:

- Kunden,
- Lieferanten,
- Konkurrenten,
- Mitarbeiter,
- Banken,
- Kreditauskunftsbüros,
- Kreditversicherer,
- potentielle Anteilseigner (Gesellschafter),
- Finanzamt,
- Gerichte,
- Unternehmensberater,
- Finanzanalysten,
- Presse, Öffentlichkeit.

Da wir ein europäisches Bilanzrecht haben, sind die Bilanzleser und -analytiker in ganz Europa (= 12 EG-Staaten) zu finden. Die Mehrzahl der Kapitalgesellschaften muß daher damit rechnen, daß ihr veröffentlichter Jahresabschluß von einer großen Zahl von externen Bilanzlesern gelesen und analysiert wird. Die Kapitalgesellschaften werden daher ihren handelsrechtlichen Jahresabschluß, den sie offenlegen müssen, entsprechend ihren handelsbilanzpolitischen Zielsetzungen gestalten.

Dies bedeutet, jeder handelsrechtliche Jahresabschluß ist durch eine Vielzahl handelsbilanzpolitischer und steuerbilanzpolitischer Entscheidungen beeinflußt. Der Bilanzleser bzw. -analytiker gewinnt daher nur dann ein zutreffendes Bild der mit Hilfe der Bilanzanalyse zu beurteilenden Unternehmung, wenn er erkennen bzw. abschätzen kann, an welcher Stelle und in welchem Umfang der Jahresabschluß durch bilanzpolitische Entscheidungen beeinflußt wurde.

Beispiel: Eine GmbH weist im Geschäftsjahr 01 einen Jahresüberschuß in Höhe von DM 50.000,– aus. Im Anhang wird angegeben, daß die GmbH eine Sonderabschreibung gemäß § 4 FördergebietsG in Höhe von DM 800.000,– vorgenommen hat. Dies bedeutet, daß der Jahresüberschuß nicht DM 50.000,– beträgt, sondern um DM 800.000,– abzgl. der Ertragsteuern (Körperschaftsteuer, Gewerbeertragsteuer) von angenommen 65% = DM 280.000,– auf insgesamt DM 320.000,– erhöht werden muß. Zugleich erhöht sich auch das Eigenkapital um diese DM 280.000,– zusätzlichen Jahresüberschuß.

Die folgenden Gruppen von Bilanzlesern sind für die Mehrzahl der Kapitalgesellschaft von besonderer Bedeutung:

- Management,
- Kunden und Lieferanten,
- Konkurrenten,
- Banken,
- Finanzamt.

Diese Bilanzleser sollen daher detailliert besprochen werden. Auf die sonstigen Bilanzleser wird nur global eingegangen.

2.1 Das Management

Die wichtigste Gruppe der (internen) Bilanzleser bildet das Management. Unter Management ist hier die Unternehmensleitung oder die Unternehmensspitze zu verstehen. Wer dazu zählt, ist von der Rechtsform des Unternehmens abhängig.

Die Unternehmensspitze (Management) kann sein:
- der oder die Inhaber eines Einzelunternehmens,
- der oder die geschäftsführenden Gesellschafter bzw. fremdbeschäftigten Geschäftsführer einer OHG, KG oder BGB-Gesellschaft,
- der oder die Geschäftsführer einer GmbH,
- der Vorstand einer Aktiengesellschaft.

Da die Einzelunternehmen und die Personengesellschaften ihren Jahresabschluß nicht offenzulegen brauchen, wird ausschließlich der steuerrechtliche Jahresabschluß, der allein an das Finanzamt gerichtet ist, Gegenstand der Bilanzanalyse bzw. der Jahresabschlußanalyse sein. Dabei ist klar, daß der steuerrechtliche Jahresabschluß in erheblichem Umfang durch steuerbilanzpolitische Entscheidungen der Unternehmensspitze beeinflußt ist. Die Unternehmensspitze von Einzelunternehmen und Personengesellschaften weiß allerdings genau, an welcher Stelle sie zum Beispiel den Gewinn vor Steuern durch steuerbilanzpolitische Entscheidungen nach oben oder unten beeinflußt hat. Sie kann daher im Rahmen der Jahresabschlußanalyse den wirtschaftlich wahren Gewinn ermitteln, indem sie eventuell gebildete stille Reserven wieder auflöst bzw. überhöhte, nicht wirklich erzielte Erträge nach unten korrigiert.

Die Unternehmensspitze einer Kapitalgesellschaft (Geschäftsführer einer GmbH, Vorstand einer AG) ist interner Bilanzleser und -analytiker sowohl des handelsrechtlichen als auch des steuerrechtlichen Jahresabschlusses. Sie weiß ebenfalls genau, an welchen Stellen die beiden Jahresabschlüsse durch handelsbilanz- bzw. steuerbilanzpolitische Entscheidungen beeinflußt wurden.

Handelt es sich um größere Unternehmen unter den Kapitalgesellschaften, stehen der Unternehmensspitze für ihre Handels- und Steuerbilanzpolitik meistens interne Bilanzexperten, wie die Leiter der Bilanzabteilung, der zentralen Buchhaltung, des Controlling und dgl. zur Verfügung.

Die kleineren, mittelständischen Kapitalgesellschaften lassen sich in der Regel von ihrem Steuerberater oder Wirtschaftsprüfer bei ihren handels- und steuerbilanzpolitischen Entscheidungen beraten. Interne Bilanzexperten stehen hier kaum zur Verfügung.

Selbstverständlich bedienen sich auch die großen Unternehmen des Rats der Steuerberater und Wirtschaftsprüfer als externe Bilanzexperten, wenn sie vor wichtigen bilanzpolitischen Entscheidungen stehen.

Hauptziel der Führungsspitze von mittelständischen Unternehmen sollte es sein, kompetenter Gesprächspartner der Steuerberater und Wirtschaftsprüfer zu werden.

Ein weiteres Ziel wäre es, die Methoden und Techniken der Jahresabschlußanalyse beherrschen zu lernen, damit die Führungsspitze mittelständischer Unternehmen in der Lage ist, sowohl ihren eigenen Jahresabschluß als auch die offengelegten Jahresabschlüsse der Kunden, Lieferanten und Konkurrenten zu analysieren und richtig zu interpretieren.

2.2 Die Kunden und Lieferanten

Externe Bilanzleser bzw. -analytiker eines Unternehmens sind sowohl dessen Lieferanten als auch dessen Kunden. Jeder Lieferant hat ein unmittelbares wirtschaftliches Interesse daran, die Bonität seiner Kunden möglichst genau zu kennen. Er möchte von vornherein vermeiden, daß seine Kundenforderungen je notleidend werden. Kann eine Kundenforderung nicht realisiert werden, muß sie einzelwertberichtigt, das heißt abgeschrieben werden, und mindert damit in vollem Umfang den Gewinn des Lieferanten.

Die Lieferanten versuchen sich gegen solche Forderungsausfälle dadurch zu schützen, daß sie vor Aufnahme von Geschäftsbeziehungen bzw. vor durchgeführter Lieferung Auskünfte über die Bonität eines Kunden einholen. Als Auskunftsstellen fungieren zum Beispiel die Auskunftsbüros von Schimmelpfeng und Kreditreform. Kreditauskünfte dieser Auskunftsbüros sind selbstverständlich gebührenpflichtig. Wie verläßlich die Kreditauskünfte solcher Auskunftsbüros sind, hängt davon ab, über welche Informationen diese Büros verfügen.

Sicherlich werden sich die Auskunftsbüros die offengelegten Jahresabschlüsse der Kapitalgesellschaft in Deutschland beschaffen. Dies kann jedoch der Lieferant in gleicher Weise selbst tun. Er kann sich den offengelegten Jahresabschluß eines Kunden in der Rechtsform der Kapitalgesellschaft direkt von dem zuständigen Registergericht gegen DM 1,— Kopierkosten pro Seite zusenden lassen. Es ist den Lieferanten zu empfehlen, die offengelegten Jahresabschlüsse ihrer Kunden von den Registergerichten anzufordern. Sie sparen auf diese Art und Weise Kreditauskunftskosten durch die Kreditauskunftsbüros und haben darüber hinaus einen vertieften Einblick in die Vermögens-, Kapital-, Finanz- und Ertragsstruktur ihrer Kunden, der sich aufgrund primären Quellenstudiums ergibt. Dies stellt zugleich ein Stück Kundenforschung bzw. Kundenanalyse dar, die jedem Lieferanten wertvolle Informationen zu liefern vermag.

Vor allem Lieferanten, die neue Kunden im Ausland gewinnen, sollten sich grundsätzlich die offengelegten Jahresabschlüsse dieser Geschäftspartner im EG-Raum besorgen, um Forderungsausfälle von vornherein zu vermeiden. Gegebenenfalls kann es aufgrund einer Bilanzanalyse dieser Jahresabschlüsse ratsam sein, bestimmte Kunden entweder nur gegen Vorauskasse oder gar nicht zu beliefern.

Umgekehrt werden die Kunden eines bestimmten Lieferanten sich ebenfalls dessen offengelegten Jahresabschluß besorgen. Mit Hilfe der Analyse des offengelegten Jahresabschlusses des Lieferanten wird es dem Kunden möglich, dessen wirtschaftliche Leistungsfähigkeit einzuschätzen. Der Kunde möchte wissen, ob er einen Lieferanten ausgewählt hat, mit dem es sich lohnt, dauerhafte Geschäftsbeziehungen anzuknüpfen. Handelt es sich um einen wirtschaftlich potenten Geschäftspartner, der eine hohe Eigenkapitalquote, eine solide Finanzstruktur und eine gute Ertragsstruktur aufweist, oder zeigt die Bilanzanalyse eher ein trübes Bild des potentiellen Lieferanten? Kommt es dem potentiellen Kunden vor allem darauf an, einen permanent lieferfähigen, leistungsfähigen Lieferanten auszuwählen, bilden die Ergebnisse einer externen Bilanzanalyse des veröffentlichten Jahresabschlusses eine gute Erkenntnisbasis.

Auch die Lieferantenanalyse kann bei den Kapitalgesellschaften aufgrund des einheitlichen europäischen Bilanzrechts europaweit vorgenommen werden.

In vielen Fällen ist es anzuraten, die offengelegten Jahresabschlüsse der Lieferanten und der Kunden regelmäßig, das heißt jährlich, zu analysieren, um auf diese Art und Weise die wirtschaftliche Entwicklung und die aktuelle Situation der Geschäftspartner exakt verfolgen und überblicken zu können.

Über Kunden und Lieferanten, die nicht die Rechtsform der Kapitalgesellschaft aufweisen, kann sich der Interessent nur im Wege primärstatistischer Erhebungen ein Bild über deren Größe und wirtschaftliche Leistungsfähigkeit machen.

2.3 Die Konkurrenten

Eine wichtige und umfangreiche Gruppe von externen Bilanzlesern bilden die Konkurrenten. Kapitalgesellschaften (Aktiengesellschaften und GmbHs) sind nach § 325 HGB verpflichtet, ihren Jahresabschluß bei dem zuständigen Registergericht am Sitz der Geschäftsleitung der Gesellschaft zum Handelsregister einzureichen. Die Einsicht in das Handelsregister ist, wie bereits ausgeführt, nach § 9 HGB jedermann gestattet, also auch jedem Konkurrenten.

Das Management eines Unternehmens sollte daher grundsätzlich in bezug auf alle zu analysierenden Konkurrenten deren Rechtsform als Basisinformation festhalten. Hat das Konkurrenzunternehmen die Rechtsform einer GmbH oder einer AG aufzuweisen, sollte das zuständige Registergericht am Sitz der Gesellschaft in etwa wie folgt angeschrieben werden: »Wir bitten Sie, uns eine Abschrift des zuletzt eingereichten Jahresabschlusses der X-GmbH gegen Kostenerstattung zu übersenden.« Das Registergericht ist verpflichtet, eine Kopie des angeforderten Jahresabschlusses zu übermitteln, vorausgesetzt, das Konkurrenzunternehmen hat seinen Jahresabschluß entsprechend den gesetzlichen Bestimmungen hinterlegt.

Das Registergericht will von keinem anfragenden Konkurrenten wissen, warum dieser in den hinterlegten Jahresabschluß einsehen möchte. Es besteht daher zu keiner Zeit die Gefahr, daß der Konkurrent auch nur das geringste darüber erfährt, wer von seinen Mitbewerbern in seinen veröffentlichten Jahresabschluß eingesehen hat.

Zu den Basisinformationen, die über einen Konkurrenten in der Rechtsform einer GmbH oder AG, unter Umständen auch europaweit, gesammelt werden sollten, zählt die Betriebsgröße. Wie bereits ausgeführt, entscheidet die Betriebsgröße einer Kapitalgesellschaft unter anderem auch darüber, in welchem Umfang der Konkurrent seine Jahresabschlüsse offenlegen muß. Je nachdem, ob der Konkurrent eine kleine, eine mittelgroße oder eine große Kapitalgesellschaft ist, ergeben sich mehr oder minder tiefgehende Informationen aus dem veröffentlichten Jahresabschluß. Die Einsicht in das Handelsregister sollte sich jedoch allemal lohnen, da selbst der Jahresabschluß einer kleinen GmbH wichtige Informationen zur Charakterisierung der Betriebsstruktur dieses Konkurrenten zu liefern vermag.

Die Kapitalgesellschaften müssen in ihren offengelegten Jahresabschlüssen bei jeder Bilanzposition und bei jeder G-u.-V-Position die jeweiligen Vorjahrespositionen mit angeben (§ 265 Abs. 2 HGB). Dies bedeutet, daß in bezug auf jeden Konkurrenten ein innerbetrieblicher Zeitvergleich durchgeführt werden kann, der den zuletzt offengelegten Jahresabschluß im Vergleich zum Vorjahr umfaßt. Für mindestens einen Zwei-Jahres-Zeitraum lassen sich daher wirtschaftliche

Entwicklungen bei dem Konkurrenten analysieren. Werden die Jahresabschlüsse eines Konkurrenten permanent eingesehen, ergeben sich auch Erkenntnisse über die mittel- und langfristige wirtschaftliche Entwicklung des Wettbewerbers.

Aus dem offengelegten Jahresabschluß eines Konkurrenten lassen sich im Rahmen der Bilanzanalyse zahlreiche Kennzahlen ableiten, die eine intensive Betriebsstrukturanalyse jedes einzelnen Wettbewerbers ermöglichen.

Die Konkurrenzanalyse verfolgt konkrete Zielsetzungen. Bereitet zum Beispiel das Management eines Unternehmens preispolitische Strategien vor, möchte es selbstverständlich so genau wie irgend möglich wissen, wie die einzelnen Konkurrenten auf diese Preisstrategien voraussichtlich reagieren werden. Wird zum Beispiel erwogen, daß Preisniveau für bestimmte Produkte zu senken, ist es wichtig, den preispolitischen Spielraum der potentiellen Konkurrenten auszuloten. Hat ein Konkurrenzunternehmen eine ungünstige Ertrags- und Kostenstruktur aufzuweisen, wird es seine Preise für konkurrierende (vergleichbare) Produkte erfahrungsgemäß nicht sofort ebenfalls senken können.

Aus diesem Grunde ist es besonders aufschlußreich, im Rahmen der externen Bilanzanalyse zum Beispiel die Umsatzrendite des Konkurrenten wie folgt zu errechnen:

$$\frac{\text{Gewinn}}{\text{Umsatz}} \times 100 = \underline{\text{Umsatzrendite}}$$

Ist die Umsatzrendite des Konkurrenten sehr niedrig oder gar negativ, besteht für ihn nur ein geringer oder überhaupt kein Spielraum für Preissenkungen.

Ist darüber hinaus die Eigenkapitalquote des Konkurrenten, die sich wie folgt errechnet:

$$\frac{\text{Eigenkapital}}{\text{Gesamtkapital}} \times 100 = \underline{\text{Eigenkapitalquote}}$$

besonders niedrig, und liegt sie eventuell weit unter Branchendurchschnitt, deutet dies ebenfalls darauf hin, daß der Spielraum für Preissenkungen stark eingeengt ist. Der Konkurrent ist kaum in der Lage, Ertragsverschlechterungen, die durch Preissenkungen eintreten, bei einer schwachen Eigenkapitalausstattung aufzufangen.

Reagiert der Konkurrent wider Erwarten auf die Preissenkung bei den konkurrierenden Produkten ebenfalls mit einer Senkung des Preisniveaus, weiß man, daß der Konkurrent seine Ertragssituation auf diese Art und Weise weiter verschlechtert und eine solche Preissenkungsaktion unter Umständen von ihm auf Dauer nicht durchgehalten werden kann.

Der offengelegte Jahresabschluß des Konkurrenten liefert damit, wie das knappe Beispiel zeigt, dem analysierenden Unternehmen Informationen, die es ihm ermöglichen oder zumindest erleichtern, seine Marketingstrategien (hier seine Preisstrategien) wirkungsvoll am Markte durchzusetzen.

Durch die Offenlegungspflicht der Kapitalgesellschaften erhält die Konkurrenzanalyse eine völlig neue Qualität. Es lassen sich Konkurrenzinformationen gewinnen, die bei Nichtkapitalgesellschaften unerreichbar sind. Die permanente Auswertung der Jahresabschlüsse der Konkurrenten in der Rechtsform der AG oder GmbH sollte daher für das Management eines Unternehmens selbstverständliche Betriebspraxis werden.

2.4 Die Banken

Die Banken zählen ebenfalls zu den externen Bilanzlesern bzw. Bilanzanalytikern der Unternehmen. Hierzu ist allerdings ergänzend darauf hinzuweisen, daß die Hausbank eines Unternehmens, die dieses überwiegend mit Krediten versorgt, zumindest punktuell auch interner Bilanzanalytiker ist. Werden nämlich von einem Unternehmen bei dessen Hausbank hohe Tilgungs- und/oder Kontokorrentkredite beantragt, wird sich die Bank häufig mit dem veröffentlichten Jahresabschluß nicht zufrieden geben. Sie wird im Rahmen der Kreditwürdigkeitsprüfung des Unternehmens vielmehr zusätzliche Informationen verlangen. Solche Informationen können zum Beispiel sein:

- Ergebnisse der kurzfristigen Erfolgsrechnung,
- Ergebnisse der Kostenarten-, Kostenstellen-, Kostenträgerrechnung,
- Ergebnisse der Deckungsbeitragsrechnung,
- Ergebnisse von Planungsrechnungen (Umsatzplanung, Produktplanung, Investitionsplanung, Personalplanung usw.),
- Markt- und Konkurrenzforschungsergebnisse,
- Vorliegende Gutachten (z.B. Standortgutachten, Bewertungsgutachten und dgl.).

Kernstück der Kreditwürdigkeitsprüfung durch die Hausbank bildet jedoch der veröffentlichte Jahresabschluß. Dabei legen die Banken bei der Bilanzanalyse im Rahmen der Kreditwürdigkeitsprüfung das Bilanzgliederungsschema der großen Kapitalgesellschaften zugrunde. Die Banken erwarten nicht nur von den großen Kapitalgesellschaften, sondern genauso von den kleinen und mittelgroßen GmbHs die Anwendung des Bilanzgliederungsschemas der großen Kapitalgesellschaft. Selbst von den Nichtkapitalgesellschaften (Einzelunternehmen, Personengesellschaften) erwarten die Banken, daß diese das Bilanzgliederungsschema der großen Kapitalgesellschaft anwenden. Eine solche Erwartungshaltung wird noch dadurch gefördert, daß die DATEV, die, wie bereits ausgeführt, zwei Drittel aller Finanzbuchhaltungen rechnet, auch für die Nichtkapitalgesellschaften den Kontenplan der GmbH anwendet, der zum Bilanzgliederungsschema der großen Kapitalgesellschaft führen kann.

Die Standardprogramme im Rahmen der EDV-Auswertung der Jahresabschlüsse der kreditsuchenden Unternehmen durch die Banken sind in der Regel auf das Bilanzgliederungsschema der großen Kapitalgesellschaft ausgerichtet. Dies erklärt sich unter anderem damit, daß die Banken jeden Kreditfall, das heißt jeden Jahresabschluß eines kreditnachfragenden Unternehmens, in den Zentralcomputer eingeben, um Betriebsvergleiche (Branchendurchschnittswerte) durchführen zu können. Ein solcher Betriebsvergleich kann nur funktionieren, wenn jedes Unternehmen das gleiche Bilanzgliederungsschema verwendet.

Jedes Unternehmen, unabhängig davon, welche Rechtsform es aufweist, sollte sich daher damit vertraut machen, wie seine Hausbank die Kreditwürdigkeitsprüfung mit Hilfe der Bilanzanalyse anhand des Jahresabschlusses einer großen Kapitalgesellschaft grundsätzlich durchführt.

Grundsätzlich gehen die Banken genauso vor wie jeder externe Bilanzanalytiker, der systematisch einen Jahresabschluß analysiert. Die Bank verlangt von dem kreditnachfragenden Unternehmen die Bereitstellung, falls vorhanden, sowohl des handelsrechtlichen als auch des steuerrechtlichen Jahresabschlusses. Wird von dem Unternehmen nur eine Bilanz aufgestellt, die Handels- und Steuerbilanz zugleich ist, verlangt die Bank, wie das Finanzamt, die Überlassung von

- Bilanz,
- Gewinn- und Verlustrechnung,
- Anhang,
- Lagebericht,
- Prüfbericht

des Unternehmens, vorausgesetzt, es handelt sich um eine Kapitalgesellschaft, die über diese Bestandteile des Jahresabschlusses nach den gesetzlichen Bestimmungen grundsätzlich verfügen muß. Dieser Jahresabschluß wird nach den gleichen Regeln aufbereitet, wie sie grundsätzlich in der Bilanzanalyse Anwendung finden. Die Bank, die die Kreditwürdigkeit eines Unternehmens, das heißt die Fähigkeit, einen gewährten Bankkredit termingerecht zu verzinsen und zu tilgen, prüft, setzt allerdings bei der Bilanzanalyse bestimmte Schwerpunkte.

Hierzu ein *Beispiel:*

Die Bank analysiert im Rahmen ihrer Kreditwürdigkeitsprüfung, ob das kreditnachfragende Unternehmen die »**Goldene Bankregel in ihrer erweiterten Form**« erfüllt. Diese lautet wie folgt:

Das Anlagevermögen und je ein Viertel bis ein Fünftel des Umlaufvermögens (abzüglich flüssiger Mittel) sollen durch Eigenkapital und langfristiges Fremdkapital gedeckt sein.

Goldene Bankregel in erweiterter Form:

| Anlagevermögen
+
¼ (⅕) Umlaufvermögen
(abzgl. flüssige Mittel) | = | Eigenkapital
+
langfristiges Fremdkapital
(Laufzeit mehr als 5 Jahre) |

In die »Goldene Bankregel in erweiterter Form« wird auch ein Teil des Umlaufvermögens einbezogen. Dies wird wie folgt begründet: Ein Viertel bis ein Fünftel des Umlaufvermögens, je nach Branche, hat quasi Anlagecharakter. Ein Herstellerbetrieb kann nur dann produzieren, wenn er über einen Mindestbestand an Roh-, Hilfs- und Betriebsstoffen verfügt und darüber hinaus einen Teil der Kundenforderungen vorfinanziert. Nur in diesem Falle kann von einer Produktionsbereitschaft bzw. Vertriebsbereitschaft gesprochen werden. Dasselbe gilt für ein Handelsunternehmen, das ebenfalls über ein bestimmtes Mindestwarenlager verfügen muß, um seinen potentiellen Kunden ein kundengerechtes Sortiment anbieten zu können, ohne das ein Umsatz überhaupt nicht erzielbar ist.

Man spricht in diesem Zusammenhang von dem sogenannten »Eisernen Bestand«, der gewissermaßen Anlagecharakter aufweist. Dieser »Eiserne Bestand« muß, genauso wie das Anlagevermögen, langfristig finanziert sein.

Wenn das Eigenkapital einem Unternehmen unbefristet zur Verfügung steht, werden unter »langfristigem Fremdkapital« Schulden verstanden, die eine Restlaufzeit von mehr als fünf Jahren aufweisen. Diese Schulden müssen von dem Unternehmen in der Rechtsform der Kapitalgesellschaft grundsätzlich im Anhang DM-mäßig ausgewiesen werden.

Der Bank als externer Bilanzanalytikerin ist es grundsätzlich möglich, diese horizontale Beziehung zwischen Aktivseite und Passivseite der Bilanz eines Unternehmens kennzahlenmäßig herzustellen und damit die Einhaltung dieser »Goldenen Bankregel in ihrer erweiterten Form« zu überprüfen.

Die Bank wird die Kreditwürdigkeit eines Unternehmens eher negativ einschätzen, wenn dieses die »Goldene Bankregel in ihrer erweiterten Form« nicht erfüllt. Dafür hat die Bank gute Gründe. Es ist nämlich festzustellen, daß die bundesdeutschen Unternehmen im Durchschnitt die »Goldene Bankregel in ihrer erweiterten Form« erfüllen bzw. übererfüllen. Ein Unternehmen, das dieser Bankregel nicht entspricht, fällt daher aus dem Rahmen bzw. weicht vom Bundesdurchschnitt nach unten ab. Dies muß bei der Kreditabteilung der Hausbank eines solchen Unternehmens zwangsläufig Bedenken hervorrufen.

Jedes Unternehmen, das bei seiner Hausbank um einen Tilgungskredit oder Kontokorrentkredit nachsucht, sollte daher vor dem Gespräch mit dem zuständigen Kreditsachbearbeiter überprüfen, ob es die »Goldene Bankregel in der erweiterten Form« erfüllt, übererfüllt oder nicht erfüllt.

Hierzu bildet das Unternehmen am besten folgende Kennzahl:

$$\frac{(EK + lfr. FK)}{(AV + \frac{1}{4} (\frac{1}{5}) UV)} \times 100 = \underline{Anlagendeckungsgrad}$$

Die Kennzahl »Anlagendeckungsgrad« zeigt, in welchem Umfang das Unternehmen die »Goldene Bankregel in ihrer erweiterten Form« übererfüllt oder unterschreitet.

Für den Fall, daß ein Prozentwert von unter 100% erzielt wird, das heißt, die »Goldene Bankregel in ihrer erweiterten Form« von dem kreditnachfragenden Unternehmen nicht erreicht wird, muß dieses gegenüber der Hausbank Argumente parat haben, die die Nichterfüllung erklären bzw. rechtfertigen können. Ein solches Argument könnte zum Beispiel die Tatsache sein, daß ein Unternehmen erst ganz kurze Zeit besteht und aus diesem Grunde noch nicht ausreichend Zeit hatte, um Eigenkapital zu bilden. Das Unternehmen könnte in einem solchen Fall auf die überdurchschnittliche nachhaltige Ertragskraft verweisen, die es im Vergleich zum Branchendurchschnitt oder zu anderen Unternehmen aufweist. Das Unternehmen könnte damit argumentieren, daß es in verhältnismäßig kurzer Zeit imstande sein werde, aufgrund seiner nachhaltig überdurchschnittlich guten Ertragskraft relativ schnell Eigenkapital zu bilden und die »Goldene Bankregel in ihrer erweiterten Form« zu erfüllen.

Jedes Unternehmen sollte sich mit den Banken als eine der wichtigsten Gruppen der Bilanzleser bzw. Bilanzanalytiker auseinandersetzen und sich mit deren Vorgehensweise bei der Bilanzanalyse im Rahmen von Kreditwürdigkeitsprüfungen intensiv beschäftigen. Auf diese Art und Weise kann das Unternehmen von vornherein Mißverständnisse vermeiden und eventuelle Zweifel der Kreditsachbearbeiter ausräumen.

2.5 Das Finanzamt

Für die Mehrzahl der Unternehmen ist der wichtigste Bilanzadressat das Finanzamt. An das Finanzamt ist der steuerrechtliche Jahresabschluß gerichtet. An den Steuerbilanzgewinn, der in diesem Jahresabschluß ausgewiesen wird, knüpfen die Ertragsteuern, wie die Einkommensteuer (bei Einzelunternehmen und Personenhandelsgesellschaften) oder die Körperschaftsteuer (bei Kapitalgesellschaften) und die Gewerbeertragsteuer an.

Das Finanzamt verfolgt mit dem steuerrechtlichen Jahresabschluß vor allem das Ziel der **periodengerechten Gewinnermittlung.** Es möchte erreichen, daß der Steuerpflichtige seinen Gewinn in dem Wirtschaftsjahr erklärt, in dem er ihn erzielt hat. Nur so kann das Finanzamt sicherstellen, daß es rechtzeitig zu seinen Steuereinnahmen kommt.

Das steuerpflichtige Unternehmen verfolgt in der Regel das entgegengesetzte Ziel der **Minimierung der steuerlichen Belastung.** Es möchte erreichen, daß ein niedrigstmöglicher Steuerbilanzgewinn ausgewiesen wird, damit nicht zu hohe Ertragsteuern an das Finanzamt abgeführt werden müssen.

Reicht das steuerpflichtige Unternehmen seinen steuerpflichtigen Jahresabschluß bei dem zuständigen Finanzamt ein, wird es bereits versucht haben, den Steuerbilanzgewinn, an den die Ertragsteuern anknüpfen, durch steuerbilanzpolitische Entscheidungen in der Regel zu drücken.

Das Finanzamt als Bilanzleser kennt natürlich diese steuerbilanzpolitischen Zielsetzungen der Unternehmen und wird bemüht sein, eventuell gelegte stille Reserven wieder aufzudecken.

Beispiel: Das Finanzamt wird zum Beispiel der Frage nachgehen, ob das Unternehmen Vorräte unterbewertet, Rückstellungen zu hoch angesetzt, Forderungen zu hoch abgeschrieben hat und dgl.

Wie bereits ausgeführt, hat das Finanzamt das Recht, in alle Unterlagen einzusehen, die für die Besteuerung von Bedeutung sind (§ 140 Abgabenordnung). Außerdem kann das Finanzamt die Hauptabschlußübersicht des steuerpflichtigen Unternehmens anfordern. Schließlich muß eine steuerpflichtige Kapitalgesellschaft dem Finanzamt den Anhang, den Lagebericht und den Prüfbericht, das heißt die gesamte Handelsbilanz, einreichen. Das Finanzamt zählt demnach, zumindest punktuell, fast zu den internen Bilanzlesern und -analytikern, da es zahlreiche Zusatzinformationen erhält, die dem externen Bilanzleser normalerweise nicht zur Verfügung stehen.

Es wird befürchtet, daß durch den vertieften Einblick, den das Finanzamt in den Jahresabschluß einer Kapitalgesellschaft dadurch bekommt, daß der handelsrechtliche Jahresabschluß mit eingereicht werden muß, mehr Steuern ausgelöst werden können. Immerhin wird der handelsrechtliche Jahresabschluß entsprechend dem Grundsatz des True-and-fair-view aufgestellt, das heißt er vermittelt ein den tatsächlichen Verhältnissen entsprechendes Bild der Vermögens-, Finanz- und Ertragslage. Der Veranlagungsbeamte des Finanzamts kann zum Beispiel aus dem Anhang entnehmen, an welcher Stelle und in welchem Umfang stille Reserven gelegt wurden, die unter Umständen steuerrechtlich nicht akzeptiert zu werden brauchen. Dies kann vor allem im Zusammenwirken von Veranlagungsbeamten und Betriebsprüfung zu mehr Steuern bei den Kapitalgesellschaften führen.

2.6 Sonstige Bilanzleser

Neben den bislang dargestellten Bilanzlesern bzw. -analytikern gibt es eine ganze Reihe von weiteren externen Bilanzlesern, die in den veröffentlichten Jahresabschluß einer Kapitalgesellschaft Einsicht nehmen:

- **Kreditauskunftsbüros:**

  In Deutschland existieren mehrere Kreditauskunftsbüros, wie Kreditreform oder Schimmelpfeng. Diese Auskunftsunternehmen erfassen grundsätzlich in Datenbanken sämtliche veröffentlichten Jahresabschlüsse. Wird von einem Interessenten eine Kreditauskunft begehrt, kann das Auskunftsbüro den offengelegten Jahresabschluß zu Rate ziehen und die dabei gewonnenen Ergebnisse mit weiteren Informationen, die es durch eine Befragung oder auf sonstigem Wege beschafft hat, kombinieren. Auf diese Art und Weise läßt sich unter Umständen eine fundierte Kreditauskunft erteilen.

  Die Kreditauskünfte sind kostenpflichtig, die zusätzlich gewonnenen Informationen sind häufig davon abhängig, wie es um die Auskunftsbereitschaft des zu beurteilenden Unternehmens bestellt war. Dem Unternehmen, das eine Kreditauskunft benötigt, ist daher anzuraten, sich möglichst selbst den offengelegten Jahresabschluß zu besorgen, vorausgesetzt es handelt sich bei dem Geschäftspartner um eine Kapitalgesellschaft, die offenlegungspflichtig ist.

- **Potentielle Anteilseigner (Gesellschafter):**

  Will sich jemand als Gesellschafter an einer GmbH beteiligen, ist es selbstverständlich, daß er sich den Jahresabschluß dieser Gesellschaft besorgt und auswertet. Er wird versuchen, sich anhand des offengelegten Jahresabschlusses ein Bild darüber zu machen, ob es sich lohnt, als Gesellschafter in die GmbH einzutreten, das heißt einen Gesellschafteranteil zu erwerben.

  Ein potentieller Gesellschafter wird natürlich bestrebt sein, über den veröffentlichten Jahresabschluß hinaus zusätzliche Informationen über die GmbH zu bekommen, die es ihm ermöglichen, das Risiko einer Beteiligung möglichst zuverlässig abzuschätzen.

Dasselbe gilt für potentielle Anteilseigner an einer Aktiengesellschaft. Sollen von einer AG Aktien erworben werden, ist eine Analyse des offengelegten Jahresabschlusses anzuraten.

Hierbei kann man auch auf die Ergebnisse von Finanzanalysten zurückgreifen, die professionell damit beschäftigt sind, offengelegte Jahresabschlüsse von Aktiengesellschaften auszuwerten. In den USA sind es renommierte Brokerhäuser, die sich mit der laufenden Analyse der Jahresabschlüsse von Aktiengesellschaften beschäftigen. In Deutschland sind es vor allem die Großbanken (Deutsche Bank, Hypobank, Vereinsbank usw.), die eine professionelle Jahresabschlußanalyse verschiedener Aktiengesellschaften durchführen, um ihren Kunden fundierte Anlageempfehlungen geben zu können.

Will jemand Kapital in Aktien bestimmter Aktiengesellschaften investieren, sollte er möglichst auf die Ergebnisse solcher Jahresabschlußanalysen zurückgreifen.

- **Unternehmensberater:**

Unternehmensberater sind in der Regel interne Bilanzleser bzw. -analytiker. Es zeichnet den Unternehmensberater aus, daß ihm die Führungsspitze eines Unternehmens Vertrauen schenkt und über den veröffentlichten Jahresabschluß hinaus mit zusätzlichen internen Informationen versorgt.

Zum selbstverständlichen Rüstzeug eines Unternehmensberaters zählt jedoch die Analyse der offengelegten Jahresabschlüsse. In der Regel wird nicht ein einziger Jahresabschluß analysiert, sondern der Unternehmensberater versucht beispielsweise die Jahresabschlüsse der letzten zehn Jahre auszuwerten. Dabei wird er versuchen, in jedem Jahresabschluß die eventuell gelegten stillen Reserven aufzudecken, um so den wirtschaftlich wahren Gewinn und die tatsächliche Vermögens- und Kapitalstruktur jedes Geschäftsjahres zu erfassen.

Durch die Auswertung mehrerer aufeinanderfolgender Jahresabschlüsse kann der Unternehmensberater Entwicklungslinien aufdecken. So wird zum Beispiel der Jahresüberschuß im handels- und steuerrechtlichen Jahresabschluß über zehn Jahre verfolgt, wodurch es möglich wird, die Ertragsentwicklung in die Zukunft zu extrapolieren.

Es ist jedem Unternehmen anzuraten, dieselbe Technik anzuwenden, wie sie von den Unternehmensberatern praktiziert wird, und in bezug auf die eigenen Jahresabschlüsse durch permanente Auswertungen eine Fortschreibung vorzunehmen. Auf diese Art und Weise lassen sich häufig rechtzeitig negative Entwicklungslinien aufspüren, die durch die Einleitung von Gegenmaßnahmen gestoppt werden können.

- **Presse, Öffentlichkeit:**

Viele GmbHs versuchen, mit dem zu veröffentlichenden Jahresabschluß eine offensive Öffentlichkeitsarbeit zu betreiben. Wie wichtig dies sein kann, wird deutlich, wenn eine GmbH den Gang zur Börse plant. Durch die Offenlegung des Jahresabschlusses, der die Vermögens-, Kapital-, Finanz- und Ertragsstruktur so transparent wie möglich macht, kann den potentiellen Aktionären aufgezeigt werden, was für eine prosperierende GmbH zur Börse drängt. Je stärker die Nachfrage nach den auszugebenden Aktien ist, um so höher kann der Ausgabekurs festgesetzt werden. Die GmbH kann sich auf diese Art und Weise durch den Börsengang entsprechendes Eigenkapital beschaffen.

Darüber hinaus wird eine GmbH, die ihren Jahresabschluß in offensiver Art und Weise offenlegt, hohe Aufmerksamkeit durch die Wirtschaftspresse erlangen und damit ihr Firmenimage verbessern.

3. Auswertung des Jahresabschlusses

Die interne und externe Bilanzanalyse wird mit Hilfe der Kennzahlenrechnung bzw. der Kennzahlenanalyse durchgeführt. Man kann es vereinfacht auch so ausdrücken: Bilanzanalyse ist Kennzahlenanalyse.

3.1 Kennzahlenanalyse

Betriebswirtschaftliche Kennzahlen sind absolute Zahlen und Relativzahlen, die in konzentrierter Form über einen zahlenmäßig erfaßbaren betriebswirtschaftlichen Tatbestand informieren.

Kennzahlen sind instruktiv und informativ. Sie sagen häufig über einen betriebswirtschaftlichen Tatbestand mehr aus als ein viele Seiten umfassender betriebswirtschaftlicher Bericht. Dies gilt für Kennzahlen generell, insbesondere aber auch für Bilanzkennzahlen.

Für die Kennzahlenanalyse lassen sich folgende Kennzahlen unterscheiden:

Betriebswirtschaftliche Kennzahlen:

Absolute Zahlen
- Einzelzahlen
- Summen
- Differenzen
- Mittelwerte

Relativzahlen
- Gliederungszahlen
- Beziehungszahlen
- Indexzahlen

Einzelzahlen sind zum Beispiel der Umsatz eines Betriebes, bestimmter Produkte oder bestimmter Produktgruppen.

Eine **Summe** als absolute Zahl stellt die Bilanzsumme dar, die im Rahmen der Bilanzanalyse zum Beispiel der Passivseite der Bilanz entsprechen kann.

Eine **Differenz** ist zum Beispiel der Gewinn einer Unternehmung.

Zu den **Mittelwerten** zählen zum Beispiel der durchschnittliche Lagerbestand oder die durchschnittliche Bilanzsumme, die jeweils als arithmetisches Mittel aus Anfangsbestand und Endbestand eines Geschäftsjahres errechnet werden können.

Die drei Gruppen von **Relativzahlen** lassen sich wie folgt darstellen:

- **Gliederungszahlen:**

    Hierunter sind begrifflich verschiedene Größen zu verstehen, die einander untergeordnet sind.

    Beispiel:

    $$\frac{\text{Personalaufwand}}{\text{Gesamtaufwand}} \times 100 = \underline{\text{Personalaufwandsquote}}$$

- **Beziehungszahlen:**

    Bei den Beziehungszahlen handelt es sich um das Verhältnis zweier Größen, die sachlich miteinander in Beziehung stehen müssen.

    Beispiel:

    $$\frac{\text{Umsatz}}{\text{Zahl der Beschäftigten}} \times 100 = \underline{\text{Umsatz je beschäftigte Person}}$$

- **Indexzahlen:**

    Indexzahlen sind ein Ausdruck für die durchschnittliche zeitliche Veränderung bestimmter Größen.

    Beispiel:

    $$\frac{\text{Umsatz in 02}}{\text{Umsatz in 01}} \times 100 = \underline{\text{Umsatzindex}}$$

Für den Einsatz von Kennzahlen durch den internen oder externen Bilanzanalytiker müssen zwei Grundvoraussetzungen erfüllt sein:

- Kennzahlen sind innerhalb eines Kennzahlenvergleiches einzusetzen.
- Kennzahlen sind innerhalb eines Kennzahlensystems einzusetzen.

3.2 Betriebliche Vergleiche

Nur ein Kennzahlenvergleich ermöglicht es, Schwachstellen im Unternehmen aufzudecken. Die Schwachstellenanalyse ist ein Hauptziel der Bilanzanalyse.

Abb. 12 zeigt, welche betrieblichen Vergleiche durchgeführt werden können:

Abb. 12:

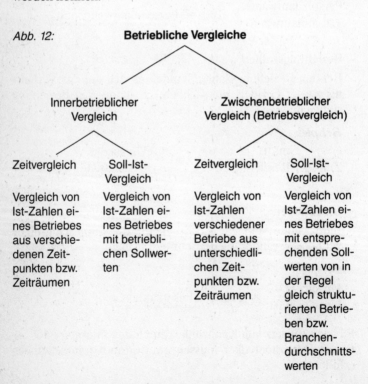

Innerbetrieblicher Vergleich		Zwischenbetrieblicher Vergleich (Betriebsvergleich)	
Zeitvergleich	Soll-Ist-Vergleich	Zeitvergleich	Soll-Ist-Vergleich
Vergleich von Ist-Zahlen eines Betriebes aus verschiedenen Zeitpunkten bzw. Zeiträumen	Vergleich von Ist-Zahlen eines Betriebes mit betrieblichen Sollwerten	Vergleich von Ist-Zahlen verschiedener Betriebe aus unterschiedlichen Zeitpunkten bzw. Zeiträumen	Vergleich von Ist-Zahlen eines Betriebes mit entsprechenden Sollwerten von in der Regel gleich strukturierten Betrieben bzw. Branchendurchschnittswerten

Man unterscheidet einen innerbetrieblichen und einen zwischenbetrieblichen Kennzahlenvergleich. Sowohl der innerbetriebliche als auch der zwischenbetriebliche Kennzahlenvergleich können als reiner Zeitvergleich oder als Soll-Ist-Vergleich durchgeführt werden.

Der **innerbetriebliche Kennzahlenvergleich** vergleicht Kennzahlen eines einzelnen Betriebes miteinander. Dabei ist unter einem einzelnen Betrieb auch die einzelne Filiale eines Filialunternehmens zu verstehen. Werden zum Beispiel Kennzahlen einer einzelnen Filiale des Warenhauskonzerns Kaufhof miteinander verglichen, handelt es sich um einen innerbetrieblichen Vergleich. Vergleichen hingegen zwei oder mehrere Filialen ihre Kennzahlen, liegt ein zwischenbetrieblicher Kennzahlenvergleich vor.

Der **innerbetriebliche Zeitvergleich** stellt Ist-Zahlen eines einzelnen Betriebes aus verschiedenen Zeitpunkten bzw. Zeiträumen gegenüber.

Beispiel: Ein Unternehmen vergleicht für einen einzelnen Betrieb die Personalproduktivität, gemessen am Umsatz je beschäftigte Person, des laufenden Geschäftsjahres 02 mit dem gleichen Kennzahlenwert aus dem abgelaufenen Geschäftsjahr 01. Es liegt ein innerbetrieblicher Zeitvergleich vor.

Ein solcher innerbetrieblicher Zeitvergleich ist für Kapitalgesellschaften gesetzlich vorgeschrieben. § 265 Abs. 2 HGB verlangt, daß neben jede Bilanzposition bzw. G-u.-V-Position des laufenden Geschäftsjahres die entsprechende Vorjahresposition gestellt wird. Auf diese Art und Weise kann sowohl der interne als auch der externe Bilanzleser jederzeit einen innerbetrieblichen Zeitvergleich durchführen.

Der Vorteil eines innerbetrieblichen Zeitvergleichs ist, daß das Unternehmen an den eigenen Vergangenheitswerten gemessen wird. Man sieht zum Beispiel, wie sich die Personalproduktivität gegenüber der Vergangenheit entwickelt hat. Ist sie gestiegen, ist sie gleichgeblieben oder ist sie gar abgesunken?

Der innerbetriebliche Vergleich hat im übrigen eine hohe Aussagekraft, da das zugrundeliegende Zahlenmaterial des Jahresabschlusses exakt aufbereitet werden kann. Man weiß, an welcher Stelle und in welcher Höhe stille Reserven gelegt wurden, und kann sie vor Durchführung des innerbetrieblichen Vergleichs wieder auflösen.

Der **innerbetriebliche Soll-Ist-Vergleich** stellt Soll-Kennzahlen den Ist-Kennzahlen eines einzelnen Betriebes zu einem bestimmten Zeitpunkt oder für einen bestimmten Zeitraum gegenüber.

Beispiel: Ein Unternehmen hat aufgrund eines innerbetrieblichen Zeitvergleichs festgestellt, daß die Personalproduktivität, gemessen am Umsatz je beschäftigte Person, jährlich um durchschnittlich 3,5% gestiegen ist. Für das folgende Geschäftsjahr werden als anzustrebender Sollwert bei der Personalproduktivität DM 180.000,— (Ist-Wert des laufenden Geschäftsjahres) zuzüglich 3,5% Steigerungsrate = DM 186.300,— geplant. Am Ende des folgenden Geschäftsjahres wird im Rahmen eines Soll-Ist-Vergleichs überprüft, ob dieser Sollwert erfüllt, übererfüllt oder nicht erfüllt wurde.

Aus diesem Beispiel wird deutlich, daß innerbetriebliche Soll-Kennzahlen meistens auf betriebsindividuellen Daten der Vergangenheit (z.B. durchschnittliche jährliche Steigerungsrate der Produktivität in den vergangenen Jahren) aufbaut, die als Maßstab für die Gegenwart und für die Zukunft herangezogen werden.

Der **zwischenbetriebliche Vergleich** stellt einen Vergleich von Kennzahlen aus mindestens zwei oder mehreren Betrieben dar.

Der **zwischenbetriebliche Zeitvergleich** stellt Kennzahlen von zwei oder mehreren Betrieben aus verschiedenen Zeitpunkten bzw. für unterschiedliche Zeiträume gegenüber.

Beispiel: Ein einzelner Betrieb vergleicht die Kennzahl Personalproduktivität, gemessen am Umsatz je beschäftigte Person, des laufenden Geschäftsjahres mit den Kennzahlen eines vergleichbaren Betriebes für dasselbe Geschäftsjahr.

Der **zwischenbetriebliche Soll-Ist-Vergleich** stellt Kennzahlen eines einzelnen Betriebes den entsprechenden Kennzahlen entweder eines oder mehrerer, in der Regel gleich strukturierter Betriebe (gleiche Branche, gleiche Betriebsgröße und dgl.) als Soll-Werte gegenüber. Die Kennzahlen der Vergleichsbetriebe bzw. die Branchendurchschnittswerte sind Soll-Kennzahlen, denen eine Art Maßstabscharakter zuerkannt wird. Man betrachtet sie als Zielwerte.

Beispiel: Ein Unternehmen vergleicht die im Geschäftsjahr 01 erreichte Personalproduktivität, gemessen am Umsatz je beschäftigte Person, in Höhe von DM 165.000,— mit dem entsprechenden Kennzahlenwert eines gleich strukturierten Betriebes, der DM 182.000,— Personenumsatzleistung erzielt und mit dem Branchendurchschnittswert, der bei DM 180.000,— liegt. Da die Vergleichswerte als Soll-Kennzahlen aufgefaßt werden, muß das Unternehmen feststellen, daß es eine nur unterdurchschnittliche Personalproduktivität aufweist.

Damit ein zwischenbetrieblicher Kennzahlenvergleich funktioniert, müssen drei Voraussetzungen erfüllt sein, nämlich:

1. Interpretationsfähigkeit,
2. Materielle Vergleichbarkeit,
3. Formelle Vergleichbarkeit.

Interpretationsfähigkeit bedeutet, daß der Bilanzanalytiker, der einen Kennzahlenvergleich auswertet, über ein bestimmtes Maß an betriebswirtschaftlichen Grundkenntnissen verfügen muß, um den Kennzahlenvergleich durchführen und die abweichenden Werte beurteilen zu können.

Materielle Vergleichbarkeit besagt, daß nur Kennzahlen aus solchen Betrieben miteinander verglichen werden, die in etwa gleich strukturiert sind. Dies bedeutet, daß

- die betrieblichen Einflußfaktoren, die ihren Ursprung in der Betriebsstruktur haben, und
- die marktlichen Einflußfaktoren, also Faktoren, die vom Markte her wirksam werden,

bei den zu vergleichenden Betrieben in etwa identisch oder zumindest ähnlich sein sollten.

Sind die Betriebe nicht gleich strukturiert, können Störfaktoren auftreten, die den zwischenbetrieblichen Vergleich empfindlich beeinträchtigen oder gar unmöglich machen. Unter Umständen kann man, wie noch gezeigt wird, solche Störfaktoren neutralisieren.

Zu den **betriebsstrukturellen Faktoren,** die bei den zu vergleichenden Betrieben in etwa identisch sein sollten, zählen insbesondere:

- **Branche:**

    Eine Vergleichbarkeit von Betrieben setzt Branchengleichheit voraus. Nur wenn Kennzahlen aus Betrieben gleicher Branchenzugehörigkeit miteinander verglichen werden, lassen sich Störfaktoren, die die materielle Vergleichbarkeit beeinträchtigen, ausschalten.

    Beispiel: Es macht keinen Sinn, Kennzahlen aus einem Stahlwerk mit Kennzahlen einer Stahlhandlung zu vergleichen. Es macht aber sehr wohl Sinn, Kennzahlen aus einem Stahlwerk mit Kennzahlen aus einem vergleichbaren Stahlwerk oder Kennzahlen aus zwei vergleichbaren Stahlhandlungen miteinander zu vergleichen.

- **Rechtsform:**

    Bei Unternehmen unterschiedlicher Rechtsform treten automatisch Störfaktoren auf.

Beispiel: Eine GmbH möchte ihre Kennzahlen mit einem Einzelunternehmen derselben Branche vergleichen. Die Vergleichbarkeit ist durch die Rechtsform gestört. Bei einer GmbH ist das Gehalt des oder der Geschäftsführer als Betriebsaufwand (Betriebsausgaben) in vollem Umfang abzugsfähig, während für die nichtentlohnte Tätigkeit des Inhabers einer Einzelunternehmung kein Gehalt als Betriebsaufwand abgezogen werden kann. Das Gehalt ist vielmehr im erzielten Gewinn mit enthalten. Der Gewinn vor Steuern einer GmbH ist daher mit dem Ergebnis einer Einzelunternehmmung ohne Umrechnung nicht vergleichbar.

Um die Gewinne der Unternehmen unterschiedlicher Rechtsform vergleichen zu können, wird bei dem Einzelunternehmen ein sogenannter Kalkulatorischer Unternehmerlohn vom Gewinn abgezogen. Der Kalkulatorische Unternehmerlohn entspricht in etwa dem Gehalt, das ein fremdbeschäftigter Geschäftsführer, der anstelle des Inhabers das Einzelunternehmen führt, beziehen würde. Nach Abzug des Kalkulatorischen Unternehmerlohns sind die Gewinne der Unternehmen unterschiedlicher Rechtsform vergleichbar.

Einen Anhaltspunkt für die Bemessung des Kalkulatorischen Unternehmerlohns bietet die örtliche Tarifordnung oder Tarifsatzung. Auch Betriebsvergleiche enthalten vielfach Hinweise auf einen durchschnittlichen Kalkulatorischen Unternehmerlohn, der für Betriebe bestimmter Betriebsgrößen als angemessen angesehen wird.

- **Betriebsgröße:**

    Auch aus einer unterschiedlichen Betriebsgröße der Vergleichsbetriebe können Störfaktoren resultieren. Es macht zum Beispiel keinen Sinn, Kennzahlen aus einem Warenhaus mit Kennzahlen eines relativ kleinen Fachgeschäftes zu vergleichen. Die Betriebsgrößen sind zu unterschiedlich.

Als Maßstäbe zur Messung der Betriebsgröße dienen insbesondere:

- die Zahl der Beschäftigten,
- der Betriebsumsatz,
- das eingesetzte Kapital.

Die Vergleichsbetriebe sollten in etwa die gleiche Betriebsgröße, zum Beispiel gemessen an der Zahl der Beschäftigten, aufweisen, wenn ein zwischenbetrieblicher Vergleich sinnvoll sein soll.

- **Erzeugungsprogramm:**

Das Erzeugungsprogramm der zu vergleichenden Betriebe sollte möglichst deckungsgleich sein, das heißt es sollte in etwa die gleiche Produktpalette vorliegen. Es ist sicherlich nicht sinnvoll, ein Unternehmen, das nur ein einziges Produkt herstellt, mit einem Unternehmen zu vergleichen, das über ein differenziertes Produktprogramm verfügt.

Bei Handelsunternehmen sollten die Sortimente ziemlich ähnlich sein, wenn ein zwischenbetrieblicher Vergleich durchgeführt wird.

Beispiel: Zwei Textileinzelhandelsunternehmen haben folgende Sortimentsstrukturen aufzuweisen:

Sortimentsstruktur	Betrieb A	Betrieb B
	Umsatzanteile in %	
Damenoberbekleidung	60%	20%
Herrenoberbekleidung	30%	70%
Sonstiges	10%	10%
	100%	100%

Die Betriebe sind nicht miteinander vergleichbar, da die Sortimente zu unterschiedlich sind.

- **Standort:**

Unterschiedliche Standorte von Vergleichsunternehmen haben vor allem Einflüsse auf die Kostenstrukturen. So können sich aus dem Standort vor allem unterschiedliche Lohnkosten ergeben. Ebenso können unterschiedliche Kosten für die Beschaffung von Roh-, Hilfs- und Betriebsstoffen und die damit verbundenen Transportkosten entstehen.

Zu den **marktlichen Einflußfaktoren,** die die Vergleichbarkeit stören können, zählen zum Beispiel:

- die Größe und Struktur des Absatzgebietes,
- die Größe und Struktur des Einzugsgebietes eines Handelsunternehmens,
- der Exportanteil,
- der Stammkundenanteil

und dgl.

Verfügt beispielsweise ein Betrieb über einen Exportanteil von 60%, und der Vergleichsbetrieb erreicht nur 15%, sind die beiden Betriebe nicht vergleichbar.

Eine Analyse der betrieblichen und der marktlichen Einflußfaktoren auf die Vergleichsbetriebe ist eine wichtige Voraussetzung, um materielle Vergleichbarkeit zu erreichen. Bevor sich ein Betrieb mit einem anderen vergleicht, sollte er die vorstehenden betrieblichen und marktlichen Einflußfaktoren untersuchen, um herauszufinden, ob der Betrieb überhaupt zum Vergleich geeignet ist, das heißt, ob materielle Vergleichbarkeit besteht.

Sowohl der innerbetriebliche als auch der zwischenbetriebliche Vergleich von Kennzahlen setzt **formelle Vergleichbarkeit** voraus. Hierzu ist es erforderlich, das Ausgangsmaterial, aus dem die Kennzahlen gebildet werden, für den jeweiligen Vergleichszweck gleichartig zu erfassen und gleichartig zu bewerten.

Formelle Vergleichbarkeit ist dann gegeben, wenn die verwendeten Kennzahlen

- auf einer von allen Vergleichsbetrieben akzeptierten Terminologie beruhen, das heißt in gleicher Art und Weise und nach gleichem Verfahren erfaßt und berechnet sind;

- gleichen Bewertungsregeln unterworfen sind, falls eine Bewertung erforderlich ist.

Beispiel: Ein Betrieb möchte mit einem gleich strukturierten Betrieb die erreichte Personalproduktivität vergleichen. Hierzu wird die Kennzahl:

$$\frac{\text{Umsatz}}{\text{Zahl der Beschäftigten}} = \frac{\text{Umsatz je}}{\text{beschäftigte Person}}$$

herangezogen.

Ein Vergleich der erreichten Personalleistung zwischen den beiden Betrieben ist nur dann sinnvoll und möglich, wenn jeder Betrieb in der gleichen Art und Weise die Zählergröße (Umsatz) und die Nennergröße (Zahl der Beschäftigten) erfaßt, berechnet und bewertet.

Jeder der beiden Vergleichsbetriebe muß unter der Zählergröße **Umsatz** exakt das gleiche verstehen.

Dies wird bei einem zwischenbetrieblichen Vergleich dadurch sichergestellt, daß der Vergleichsträger (z. B. Betriebsvergleichsträger für Handelsbetriebe das Kölner Universitätsinstitut) einfach den Begriff Umsatz definiert, zum Beispiel:

```
  Barumsätze
+ Kreditumsätze
+ Umsätze aus Profit Centers
+ Provisionsumsätze
− Kundenrabatte
− Kundenskonti
─────────────────────────
= Umsatz
```

Jeder Vergleichsbetrieb erfaßt den Umsatz genau nach dieser Definition und setzt ihn als Zählergröße ein.

Die Nennergröße *Zahl der Beschäftigten* macht es erforderlich, Bewertungsregeln anzuwenden. Der bereits genannte Betriebsvergleichsträger für Handelsbetriebe, das Kölner Universitätsinstitut, schreibt für die Erfassung und Bewertung der Zahl der Beschäftigten folgendes vor:

- Vollzeitkräfte werden mit 1,0 berechnet;
- Teilzeitkräfte werden mit dem Anteil an der tariflichen Wochenarbeitszeit von 38,5 Stunden bewertet, der ihrer Arbeitszeit entspricht (so werden Halbtagsbeschäftigte z. B. mit 0,5 bewertet);
- Auszubildende werden im ersten Ausbildungsjahr mit 0,5 und ab dem zweiten Ausbildungsjahr mit 1,0 bewertet.

Jeder Betriebsvergleichsteilnehmer erfaßt die Zahl der Beschäftigten in seinem Betrieb genau nach dieser vorgegebenen Definition.

In bezug auf die Kennzahl Personalproduktivität herrscht formelle Vergleichbarkeit, da jeder Vergleichsbetrieb die Zähler- und Nennergröße der Kennzahl Umsatz je beschäftigte Person in gleicher Art und Weise ermittelt bzw. bewertet.

Der formellen Vergleichbarkeit dienen unter anderem die Gemeinschaftskontenrahmen der Industrie und des Handels. Ebenso sind die Mindestgliederungsvorschriften für die Bilanz und die Gewinn- und Verlustrechnung aufgrund der §§ 265, 266 und 275 HGB ein wichtiger Beitrag, um bei den Vergleichsbetrieben zu einer einheitlichen Terminologie zu kommen.

Im Rahmen der Bilanzanalyse kann die formelle Vergleichbarkeit dadurch gestört sein, daß die Vergleichsbetriebe die Bilanzpositionen unterschiedlich bewerten. Nach den handelsrechtlichen Rechnungslegungsvorschriften lassen sich in bezug auf die Gleichartigkeit der Bewertung drei Vermögensgruppen unterscheiden:

- **Positionen mit festem Wertansatz:**

  Hierzu zählen Kassenbestände, Schecks, Bundesbank- und Postscheckguthaben, Guthaben bei Kreditinstituten, geleistete Anzahlungen, Forderungen an verbundene Unternehmen.

Bei diesen Bilanzpositionen treten kaum Bewertungsfehler auf, weil deren Nominalwert in aller Regel gleich dem effektiven Wert ist. Die Vergleichbarkeit ist nicht gestört.

- **Positionen mit geringen Wertansatzdifferenzen:**

  Hierzu zählen:
  - Roh-, Hilfs- und Betriebsstoffe,
  - Unfertige Erzeugnisse, Fertigerzeugnisse, Waren,
  - Wertpapiere,
  - Forderungen aus Lieferungen und Leistungen.

  Bei der Bewertung von Roh-, Hilfs- und Betriebsstoffen, unfertigen Erzeugnissen und Wertpapieren besteht sowohl nach Handelsrecht als auch nach Steuerrecht das Wahlrecht, über den niedrigeren Wertansatz in der Schlußbilanz hinaus eine Zuschreibung bis zur Höhe der Anschaffungskosten bzw. Herstellungskosten vorzunehmen, wenn die Wiederbeschaffungskosten zwischenzeitlich gestiegen sind.

  Machen bestimmte Vergleichsbetriebe von diesem Wahlrecht Gebrauch und andere nicht, können sich Wertunterschiede ergeben, die die formelle Vergleichbarkeit stören.

  Der Bilanzanalytiker sollte daher im Rahmen der Bilanzanalyse zu klären versuchen, ob solche Wertansatzdifferenzen vorliegen, damit er eventuelle Störfaktoren ausschalten kann.

- **Positionen mit großen Wertansatzdifferenzen:**

  Hier handelt es sich um die Bilanzpositionen des Sachanlage- und des Finanzanlagevermögens. Durch diese Positionen kann die formelle Vergleichbarkeit erheblich erschwert werden. So können zum Beispiel Unterbewertungen bei Sachanlagegütern vorliegen, für die steuerliche Sonderabschreibungen (z.B. nach dem FördergebietsG) geltend gemacht wurden.

Der externe Bilanzanalytiker wird vor allem auch auf den Anhang zurückgreifen, um eventuell erkennen zu können, in welchem Umfang stille Reserven gelegt wurden. Auf diese Art und Weise können, zumindest teilweise, Störfaktoren ausgeschaltet werden.

Formelle Vergleichbarkeit läßt sich bei einem zwischenbetrieblichen Vergleich (Betriebsvergleich) nur dann herstellen, wenn eine zentrale Stelle dafür sorgt und darüber wacht, daß die Kennzahlen nach einer einheitlichen Terminologie und nach gleichen Bewertungsregeln gebildet werden. Solche zentralen Stellen sind die Träger der Betriebsvergleiche.

3.3 Betriebsvergleiche als Auswertungsinstrumente

In der Bundesrepublik Deutschland existieren zahlreiche zwischenbetriebliche Vergleiche (Betriebsvergleiche), die im Rahmen einer internen oder externen Bilanzanalyse als Auswertungsinstrumente herangezogen werden können. Träger solcher Betriebsvergleiche können unter anderem sein:

- **Wissenschaftliche Institute:**

    Als praktische Beispiele seien hier die Betriebsvergleiche des Instituts für Handelsforschung an der Universität zu Köln für den

    - Einzelhandel (Fachhandel),
    - Großhandel

    genannt.

    An der Jahresauswertung des Einzelhandels dieses Betriebsvergleichs beteiligten sich 1990 insgesamt 5.101 Fachhandelsbetriebe aus 55 verschiedenen Branchen. Der Umsatz der beteiligten Betriebe betrug 16,2 Mrd. DM, das sind rund 5 % des gesamten Einzelhandelsumsatzes in der Bundesrepublik Deutschland. Die Betriebsvergleichsergebnisse sind repräsentativ für den deutschen Fachhandel.

An dem Großhandelsbetriebsvergleich beteiligten sich insgesamt 21 Einzelhandelsbranchen. Auch im Großhandel sind die Betriebsvergleichsergebnisse für die beteiligten Branchen repräsentativ.

Die Beteiligung an dem Betriebsvergleich des Kölner Universitätsinstituts steht jedem Einzelhandelsbetrieb (Fachhandelsbetrieb) und jedem Großhandelsbetrieb aus den beteiligten Branchen offen. Um ohne größere Probleme bei den Betriebsvergleichen mitmachen zu können, ist es zweckmäßig, seinen Kontenplan auf den Kontenplan abzustellen, der bei der Jahresauswertung durch das Kölner Universitätsinstitut zugrunde gelegt wird. Wird von dem beteiligten Einzelhandelsbetrieb ein unterschiedlicher Kontenplan (z. B. mit einer unterschiedlichen Kostenartengliederung) verwendet, sind einige Umrechnungen notwendig. Die Beteiligung an der Jahresauswertung der Betriebsvergleiche des Kölner Universitätsinstituts ist kostenfrei.

Im übrigen führt das Kölner Universitätsinstitut auch monatliche und vierteljährliche Auswertungen seiner Betriebsvergleiche für den Einzel- und Großhandel durch, an denen sich die Betriebe ohne weiteres beteiligen können.

- **Banken und Sparkassen:**

Ein interessanter Betriebsvergleichsträger sind die Banken und Sparkassen. Im Rahmen ihrer Kreditwürdigkeitsprüfungen analysieren die meisten Kreditinstitute die von ihren kreditnachfragenden Kunden eingereichten Jahresabschlüsse. Die Ergebnisse dieser Bilanzanalysen werden mit Hilfe der EDV zentral ausgewertet und zu Betriebsvergleichswerten verdichtet.

Dadurch verfügen beispielsweise die Sparkassen in der Bundesrepublik Deutschland über umfangreiche und stark differenzierte Betriebsvergleichsergebnisse für zahlreiche Branchen. Jeder Kreditfall, der bei einer Sparkasse bearbeitet wird, führt zu Bilanzanalyseergebnissen, die in den zentralen Betriebsvergleich der Sparkassen einmünden.

Die branchenbezogenen Auswertungen der Sparkassen umfassen für jede Branche 24 Kennzahlen, die von der Gesamtkapitalverzinsung bis zur Cash-Flow-Rate reichen. Für jede dieser 24 Kennzahlen werden

- der Zentralwert (Mittelwert),
- der niedrigste Wert und
- der höchste Wert

ausgewiesen.

Abb. 13 enthält das Muster einer solchen Auswertungstabelle am Beispiel der Branche Hoch- und Tiefbau.

Die in dem branchenbezogenen Betriebsvergleich der Sparkassen ausgewiesenen 24 Kennzahlen stellen Führungszahlen dar, die ein Unternehmen grundsätzlich permanent vergleichen sollte.

Ist ein Unternehmen Kunde einer Sparkasse, sollte es grundsätzlich nachfragen, ob für seine Branche Betriebsvergleichsergebnisse vorliegen. Wenn ja, sollten diese angefordert und ausgewertet werden.

Unternehmen, die nicht Sparkassenkunden sind, sollten sich bei ihrer Hausbank erkundigen, ob diese ebenfalls über solche oder ähnliche Betriebsvergleichsergebnisse verfügt. In der Regel werden auch von der Mehrzahl der Großbanken (z.B. Bayerische Vereinsbank, Deutsche Bank usw.) branchenbezogene Betriebsvergleiche durchgeführt.

- **DATEV (Datenverarbeitungsorganisation des steuerberatenden Berufs):**

Ein nahezu idealer Träger für Betriebsvergleiche ist die DATEV als die Datenverarbeitungsorganisation des steuerberatenden Berufs in der Bundesrepublik Deutschland. Die DATEV betreut gegenwärtig 1,7 Mio. Fernbuchhaltungen der Mandanten der 32.000 Steuerberater, die ihr als Mitglieder angehören. Es ist offensichtlich, daß bei dieser großen Zahl von Unternehmen (zwei Drittel aller Unternehmungen in Deutschland) optimale Voraussetzungen vorliegen, um nahezu für jede Branche eine ausreichende Zahl

Abb. 13:

Deutscher Sparkassen- und Giroverband
Branchendienst   Branche: HOCH- U. TIEFBAU INSGESAMT   Branchencode: 300

Rechtsform: ALLE RECHTSFORMEN   Gesamtleistung in TDM. GESAMTDURCHSCHNITT

Lfd. Nr	Bezeichnung der Kennzahlen	Formel	Zentralwert %	mittlere Streuungsbreite	
				von %	bis
	A. Erfolgskennzahlen				
1	**Gesamtkapitalverzinsung** (Betriebsergebnis + Zinsen in % der Bilanzsumme)	(BERG+Z) / BS	8.7	3.6	17.8
2	**Umsatzrentabilität** (Betriebsergebnis in % der Gesamtleistung)	BERG / GL	4.0	.8	8.0
3	**Betriebsrentabilität** (Teil-Betriebsergebnis in % der Gesamtleistung)	TBERG / GL	4.9	1.3	9.2
4	**Cash-Flow-Rate** (Betriebsergeb. + AfA + Erhöh. langfr. Rückst. in % der Gesamtleistg.)	CF / GL	8.2	4.1	13.5
5	**Rohertragsquote**	ROHE / GL	62.2	52.1	72.4
6	**Personalaufwandsquote**	PAUF / GL	39.5	31.1	47.4
7	**Abschreibungsaufwandsquote** (Planm. Abschreib. a. immat.+ Sach-Anl. in % d. Gesamtleistung)	SAS / GL	3.5	2.0	5.8
8	**Mietaufwandsquote** (Mietaufwand einschl. Leasingaufwand in % der Gesamtleistung)	MIAUF / GL	.7	.0	2.2
9	**Zinsaufwandsquote**	Z / GL	1.4	.6	2.7
10	**Umsatz je Beschäftigten (TDM)** (Nettoumsatz je Beschäftigten)	NUMS / BESCH	140.3	108.4	184.8
11	**Pro-Kopf-Ertrag (TDM)** (Rohertrag je Beschäftigten)	ROHE / BESCH	83.5	71.9	100.0

B. Finanzierungs- u. Liquiditätskennzahlen

12	**Anlagendeckung** (Wirt. Eigenkap. + langfr. Fremdkap.³ in % d. Anl.-verm. + Unterbilanz)	WEK+LFK / AV+UB [1]	66.2	30.5	114.8
13	**Kurzfristige Liquidität** (Kurzfr. Umlaufvermögen in % des kurzfr. Fremdkap.³)	FL+WP+SKUV / KFK [1]	38.6	21.6	62.9
14	**Dynamischer Verschuldungsgrad (Jahre)** (Fremdkapital: Cash-Flow)	FK / CF	6.0	2.7	12.7
15	**Debitorenlaufzeit in Tagen** (Warenforderungen bezogen auf den Nettoumsatz)	WFORD / NUMS [2]	35.9	21.4	54.2
16	**Kreditorenlaufzeit in Tagen** (Waren- u. Wechselverbindlichkeiten bezogen auf d. Materialaufwand)	WVER+AKZ / MAUF [2]	59.9	32.7	106.4
17	**Lagerdauer in Tagen** (Vorräte bezogen auf Materialaufwand)	VORR / MAUF [2]	208.4	64.9	408.8

C. Bilanzstrukturkennzahlen

18	**Eigenkapitalquote** (Wirtschaftliches Eigenkapital in % der Bilanzsumme)	WEK / BS [1]	3.9	.0	14.2
19	**Kurzfristige Verschuldung³** (in % der Bilanzsumme)	KFK / BS [1]	76.3	60.6	88.5
20	**Anlagenintensität** (Anlagevermögen in % der Bilanzsumme)	AV / BS [1]	20.1	10.0	34.9

D. Sonstige Kennzahlen

21	**Gesamtkapitalumschlag** (Gesamtleistung bezogen auf die Bilanzsumme)	GL / BS [1]	1.5	1.1	2.2
22	**Investitionsquote** (Sachinvestitionen in % der Gesamtleistung)	SINV / GL [1]	4.3	1.7	8.5
23	**Sachabschreibungsquote** (AfA in % d. Sachanlagen einschl. AIA)	SAS / SANL-SAS [1]	25.1	18.4	32.2
24	**Selbstfinanzierungsquote** (Cash-Flow in % der Sachinvestitionen)	CF / SINV [1]	153.4	78.8	317.4

Bilanzjahr: 1990   END

[1] Das Ergebnis ist mit 100 zu multiplizieren
[2] Das Ergebnis ist mit 360 zu multiplizieren
[3] Abgrenzung nach Restlaufzeit
[4] Tage

Die mittlere Streuungsbreite umfaßt etwa 50 v.H. der in die Kennzahlenermittlung einbezogenen Betriebe; sie gibt die Zone mit der größten Dichte an. Größenklassen bzw. Gesamtdurchschnitte, die mit ● gekennzeichnet sind, weisen eine knappe Repräsentation auf. Kennzahlen mit sehr großer Streuungsbreite sind nur bedingt verwendbar. Aus statistischen Gründen können auf dieser Liste einige Kennzahlen fehlen.

von Teilnehmern für einen repräsentativen Betriebsvergleich zu gewinnen.

Die DATEV ist eine eingetragene Genossenschaft. Diese Rechtskonstruktion bedingt, daß kein Unternehmen direkt die Dienstleistungen der DATEV in Anspruch nehmen darf, sondern nur über seinen Steuerberater die zahlreichen DATEV-Leistungen nutzen kann. Genau aus diesem Grunde werden von der Mehrzahl der Unternehmen die Möglichkeiten der externen Datenverarbeitung für Buchführung und Jahresabschluß nur völlig unzureichend ausgeschöpft. Ein Großteil der Steuerberater hat bislang seine Mandanten über die Spezialprogramme und -dienstleistungen, die die DATEV für viele Unternehmen bereithält, entweder überhaupt nicht oder nur unzureichend informiert. So setzen viele Unternehmen nur das Programm Finanzbuchführung (FIBU) ein, obwohl es für ihre Branchen spezielle Betriebswirtschaftliche Auswertungsprogramme (BWA) gibt, die ein Mehr an Informationen für jedes Unternehmen liefern könnten. Ebenso sind die Unternehmen nicht darüber informiert, daß für ihre Branche unter Umständen ein Betriebsvergleich der DATEV existiert, an dem sie sich beteiligen könnten.

Ein Unternehmen, das sich an dem Betriebsvergleich seiner Branche beteiligen möchte, hat hierfür keine zusätzliche Arbeit zu leisten. Die Daten für den Betriebsvergleich werden aus der Finanzbuchführung (FIBU) des betreffenden Unternehmens entnommen, die im Rechenzentrum der DATEV ohnehin gespeichert sind. Der Steuerberater des Unternehmens gibt im Rahmen eines Spezialprogramms einmalig eine Reihe von Stammdaten ein, wie Kalkulatorische Kosten (Kalkulatorischer Unternehmerlohn, Kalkulatorische Miete) und dgl. Alle weiteren Rechenschritte erledigt das Rechenzentrum der DATEV, ohne daß von dem Unternehmen irgendwelche Arbeiten zu übernehmen wären.

Das Unternehmen, das sich an dem DATEV-Betriebsvergleich beteiligt, erhält detaillierte Kennzahlen über

- Kostenarten,
- Betriebsergebnis,
- Rentabilität,
- Produktivität.

Dem Unternehmer liegt ein in sich geschlossenes System von Führungszahlen vor, das es ihm ermöglicht, sein Unternehmen in den Griff zu bekommen und zu steuern. Er erhält als Auswertungen einen Jahres-, Quartals- und Monatsbetriebsvergleich.

Dem an dem Betriebsvergleich teilnehmenden Unternehmen werden nicht nur Branchendurchschnittswerte, sondern auch die Durchschnittswerte nach Betriebsgrößenklassen zur Verfügung gestellt. Das Unternehmen kann daher seine Kennzahlen mit den Kennzahlenwerten aus der Betriebsgrößenklasse, der es angehört, vergleichen. Als Betriebsgrößenmerkmale gelten die Jahresumsätze bzw. die Zahl der Beschäftigten.

Abb. 14 enthält als Auswertungsbeispiel eines Betriebsvergleichs der DATEV die Erfolgsrechnung und ausgewählte Führungszahlen von Handwerksbetrieben.

Über die Betriebsvergleiche der DATEV informieren die Steuerberater und das Informationszentrum der DATEV in Nürnberg. Das Unternehmen kann im übrigen absolut sicher sein, daß seine Zahlen vertraulich behandelt werden, da die Auswertung des Betriebsvergleichs völlig anonym geschieht.

- **Innerbetrieblicher Vergleich mit dem Managementinformations- und Diagnosesystem (MIDIAS) der DATEV:**

Jedes Unternehmen, das eine Finanzbuchführung durch seinen Steuerberater über die DATEV rechnen läßt, hat die Möglichkeit, das Managementinformations- und Diagnosesystem MIDIAS zu nutzen.

Es handelt sich hier um ein Software-Paket, das aus der Finanzbuchhaltung (FIBU) des Unternehmens die Daten übernimmt und sowohl einen innerbetrieblichen als auch

Abb. 14a: Erfolgsrechnung

M. MUSTER
BRANCHE: HANDWERK

JAHRESGESAMTÜBERSICHT

BLATT-NR. 1
VKZ S7
DATEV

Diese Jahresgesamtübersicht zeigt die Durchschnittsergebnisse aller Vergleichsbetriebe nach Umsatzklassen

UMSATZKLASSE:	60.000 – 300.000	< 600.000	< 1.000.000	< 3.000.000
A. ERFOLGSRECHNUNG				
UMSATZ/DM	250932	481768	845604	1728653
MAT.-STOFFEINSATZ	42,3	43,1	43,0	42,7
ROHGEWINN	57,7	56,9	57,0	57,3
KOSTENARTEN				
PERSONALKOSTEN	20,5	23,3	24,6	25,8
RAUMKOSTEN	6,8	5,1	5,0	4,7
STEUERN	0,6	1,2	1,2	1,3
VERSICH./BEITR.	0,8	0,9	0,8	0,8
KFZ-KOSTEN	2,1	1,2	1,0	0,9
WERBEKOSTEN	0,3	0,7	0,7	0,8
REISEKOSTEN	0,0	0,2	0,1	0,1
KST. WARENABGABE	0,9	0,7	0,8	0,9
ABSCHREIBUNGEN	3,5	2,7	2,7	2,9
INST. HALT./WERKZ.	1,0	0,6	0,8	0,9
VERSCHIED. KOSTEN	2,8	2,3	2,2	2,0
GESAMTKOSTEN	39,3	38,9	39,9	41,1
NEUTRALES ERGEBNIS	0,7 –	1,0 –	0,9 –	0,8 –
DAVON ZINS/DIS.AUF.	1,0	0,8	0,8	0,9
STEUERLICHES ERGEB.	17,7	17,0	16,2	15,4
KALK. UNTERNEHMERLOHN	13,6	10,4	7,7	6,1
KALK. LOHN UNENTG. MIT	0,1	0,2	0,1	0,0
KALK. ZINSEN	0,5	0,3	0,5	0,4
KALK. MIETE	1,3	0,3	0,4	0,3
KALK. AFA	1,4	0,9	0,8	0,7
KALK. KOSTEN GESAMT	16,9	12,1	9,5	7,5
BETRIEBSW. ERGEBNIS	0,8	4,9	6,7	7,9

Die Umsatzklassen und die durchschnittlichen Ergebnisse

* = Wert liegt außerhalb unserer Plausibilitätsprüfungen
# = Ersatzwert wurde eingesetzt
Die Musterauswertungen enthalten keine echten Vergleichszahlen

Abb. 14b: Betriebswirtschaftliche Kennzahlen

Die Jahresgesamtübersicht zeigt die betriebswirtschaftlichen Kennzahlen aller Umsatzklassen

M. MUSTER
BRANCHE: HANDWERK

JAHRESGESAMTÜBERSICHT 1990

BLATT-NR. 2
VKZ S7
DATEV

UMSATZKLASSE:		60.000 – 300.000	< 600.000	< 1.000.000	< 3.000.000
B. KENNZAHLEN					
I FINANZSTRUKTUR					
EIGENKAP. ANTEIL	%	69,2	47,4	46,2	41,0
ANLAGENINTENS.	%	74,9	63,9	66,0	66,8
ANLAGENDECKUNG	%	88,3	97,3	90,8	75,2
LIQUID. 2. GRAD.	%	34,6	116,2	102,4	104,3
II RENTABILITÄT					
CASH FLOW	DM	53042	94908,3	159819,7	316343,5
GES. KAP. RENT.	%	29,2	31,2	29,3	28,2
EIGENKAP. RENT.	%	3,7	67,5	71,6	77,9
UMSATZRENT.	%	0,8	4,9	6,7	7,9
III PRODUKT. KENNZ.					
ANZAHL BESCHÄFT.		3,5	6,1	11,2	23,8
UMS. J. DM PERS. K.		4,9	4,3	4,1	3,9
PERS. K. JE BESCH.		14990,8	18401,9	18573,1	18739,2
GESCH. RAUM QM		127,5	190,7	245,4	300,4
UMSATZ PRO QM		1976,8	2526,3	3445,8	5754,5

Wenn der Betrieb in dieser Umsatzklasse liegt, wird bei Betriebserweiterungen die nächste Klasse interessant!

* = Wert liegt außerhalb unserer Plausibilitätsprüfungen
\# = Ersatzwert wurde eingesetzt

Die Musterauswertungen enthalten keine echten Vergleichszahlen einen zwischenbetrieblichen Zeit- bzw. Soll-Ist-Vergleich ermöglicht.

MIDIAS wertet den Jahresabschluß eines Unternehmens aus und ermöglicht einen Vergleich der dabei gewonnenen Kennzahlen für einen Zeitraum bis zu zehn Jahren. Es kann unter anderem folgende Auswertungen liefern:

- Analyse der Ertragslage,
- Analyse der Finanzlage,
- Analyse der Bilanzstruktur,
- Wachstumsanalyse

Die Auswertungen können auf dem Bildschirm eines PC betrachtet oder auch ausgedruckt werden. Dabei werden die Auswertungsergebnisse in Form von

- Baumstrukturen,
- Zeitreihen,
- Graphiken

dargestellt, die dem Bilanzanalytiker ein anschauliches Bild von der wirtschaftlichen Situation eines Unternehmens vermitteln. Bei dem Vergleich kann man mit MIDIAS bis auf die einzelnen Konten zurückgehen, so daß sich tiefgehende Ursachenanalysen für bestimmte Entwicklungen durchführen lassen.

MIDIAS läßt sich auch in der Weise verwenden, daß man den inner- und zwischenbetrieblichen Vergleich entsprechend dem Bilanzanalyseschema bestimmter Banken durchführt. Die Analyseschemata sind mit MIDIAS für folgende Kreditinstitute erhältlich:

- Deutsche Bank,
- Dresdner Bank,
- Bayerische Vereinsbank,
- Genossenschaftsbanken (Volksbanken und Raiffeisenbanken)

Über MIDIAS kann sowohl der Steuerberater eines Unternehmens, der der DATEV angeschlossen ist, als auch das

Informationszentrum der DATEV in Nürnberg Auskunft geben.

- **Sonstige Betriebsvergleichsträger**

Jedes Unternehmen, auch wenn es einer ausgefallenen Branche angehört, sollte sich informieren, ob ein Betriebsvergleich existiert, an dem es sich beteiligen bzw. auf dessen Auswertungsergebnisse es zugreifen kann. Betriebsvergleichsträger, die für bestimmte Unternehmen in Frage kommen, sind unter anderem:

- Berufsverbände (z.B. Betriebsvergleiche für Makler, Handelsvertreter, Apotheken),
- Einkaufsverbände und Einkaufsgenossenschaften,
- die Deutsche Bundesbank,
- Erfahrungsaustauschgruppen,
- private Vergleichsträger, die für bestimmte Branchen Betriebsvergleiche organisieren,
- Innungen im Handwerksbereich.

Die **Auswertung** eines zwischenbetrieblichen Kennzahlenvergleichs (Betriebsvergleich) kann auf zweifache Art und Weise durchgeführt werden:

a) **Auswertung durch Gruppierung der Vergleichsbetriebe:**

Diese Auswertungsmethode stellt zweifelsohne den besten Weg des Kennzahlenvergleichs dar. Hierzu ist es notwendig, die Vergleichsbetriebe herauszufinden, für die materielle Vergleichbarkeit besteht, das heißt, die in etwa eine identische Betriebsstruktur aufweisen und für die die gleichen marktlichen Einflußfaktoren gegeben sind.

Damit diese Auswertungsmethode angewandt werden kann, müssen möglichst sämtliche Vergleichsbetriebe einzeln aufgelistet sein. So gibt zum Beispiel das Kölner Universitätsinstitut für seinen Einzelhandels- und Großhandelsbetriebsvergleich sogenannte Synoptische Tabellen heraus. Diese Tabellen weisen, nach Betriebsgrößenklassen getrennt, sämtliche Vergleichsbetriebe jeder Einzelhandelsbranche oder Großhandelsbranche aus. In einem Strukturteil werden betriebsstrukturelle und marktliche Faktoren jedes einzelnen Vergleichsbetriebes aufgelistet, zum Beispiel:

- Standort (nach 10 verschiedenen Standortkategorien),
- Sortimentsstruktur (Umsatzanteile nach Warengruppen in Prozenten),
- Eigentumsverhältnisse (Betriebe in eigenen und in gemieteten Räumen),
- Ortsgröße (nach Einwohnerzahlen),
- Region im Bundesgebiet.

Die Gruppenbildung wird in der Weise vorgenommen, daß die Betriebe mit ihren Vergleichszahlen nebeneinander gestellt werden, für die anhand des Strukturteils materielle Vergleichbarkeit nachgewiesen ist.

Sind die Vergleichsbetriebe, für die materielle Vergleichbarkeit besteht, herausgefunden, können sie in einer Arbeitstabelle (vgl. *Abb. 15*) eingetragen werden, die sämtliche zu vergleichenden Kennzahlen enthält.

b) Auswertung mit Hilfe von Branchendurchschnittswerten:

Diese zweite Auswertungsmethode wird in der Form durchgeführt, daß die Kennzahlen des Untersuchungsbetriebes den Branchendurchschnittswerten gegenübergestellt werden. Die meisten Betriebsvergleiche weisen die Branchendurchschnittswerte nach Betriebsgrößenklassen getrennt aus. Die Betriebsgrößenklassen werden in der Regel an dem Merkmal Zahl der Beschäftigten gebildet, zum Beispiel:

- bis 5 Beschäftigte,
- 5—20 Beschäftigte,
- 20—50 Beschäftigte,
- 50 Beschäftigte und mehr.

Nicht für alle zwischenbetrieblichen Vergleiche (Betriebsvergleiche) sind beide Auswertungsmethoden überhaupt durchführbar. So weisen beispielsweise die Betriebsvergleiche der Sparkassen und der DATEV nur Branchendurchschnittswerte aus. Eine Auflistung der Vergleichsbetriebe wird den einzelnen Unternehmen nicht zur Verfügung gestellt. Eine Auswertung im Wege der Gruppierung der Vergleichsbetriebe ist daher bei diesen Betriebsvergleichen von vornherein ausgeschlossen.

Ein praktisches *Beispiel* soll demonstrieren, wie die Auswertung eines zwischenbetrieblichen Vergleiches zweckmäßigerweise vorgenommen werden kann:

Ein Einzelhandelsunternehmen wertet einen Betriebsvergleich im Wege der Gruppierung der Vergleichsbetriebe aus.

1. Schritt: Das Einzelhandelsunternehmen greift aus den Betrieben, für die materielle Vergleichbarkeit besteht, das heißt, die in etwa eine identische Betriebsstruktur und gleiche Marktfaktoreneinflüsse aufweisen, einen Vergleichsbetrieb B heraus.

2. Schritt: Für diesen Vergleichsbetrieb vergleicht das Einzelhandelsunternehmen die Kennzahl:

$$\frac{\text{Gewinn}}{\text{Umsatz}} \times 100 = \underline{\underline{\text{Umsatzrendite}}}$$

Hat das Einzelhandelsunternehmen eine Umsatzrendite von 2,5 % aufzuweisen und der Vergleichsbetrieb B 5,0 %, ist dieser Vergleichsbetrieb für den Kennzahlenvergleich hervorragend geeignet. Der Vergleichsbetrieb B hat, obwohl er eine identische Betriebsstruktur und die gleichen marktlichen Einflußfaktoren aufweist, eine um 100 % höhere Umsatzrendite als der Untersuchungsbetrieb erzielt. Theoretisch müßten beide Betriebe in etwa die gleiche Umsatzrendite erzielen, da sie gleich strukturiert sind, das heißt eine identische Zielfunktion auf-

Abb. 15: **INSTITUT FÜR HANDELSFORSCHUNG AN DER UNIVERSITÄT ZU KÖLN**
BETRIEBSANALYSE DER FIRMA KENNNUMMER:../..... FÜR 19..

Lfd. Nr.		Vergleichspositionen	Ihr Branchen-durchschnitt	Ihr Größen-klassen-durchschnitt	Ihre Vergleichs-zahlen für 19..	Abweichung Spalte (3) von Spalte (2)	Abweichung Spalte (3) vom Vorjahr	KN Gebiet Ortsgröße Geschäftslage Strukturänd.	KN Gebiet Ortsgröße Geschäftslage Strukturänd.	KN Gebiet Ortsgröße Geschäftslage Strukturänd.	KN Gebiet Ortsgröße Geschäftslage Strukturänd.
			1	2	3	4	5	6	7	8	9
		Was wurde umgesetzt und verdient?									
1	Umsatz und Rentabilität	Absatz in DM									
2		Absatzveränderung in % des Vorjahres									
3		Betriebshandelsspanne in % des Absatzes									
4		− Gesamtkosten in % des Absatzes									
5		= Betriebswirtschaftliches Betriebsergebnis in % des Absatzes									
6		Betriebswirtschaftliches Betriebsergebnis in DM									
		Wie wird die Rentabilität durch die Handelsspanne beeinflußt?									
		In % des Absatzes:									
7	Erzielte Kalkulation	Summe der Einkaufsrechnungen (Einstandswert ohne Vorsteuer)									
8		+ Bezugskosten									
9		− Lieferantenskonti									
10		− Sonstige Preisnachlässe der Lieferanten									
11		= Beschaffung (Einstandswert ohne Vorsteuer)									
12		+ Lageranfangsbestand zu Bilanzwerten									
13		− Lagerendbestand zu Bilanzwerten									
14		= Wareneinsatz (Absatz zu Einstandswerten)									
15		+ Betriebshandelsspanne (Rohertrag ohne Mehrwertsteuer)									
16		+ Mehrwertsteuer-Inkasso (MWSt)									
17		= Absatz (Verkaufswert mit Mehrwertsteuer)									
18		Lageranfangsbestand zu Einstandspreisen in % des Absatzes									
19		Lagerendbestand zu Einstandspreisen in % des Absatzes									
20		Erzielter Handelsaufschlag (ohne MWSt) in % des Wareneinsatzes									
21		Erzielter Handelsaufschlag (mit MWSt) in % des Wareneinsatzes									
22		Bezugskosten in % des Einkaufswertes									
23		Lieferantenskonti in % des Einkaufswertes									
24		Sonstige Preisnachlässe der Lieferanten in % des Einkaufswertes									
25	Beschaffungsstruktur Bezugs-wege	Herstellerbezug in % der Beschaffung									
26		Gemeinschaftsbezug in % der Beschaffung									
27		Großhandelsbezug in % der Beschaffung									
28	Absatz-wege	Absatz an Privatverbraucher (Einzelhandelsabsatz) in % des Absatzes									
30		Absatz an gewerbliche Verwender in % des Absatzes									
31		Absatz an Wiederverkäufer in % des Absatzes									
32		Erlöse aus eigenen Werkstattleistungen in % des Absatzes									
33		Erlöse aus fremden Werkstattleistungen in % des Absatzes									

Sortiment / Einfluß der Absatz- und	
35	Warengruppe 1 in % des Absatzes ....
36	Warengruppe 2 in % des Absatzes ....
37	Warengruppe 3 in % des Absatzes ....
38	Warengruppe 4 in % des Absatzes ....
39	Warengruppe 5 in % des Absatzes ....
40	Warengruppe 6 in % des Absatzes ....
41	Warengruppe 7 in % des Absatzes ....
42	Warengruppe 8 in % des Absatzes ....
43	Warengruppe 9 in % des Absatzes ....
44	Warengruppe 10 in % des Absatzes ....
45	Warengruppe 11 in % des Absatzes ....
46	Warengruppe 12 in % des Absatzes ....
47	

Wie wird die Rentabilität durch Kosten und Leistungen beeinflußt?

Personal

48	Personalkosten (mit Unternehmerlohn) in % des Absatzes
49	Personalkosten (mit Unternehmerlohn) in % der Gesamtkosten
50	Monatliche Vergütung je beschäftigte Person in DM
51	Unternehmerlohn in % des Absatzes
52	Monatliche Vergütung je Unternehmer in DM
53	Personalkosten (ohne Unternehmerlohn) in % des Absatzes
54	Monatliche Vergütung je besch. Person (o. Unternehmer) in DM
55	Lehrlinge in % der Gesamtbeschäftigtenzahl
56	Werkstattpersonal in % der Gesamtbeschäftigtenzahl
57	Personalkosten der Werkstatt in % des Absatzes
58	Monatliche Vergütung je Werkstattperson in DM
59	Absatz je beschäftigte Person in DM
60	Gesamtzahl der beschäftigten Personen
61	Zahl der Einzelverkäufe (Kundenzahl) je beschäftigte Person
62	Absatz je Kunde in DM
63	Personalarbeitszeit je Kunde in Minuten
64	Personalkosten je Kunde in DM

Raum

65	Miete oder Mietwert in % des Absatzes
66	Miete oder Mietwert in % der Gesamtkosten
67	Monatsmiete je qm Geschäftsraum in DM
68	Absatz je qm Geschäftsraum in DM
69	Gesamtzahl der qm Geschäftsraumes
70	Verkaufsraum in % des Gesamtgeschäftsraumes
71	Kundenzahl je qm Geschäftsraum
72	Kundenzahl je qm Verkaufsraum
73	Miete je Kunde in DM
74	Zahl der qm Geschäftsraum je beschäftigte Person
75	Sachkosten für Geschäftsräume in % des Absatzes
76	Sachkosten für Geschäftsräume in % der Gesamtkosten
77	Sachkosten für Geschäftsräume je qm Geschäftsraum in DM

Lfd. Nr.		Vergleichspositionen	Ihr Branchendurchschnitt	Ihr Größenklassendurchschnitt	Ihre Vergleichszahlen für 19 ..	Abweichung Spalte (3) von Spalte (2)	Abweichung Spalte (3) vom Vorjahr	KN Gebiet Ortsgröße Geschäftslage Strukturänd.	KN Gebiet Ortsgröße Geschäftslage Strukturänd.	KN Gebiet Ortsgröße Geschäftslage Strukturänd.	KN Gebiet Ortsgröße Geschäftslage Strukturänd.
			1	2	3	4	5	6	7	8	9
78	Kapital	Zinsen insgesamt in % des Absatzes									
79		Zinsen insgesamt in % der Gesamtkosten									
80		Zinsen für Fremdkapital in % des Absatzes									
81		Zinsen für Eigenkapital in % des Absatzes									
82		Eigenkapital in % des Absatzes									
83	Waren-lager	Durchschnittlicher Lagerbestand 1) in % des Absatzes									
84		Durchschnittlicher Lagerbestand 1) je bzschl. Person in DM									
85		Durchschnittlicher Lagerbestand 1) je qm Geschäftsraum in DM									
86		Lagerumschlag									
87	Kundenkredit und sachliche Betriebsmittel	Kreditverkäufe insgesamt in % des Absatzes									
88		Bankmäßige Teilzahlungsverkäufe in % des Absatzes									
89		Sonstige Teilzahlungsverkäufe in % des Absatzes									
90		Alle übrigen Kreditverkäufe in % des Absatzes									
91		Außenstände in % des Absatzes									
92		Außenstände in % der Kreditverkäufe									
93		Abschreibungen insgesamt in % des Absatzes									
94		Abschreibungen insgesamt in % der Gesamtkosten									
95		Abschreibungen auf Kraftfahrzeuge in % des Absatzes									
96		Abschreibungen auf Inventar in % des Absatzes									
97		Abschreibungen auf Forderungen in % des Absatzes									
98		Abschreibungen auf Inventar je qm Geschäftsraum in DM									
99		Abschreibungen auf Forderungen in % der Außenstände									
100		Abschreibungen auf Forderungen je Kunde in DM									
101	Sonstige Kosten	Kraftfahrzeugkosten in % des Absatzes									
102		Kraftfahrzeugkosten in % der Gesamtkosten									
103		Kosten für Werbung in % des Absatzes									
104		Kosten für Werbung in % der Gesamtkosten									
105		Kosten für Werbung je Kunde in DM									
106											
107											
108		Gewerbesteuer in % des Absatzes									
109		Gewerbesteuer in % der Gesamtkosten									
110		Alle übrigen Kosten in % des Absatzes									
111		Alle übrigen Kosten in % der Gesamtkosten									
112		Gesamtkosten in % des Absatzes									
113		Gesamtkosten je Kunde in DM									

1) Bilanzwert;

Urheberrechtlich geschützt!

weisen. Offensichtlich hat der Vergleichsbetrieb jedoch wesentlich besser gewirtschaftet. Der Kennzahlenvergleich soll aufdecken, was der Vergleichsbetrieb B anders, d. h. besser gemacht hat, damit er eine doppelt so hohe Umsatzrendite (5,0%) erreichen konnte.

Umgekehrt, wenn der Untersuchungsbetrieb eine Umsatzrendite von 5,0% erreicht hätte und der Vergleichsbetrieb B nur 2,5%, würde man den Kennzahlenvergleich sofort abbrechen, da man ja von einem Betrieb mit identischer Zielfunktion, der wesentlich schlechter gewirtschaftet hat als der eigene Betrieb, nichts lernen kann. Hier würde man bestenfalls »Schlendrian« mit »Schlendrian« vergleichen.

3. Schritt: Im dritten Schritt wird der eigentliche Kennzahlenvergleich durchgeführt. Man vergleicht zum Beispiel

- den Rohgewinn,
- die Kostenarten,
- Leistungskennzahlen

der beiden Betriebe, um herauszufinden, worin die Leistungsunterschiede liegen.

Stellt man z.B. fest, daß die Personalaufwendungen bei dem Untersuchungsbetrieb um 2,5% des Umsatzes höher sind als bei dem Vergleichsbetrieb B, ist die Ursache für die unterschiedliche Umsatzrendite zwischen den beiden Betrieben schon geklärt.

Im einzelnen müssen sich an den zwischenbetrieblichen Kennzahlenvergleich folgende Phasen anschließen:

- **Diagnose der betrieblichen Schwachstellen:**
  (z.B. zu niedriger Rohgewinn; zu hohe Personalaufwendungen; zu geringe Personalproduktivität und dgl.)

- **Suche nach geeigneten Maßnahmen zur Beseitigung dieser Schwachstellen:**

  (z.B. Anhebung der Kalkulation bei bestimmten Produkten; Verbesserung der Personalproduktivität durch eine bessere Personaleinsatzplanung und dgl.)

- **Durchsetzung dieser Maßnahmen:**

  (z.B. Anweisung an die Außendienstmitarbeiter, die angehobenen, das heißt höher kalkulierten Preise bei den Kunden durchzusetzen; Versand neuer Preislisten an die Kunden; Aufstellung eines Personaleinsatzplanes usw.)

- **Kontrolle der durchgeführten Maßnahmen und ihrer Auswirkungen:**

  (z.B. durch einen inner- und zwischenbetrieblichen Kennzahlenvergleich der Kennzahlen Rohgewinn; Personalaufwendungen in v. H. des Umsatzes; Personalproduktivität, gemessen am Umsatz je beschäftigte Person)

3.4 Kennzahlensystem

Der einzelnen, isoliert für sich betrachteten Kennzahl kommt nur eine begrenzte Aussagefähigkeit zu. Eine isolierte Kennzahlenverwendung könnte leicht zu unternehmerischen Fehlschlüssen verleiten und damit die Kennzahlenrechnung ad absurdum führen.

Kennzahlen sollten grundsätzlich nur im Rahmen eines Kennzahlensystems Verwendung finden. Ein solches Kennzahlensystem umfaßt gegenseitig abhängige und einander ergänzende Kennzahlen.

Das folgende in der betrieblichen Praxis am häufigsten vorzufindende Kennzahlensystem hat als Ausgangs- und Mittelpunkt die Kennzahl »Return on Investment«, abgekürzt ROI. Der ROI wird in Form eines Produktes wie folgt geschrieben:

$$\text{ROI} = \frac{\text{Gewinn} \times 100}{\text{Umsatz}} \times \frac{\text{Umsatz}}{\text{Kapital}}$$

ROI = Umsatzrendite × Kapitalumschlag

Der ROI stellt sich demnach als Produkt mit den beiden Faktoren Umsatzrendite und Kapitalumschlag dar. Im Endergebnis zeigt der ROI an, wie sich das in dem Betrieb eingesetzte Kapital verzinst hat. Wird das Gesamtkapital (Eigen- und Fremdkapital) betrachtet, erhält man die Gesamtkapitalverzinsung, wird nur das Eigenkapital zugrunde gelegt, erhält man die Eigenkapitalverzinsung.

Beispiel: Ein Einzelunternehmen weist in seinem Jahresabschluß folgende Zahlen aus:

Umsatz	DM 6.000.000,—
Gesamtkapital (Eigen- und Fremdkapital)	DM 1.500.000,—
Gewinn vor Steuern	DM 190.000,—
Kalkulatorischer Unternehmerlohn	DM 60.000,—
Fremdkapitalzinsen	DM 20.000,—

Für dieses Einzelunternehmen errechnet sich der ROI wie folgt:

$$\text{ROI} = \frac{\text{DM } 150.000 \times 100}{\text{DM } 6.000.000} \times \frac{\text{DM } 6.000.000}{\text{DM } 1.500.000}$$

ROI = Umsatzrendite × Kapitalumschlag

ROI = 2,5 % × 4 = 10 %

Branchendurchschnitt 5,0 % 3,2

Die Zählergröße des ersten Faktors des Produkts ROI, die sogenannte **Umsatzrendite,** ist DM 150.000,—; dies entspricht dem kalkulatorischen Gewinn zuzüglich Fremdkapitalzinsen:

Gewinn vor Steuern	DM 190.000,—
Kalkulatorischer Unternehmerlohn	− DM 60.000,—
Fremdkapitalzinsen	+ DM 20.000,—
Kalkulatorischer Gewinn zzgl. Fremdkapitalzinsen	= DM 150.000,—

Der Gewinn vor Steuern muß um die nichtentlohnte Tätigkeit des Inhabers des Einzelunternehmens in Form eines kalkulatorischen Unternehmerlohns vermindert werden, so daß man den kalkulatorischen Gewinn als Differenz erhält (DM 190.000,— − DM 60.000,— = DM 130.000,—).

Der Gewinn vor Steuern wurde durch die Fremdkapitalzinsen zu Recht vermindert. Aus diesem Grunde müssen diese Fremdkapitalzinsen (= DM 20.000,—) dem kalkulatorischen Gewinn (= 130.000,—) wieder hinzuaddiert werden, da der ROI auf der Basis des Gesamtkapitals, also des Eigen- und Fremdkapitals, ermittelt werden soll. Die Fremdkapitalzinsen in Höhe von DM 20.000,— haben zwar den Gewinn vermindert, mußten jedoch von dem Unternehmen ebenfalls erwirtschaftet werden. Die Fremdkapitalzinsen sind dem Gläubiger, das heißt der Hausbank zugeflossen. Der ROI für das Gesamtkapital kann daher nur zutreffend ermittelt werden, wenn der kalkulatorische Gewinn (= DM 130.000,—) um die Fremdkapitalzinsen (= DM 20.000,—) erhöht wird.

Insgesamt wurde von dem Unternehmen ein ROI in Höhe von 10% erzielt, das heißt das Gesamtkapital (= Eigen- und Fremdkapital) wurde mit 10% verzinst. Dieses Ergebnis von 10% ergibt sich, wenn man den ROI als Produkt ausmultipliziert.

Die Besonderheit bei der Ermittlung des ROI liegt aber darin, daß man die Darstellung in Form eines Produktes mit zwei Faktoren wählt. Der Bilanzanalytiker bekommt auf diese Art und Weise einen Einblick in die Quellen des Erfolgs eines Unternehmens.

Wird das Produkt ROI sofort ausmultipliziert, läßt sich in dem vorstehenden Beispiel nur feststellen, daß eine insgesamt unzureichende Gesamtkapitalverzinsung von nur 10% erreicht wurde. Man kann aber nicht sagen, worauf diese insgesamt ungünstige Gesamtkapitalverzinsung zurückzuführen ist.

Betrachtet man den ROI als Produkt mit zwei Gliedern, sieht man in dem Beispiel, daß die unzureichende Gesamtkapitalverzinsung auf die unbefriedigende Umsatzrendite von 2,5% zurückzuführen ist, die angenommen um 50% niedriger ist als der Branchendurchschnittswert, während der Kapitalumschlag mit viermal über Durchschnitt liegen soll.

Der Bilanzanalytiker erkennt, daß die insgesamt unzureichende Gesamtkapitalverzinsung ihre Ursache in der ungünstigen Kosten- und Ertragsstruktur hat, während der Kapitalumschlag überdurchschnittlich hoch ist.

Der Bilanzanalytiker wird sich aufgrund dieser Erkenntnis bei der kennzahlenmäßigen Durchleuchtung des Betriebes und der Betriebsvorgänge auf die Ertrags- und Kostenstruktur konzentrieren, da diese die Ursache für die unzureichende Kapitalverzinsung bildet.

Hätte sich demgegenüber in dem vorstehenden Beispiel der ROI wie folgt errechnet:

ROI = Umsatzrendite × Kapitalumschlag
ROI =   5%   ×   2
ROI =   10%,

wäre die Gesamtkapitalverzinsung auch in diesem Falle unzureichend gewesen. Die Ursache hierfür wäre jedoch jetzt nicht mehr die Umsatzrendite, die als durchschnittlich angenommen werden kann, sondern der völlig unzureichende Kapitalumschlag, der mit zweimal weit unter Branchendurchschnitt liegen soll.

Der Bilanzanalytiker würde sich in diesem Fall bei der kennzahlenmäßigen Durchleuchtung des Betriebes und der Be-

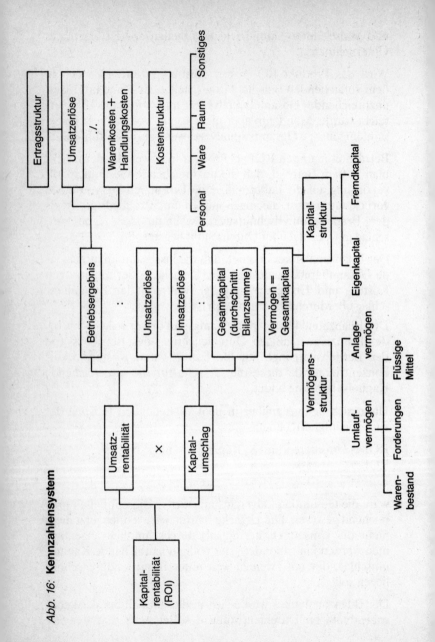

Abb. 16: **Kennzahlensystem**

triebsvorgänge auf die Vermögens- und Kapitalstruktur des Unternehmens konzentrieren.

Der Bilanzanalytiker sieht also auf einen Blick, ob die Umsatzrendite oder der Kapitalumschlag oder beide für eine ungenügende Gesamtkapitalverzinsung verantwortlich zu machen sind.

Wie bereits ausgeführt, ist der ROI Dreh- und Angelpunkt eines Kennzahlensystems, das den Abriß eines Unternehmens darstellt. *Abb. 16* enthält dieses Kennzahlensystem.

Bei dem Faktor **Umsatzrendite** ist festzuhalten, daß dieser in der Regel wie folgt errechnet wird:

$$\frac{(\text{Gewinn} + \text{Fremdkapitalzinsen}) \times 100}{\text{Umsatz}} = \underline{\text{Umsatzrendite}}$$

Der Führungsspitze eines Unternehmens kommt es im allgemeinen darauf an, zu wissen, was insgesamt mit dem eingesetzten Eigen- und Fremdkapital für eine Verzinsung erreicht wurde, und nicht so sehr, wie sich das eingesetzte Eigenkapital verzinst hat, so daß im Zähler der Kennzahl Umsatzrendite dem Gewinn meistens die Fremdkapitalzinsen hinzuaddiert werden.

Bei dem Faktor **Kapitalumschlag:**

$$\frac{\text{Umsatz}}{\text{Kapital}} = \underline{\text{Kapitalumschlag}}$$

wird in der Regel das Gesamtkapital, also das Eigen- und Fremdkapital, zugrunde gelegt, da dies notwendig ist, um die Gesamtkapitalverzinsung ermitteln zu können.

Im Rahmen der Bilanzanalyse gilt stets die Bilanzgleichung:

$$\text{Gesamtvermögen} = \text{Gesamtkapital}$$

oder:

$$\text{Aktiva} = \text{Passiva}$$

Es ist daher grundsätzlich möglich, statt der Kennzahl Kapitalumschlag auch die Kennzahl Vermögensumschlag zu nehmen, die sich wie folgt errechnet:

$$\frac{\text{Umsatz}}{\text{Gesamtvermögen}} = \underline{\text{Gesamtvermögensumschlag}}$$

Dies bedeutet, daß bei der kennzahlenmäßigen Durchleuchtung sowohl die Aktivseite der Bilanz (= Vermögensstruktur) als auch die Passivseite der Bilanz (= Kapitalstruktur) analysiert wird.

Für Kapitalgesellschaften sollte die Kennzahl ROI auf zweifache Art und Weise errechnet werden:

ROI_{GK} = ROI für das Gesamtkapital,
ROI_{EK} = ROI für das Eigenkapital.

Ist die Kapitalgesellschaft, z.B. eine GmbH, ein produzierendes Unternehmen, sollte als Nennergröße nicht der Umsatz Verwendung finden, sondern die Gesamtleistung, die sich aus dem Gliederungsschema der Gewinn- und Verlustrechnung nach dem Gesamtkostenverfahren wie folgt errechnet:

$$\begin{array}{rl} & \text{Umsatzerlöse} \\ \pm & \text{Bestandsveränderungen} \\ + & \text{Andere aktivierte Eigenleistungen} \\ \hline = & \text{Gesamtleistung} \end{array}$$

Als Ausgangsgröße im Zähler wird nicht der Gewinn vor Steuern genommen, sondern der Jahresüberschuß. Bei dem Jahresüberschuß, der die letzte Position (Nr. 20) im G-u.-V-Schema nach dem Gesamtkostenverfahren darstellt, sind die Steuern bereits abgesetzt.

Danach errechnen sich als ROI die beiden folgenden Kennzahlen:

$$ROI_{GK} = \frac{(\text{Jahresüberschuß} + \text{Fremdkapitalzinsen}) \times 100}{\text{Gesamtleistung}} \times$$

$$\times \frac{\text{Gesamtleistung}}{(\text{Eigenkapital} + \text{Fremdkapital})}$$

$$\text{ROI}_{EK} = \frac{\text{Jahresüberschuß} \times 100}{\text{Gesamtleistung}} \times \frac{\text{Gesamtleistung}}{\text{Eigenkapital}}$$

Unternehmensberater, die die Ertragsentwicklung eines Unternehmens zu beurteilen haben, errechnen diese beiden ROI-Kennzahlen für den größtmöglichen Vergangenheitszeitraum. Sie werten sämtliche Jahresabschlüsse aus, die ihnen von der Kapitalgesellschaft für die vergangenen Jahre zur Verfügung gestellt werden. Auf diese Art und Weise lassen sich Entwicklungslinien in der Ertragssituation des Unternehmens erkennen und verdeutlichen. Jedes Unternehmen sollte in der gleichen Weise wie die Unternehmensberater vorgehen und für den Vergangenheitszeitraum Jahr für Jahr die ROI-Kennzahlen errechnen. Das Unternehmen kann so unter Umständen Aussagen über die Ertragssituation nicht nur für die Gegenwart, sondern auch für die Zukunft machen.

Für jedes Unternehmen stellt der ROI die wichtigste Führungszahl dar, mit der der Einstieg in die Bilanzanalyse beginnt. Es ist nur logisch und zwingend, daß diese Führungszahl wirtschaftlich richtig ermittelt werden muß. Hierzu ist es unerläßlich, stille Reserven, soweit sie bekannt sind, aufzulösen.

Beispiel: Ein Unternehmen hat Rohstoffe aus dem Ausland bezogen, für die ein sogenannter Importwarenabschlag gemäß § 80 EStDV in Anspruch genommen wurde. Ein solcher Importwarenabschlag ermöglicht es dem Unternehmen, die Anschaffungskosten der Rohstoffe um 10% zu kürzen, auch wenn eine solche Kürzung durch die Preisentwicklung (z.B. steigende Rohstoffpreise) in keiner Weise gerechtfertigt ist. Auf diese Art und Weise entstehen legal stille Reserven. Angenommen, es sind am Bilanzstichtag des Geschäftsjahres 01 DM 500.000,— Bestände an Rohstoffen vorhanden, für die ein Importwarenabschlag in Höhe von 10% in Anspruch genommen wurde, ergeben sich danach folgende stille Reserven:

Stille Reserven (10% der Anschaffungskosten)	DM 50.000,—
Körperschaftsteuer (50%)	— DM 25.000,—
Gewerbeertragsteuer (ca. 15%)	— DM 7.500,—
Stille Reserven nach Abzug der Ertragssteuern	= DM 17.500,—

Die Zählergröße »Jahresüberschuß« im ersten Faktor des ROI ist um diese stillen Reserven abzüglich Ertragsteuern zu erhöhen.

Zugleich ist in der Nennergröße bei dem zweiten Faktor »Kapitalumschlag« das Eigenkapital um DM 17.500,— zu erhöhen, da eine Erhöhung des Jahresüberschusses, der nicht ausgeschüttet wird, gleichbedeutend ist mit einer Vermehrung des Eigenkapitals des Unternehmens. DM 32.500,— erhöhen das Fremdkapital, da diese Ertragsteuern zu einer Steuerschuld gegenüber dem Finanzamt führen.

Aus diesem Beispiel wird klar, daß im Rahmen der internen oder externen Bilanzanalyse grundsätzlich alle erkennbaren stillen Reserven aufzulösen sind, um den wirtschaftlich zutreffenden Return on Investment errechnen zu können.

Im Rahmen der internen Bilanzanalyse ist die Auflösung dieser stillen Reserven unproblematisch, da das Unternehmen genau weiß, an welcher Stelle und in welchem Umfang es stille Reserven gebildet hat.

Schwieriger ist es bei der externen Bilanzanalyse zu erkennen, ob überhaupt, und gegebenenfalls in welchem Umfang, stille Reserven gelegt worden sind. Hier sollte vor allem der Anhang einer Kapitalgesellschaft als Informationsquelle genutzt werden, aus der der geübte Bilanzanalytiker unter Umständen erkennen kann, an welcher Stelle stille Reserven gebildet wurden.

Es ist noch festzuhalten, daß ein Kennzahlensystem, das als Dreh- und Angelpunkt die Kennzahl ROI hat, über den Jahresüberschuß hinausreichen kann. So kann z.B. das Kennzahlensystem auch die Deckungsbeitragsrechnung eines Unternehmens umfassen. Es werden dann Ertragskennzahlen nicht nur auf der Basis des Gesamtumsatzes des Unternehmens gebildet, sondern zum Beispiel aufgefächert nach Produkten und Produktgruppen Deckungsbeiträge ausgewiesen und dgl.

Ausgehend von der Kennzahl ROI werden im Rahmen des dargestellten Kennzahlensystems folgende Informationsbereiche auf der Grundlage der Jahresabschlüsse analysiert:

- Aufwands- und Ertragsstruktur,
- Vermögensstruktur,
- Kapitalstruktur,
- Finanzstruktur.

4. Analyse der Aufwands- und Ertragsstruktur

In einer freien Marktwirtschaft werden Unternehmen betrieben, um Gewinne zu machen. Der Gewinn eines Geschäftsjahres ergibt sich als Überschuß der Erträge über die Aufwendungen. Sind die Aufwendungen höher als die Erträge, entsteht ein Verlust. Gewinn oder Verlust sind Ausdruck des Erfolgs eines Unternehmens und werden im Rahmen des Jahresabschlusses in der Gewinn- und Verlustrechnung als Jahresüberschuß oder Jahresfehlbetrag ausgewiesen.

Damit bildet die Gewinn- und Verlustrechnung den Hauptgegenstand für die Erfolgsanalyse als Teilgebiet der Bilanzanalyse. Die Erfolgsanalyse soll einen zuverlässigen Einblick in die Ertragssituation eines Unternehmens vermitteln. Dabei geht es nicht nur um den Jahreserfolg eines Unternehmens in der Vergangenheit und Gegenwart, sondern die Erfolgsanalyse soll auch zukunftsorientiert ausgerichtet sein. Sie soll ein Bild über die **Ertragskraft** eines Unternehmens vermitteln. Mit Ertragskraft sind die nachhaltig, das heißt in der überschaubaren Zukunft, zu erwartenden Gewinne eines Unternehmens gemeint.

Die nachhaltige Ertragskraft eines Unternehmens ist nahezu für sämtliche Bilanzleser bzw. -analytiker von großer Bedeutung. Die Gesellschafter, die Mitarbeiter, die Konkurrenten, die Kunden und Lieferanten, die Banken usw. orientieren sich bei ihren Entscheidungen häufig an der Ertragskraft, die ein Unternehmen aufweist.

Zur Beurteilung der Ertragssituation (Diagnose des Erfolgs) und der nachhaltigen Ertragskraft (Prognose des Erfolgs) eines Unternehmens werden im Rahmen der Bilanzanalyse vor allem die folgenden Teilbereiche untersucht:

- Umsatzerfolg,
- Rohertrag,
- Aufwandsstrukturen,
- Rentabilität.

4.1 Umsatzerfolg

Der Erfolg der betrieblichen Tätigkeit einer Unternehmung drückt sich als erstes im erzielten Umsatz aus. Die erreichten Umsatzerlöse sind das Ergebnis der Kombination der Betriebsfaktoren

- menschliche Arbeitskraft,
- Werkstoffe und
- Betriebsmittel,

wobei es nicht möglich ist zu sagen, wieviel des Umsatzes in DM bzw. in Prozent auf den Einsatz des Betriebsfaktors Personal oder des Betriebsfaktors Werkstoffe oder des Betriebsfaktors Betriebsmittel zurückzuführen ist. Erst durch eine optimale Kombination der vorstehend aufgeführten Betriebsfaktoren stellt sich der Umsatzerfolg ein.

Zur Messung des Umsatzerfolgs wird vor allem der **Umsatzindex** verwendet:

$$\frac{\text{Umsatzerlöse 02}}{\text{Umsatzerlöse 01}} \times 100 = \underline{\underline{\text{Umsatzindex}}}$$

Der Umsatzindex zeigt, ob in einem Unternehmen in dem Geschäftsjahr 02 gegenüber dem Vorjahr 01 ein Umsatzwachstum, ein Gleichstand oder eine Umsatzschrumpfung zu verzeichnen sind. Der Umsatzindex kann sowohl nominal als auch real ermittelt werden. Will man die reale Umsatzveränderung feststellen, muß vorweg eine Preisbereinigung, das heißt eine Ausschaltung der Inflationsrate vorgenommen werden.

Im Rahmen der externen Bilanzanalyse läßt sich der Umsatzindex in der Regel nur für den Gesamtumsatz eines Betriebes ermitteln.

Der interne Bilanzanalytiker kann darüber hinaus Umsatzindizes getrennt nach

- Verkaufsbezirken,
- Produkten, Produktgruppen,
- Kunden, Kundengruppen,
- Filialen

und dgl.

bilden. Eine Aufspaltung des Umsatzindexes als Globalkennzahl in Teilkennzahlen bringt dem internen Bilanzanalytiker ein Mehr an Informationen, das ihm betriebliche Entscheidungen erleichtern kann.

Beispiel: Ist der Umsatz eines Unternehmens im Vergleich zum Vorjahr um 10 % abgesunken, weiß der Bilanzanalytiker nicht, welche einzelnen Bereiche für diesen Umsatzrückgang verantwortlich zu machen sind. Erst die Bildung von Teilkennzahlen gibt ihm unter Umständen ein klares Bild. Er sieht jetzt, daß die Umsatzeinbrüche vor allem ganz bestimmte Produkte oder Kundengruppen betreffen.

Der externe Bilanzanalytiker wird bei der Umsatzerfolgsanalyse vor allem versuchen, auf Vergleichswerte zurückzugreifen. Ein Umsatzrückgang eines Unternehmens um 10 % ist selbstverständlich anders zu beurteilen, wenn innerhalb der Branche, in der das Unternehmen angesiedelt ist, ein Umsatzrückgang von 12 % zu verzeichnen wäre. Weist hingegen die

Branche im Durchschnitt eine Umsatzsteigerung von 8 % aus, ist der Umsatzrückgang von 10 % bei dem Unternehmen als fast dramatisch zu bezeichnen.

Für Produktionsunternehmen ist die zentrale Ergebnisgröße nicht der Umsatz, sondern die **Gesamtleistung**. Diese ergibt sich, wie bereits ausgeführt, aus der Gewinn- und Verlustrechnung nach dem Gesamtkostenverfahren wie folgt:

```
  Umsatzerlöse
± Bestandsveränderungen
+ Andere aktivierte Eigenleistungen
(+ Sonstige betriebliche Erträge)
────────────────────────────────
= Gesamtleistung
```

Es wurde bereits darauf hingewiesen, daß die Gesamtleistung im Gliederungsschema der Gewinn- und Verlustrechnung nicht als Zwischengröße ausgewiesen wird, sondern von dem Bilanzanalytiker selbst errechnet werden muß.

Die Gesamtleistung als Zwischengröße soll ausdrücken, welche Betriebsleistungen am Markt im Geschäftsjahr abgesetzt werden konnten, was und wieviel auf Lager produziert wurde und sich in einer Bestandserhöhung bzw. Bestandsverminderung niederschlägt und schließlich, was von dem Unternehmen an Anlagegütern selbst erstellt wurde (z.B. selbsterstellte Werkzeuge, selbsterstellte Anlagen und dgl.). Die Gesamtleistung drückt demnach nicht nur das Umsatzergebnis (Umsatzerlöse) aus, sondern gibt ein Bild über die gesamte betriebliche Tätigkeit im abgelaufenen Geschäftsjahr, in dem auch die betrieblichen Leistungen, die auf Lager genommen wurden, ausgewiesen werden.

Die Sonstigen betrieblichen Erträge gehören systematisch nicht zur Gesamtleistung eines Unternehmens. Sie umfassen Erträge, die in der Regel nicht aus dem eigentlichen Betriebszweck resultieren. Wird zum Beispiel ein Anlagegut (PKW), das mit DM 1.000,— zu Buche stand, für DM 5.000,— veräußert, entsteht ein Veräußerungsgewinn in Höhe von DM 4.000,—, der als Sonstiger betrieblicher Ertrag erfaßt werden muß. Das Unternehmen ist jedoch ein Produktionsunternehmen, das bestimmte Produkte herstellt und vermarktet. Es handelt hingegen nicht mit PKWs, also resultiert der Sonstige betriebliche Ertrag nicht aus dem eigentlichen Betriebszweck. Der Bilanzanalytiker sollte daher, wenn ihm die Sonstigen betrieblichen Erträge bekannt sind, diese auf keinen Fall in der Gesamtleistung mit erfassen.

Ein Problem ergibt sich jedoch im Rahmen der externen Bilanzanalyse. Die mittelgroßen Kapitalgesellschaften sind nämlich berechtigt, die ersten fünf Positionen im Gliederungsschema der Gewinn- und Verlustrechnung nach dem Gesamtkostenverfahren in einer Position »**Rohergebnis**« zusammenzufassen.

$\quad$ Umsatzerlöse
$\pm\;$ Bestandsveränderungen
$+\;$ Andere aktivierte Eigenleistungen
$+\;$ Sonstige betriebliche Erträge
$-\;$ Materialaufwand (a) und (b)
─────────────────────────────
$=\;$ Rohergebnis

Für den Bilanzanalytiker stellt das so ermittelte Rohergebnis im veröffentlichten Jahresabschluß einer mittelgroßen Kapitalgesellschaft die erste G-und-V-Position dar. Es ist ihm daher in der Regel nicht möglich festzustellen, mit welchem Umfang die Sonstigen betrieblichen Erträge in dieser Position Rohergebnis enthalten sind. Damit wird es dem externen Bilanzanalytiker ziemlich schwer gemacht, die Gesamtleistung eines solchen Unternehmens zu ermitteln. Man kann sich im Rahmen der externen Bilanzanalyse näherungsweise mit folgender Kennzahlenrechnung behelfen:

$$\frac{\text{Rohergebnis in DM}}{\text{Rohergebnis in \% der Gesamtleistung}} \times 100 = \frac{\text{Gesamtleistung}}{\text{(Produktions-}}$$
(z.B. Branchendurchschnittswert) $\quad\quad$ unternehmen)

Die Zählergröße Rohergebnis in DM ist unmittelbar dem offengelegten Jahresabschluß (Gewinn- und Verlustrechnung) einer mittelgroßen Kapitalgesellschaft zu entnehmen. Die

Nennergröße Rohergebnis in % der Gesamtleistung kann in vielen Fällen zwischenbetrieblichen Vergleichen als Branchendurchschnittswerte (eventuell nach Betriebsgrößenklassen getrennt) entnommen werden. Auf diese Art und Weise läßt sich relativ problemlos auf die Gesamtleistung des zu analysierenden Unternehmens (mittelgroße Kapitalgesellschaft) hochrechnen.

Dabei muß allerdings in Kauf genommen werden, daß die Zwischengröße Gesamtleistung durch die Sonstigen betrieblichen Erträge, die mit dem eigentlichen Betriebszweck nichts zu tun haben, verfälscht wurde. Das Rohergebnis in DM kann um die Sonstigen betrieblichen Erträge nicht bereinigt werden, da sie dem externen Bilanzanalytiker nicht bekannt sind. Die Zwischengröße Gesamtleistung ist daher im Rahmen der externen Bilanzanalyse unter Umständen mit Fehlern behaftet. Dies muß jedoch hingenommen werden. Für den Bilanzanalytiker gibt es nur die Wahl, auf die Ermittlung der Zwischengröße Gesamtleistung ganz zu verzichten, oder in der vorstehend dargestellten Art und Weise eine Hochrechnung durchzuführen, die unter Umständen nicht exakt der tatsächlichen Zwischengröße Gesamtleistung entspricht.

Bei Handelsunternehmen ist die Zwischengröße Gesamtleistung ohne Aussagewert, da die betriebliche Tätigkeit dieser Unternehmen darin besteht, Handelswaren einzukaufen und substanziell unverändert an ihre Kunden weiterzuveräußern. Es wird nichts auf Lager produziert. Dementsprechend interessiert hier nur die Position Umsatzerlöse. Allerdings können auch mittelgroße Kapitalgesellschaften als Handelsunternehmen von der Möglichkeit Gebrauch machen, in ihrer Gewinn- und Verlustrechnung nur das Rohergebnis als Ausgangsgröße zu veröffentlichen, das heißt auf den Ausweis der Umsatzerlöse zu verzichten. In diesem Fall ist selbstverständlich auch bei Handelsbetrieben das Rohergebnis um die Position Sonstige betriebliche Erträge verfälscht. Die Hochrechnung auf die Umsatzerlöse eines solchen Handelsunternehmens (mittelgroße Kapitalgesellschaft) vollzieht sich wie bei einem Produktionsunternehmen nach folgender Formel:

$$\frac{\text{Rohergebnis in DM}}{\substack{\text{Rohergebnis in \% des Umsatzes} \\ \text{(z.B. Branchendurchschnittswert)}}} \times 100 = \underline{\text{Umsatzerlöse}}$$

(Handelsunternehmen)

Das Rohergebnis in % des Umsatzes bei Handelsunternehmen entspricht nach der Terminologie des zwischenbetrieblichen Vergleichs der sogenannten Betriebshandelsspanne. Dieser Kennzahlenwert kann für die Hochrechnung, z.B. nach Betriebsgrößenklassen getrennt, dem Betriebsvergleich des Instituts für Handelsforschung sowohl für den Einzelhandel als auch für den Großhandel entnommen werden.

Es wurde bereits darauf hingewiesen, daß der Umsatz als Ergebnisgröße nicht einem einzelnen Betriebsfaktor allein zugerechnet werden kann. Der Umsatz ist immer das Ergebnis einer Faktorenkombination, das heißt des kombinierten Einsatzes der Betriebsfaktoren Personal, Betriebsmittel und Werkstoffe. Trotz dieser Einschränkung ist es sinnvoll und notwendig, Produktivitätskennzahlen zu bilden, bei denen der Umsatz bzw. die Gesamtleistung auf den Faktor menschliche Arbeitskraft bezogen wird:

$$\frac{\text{Umsatz}}{\text{Zahl der Beschäftigten}} = \underline{\text{Umsatz je beschäftigte Person}}$$

$$\frac{\text{Gesamtleistung}}{\text{Zahl der Beschäftigten}} = \text{Gesamtleistung je beschäftigte Person}$$

Bei dieser Produktivitätskennzahl wird der Umsatz bzw. die Gesamtleistung als wertmäßige Ergebnisgröße (in DM) mit der mengenmäßigen Einsatzgröße Zahl der Beschäftigten in Beziehung gebracht. Man tut so, als wären der Umsatz bzw. die Gesamtleistung allein durch die Mitarbeiter im Unternehmen erwirtschaftet worden.

Diesen beiden Produktivitätskennzahlen kommt für eine Umsatzerfolgsanalyse eine erhebliche Bedeutung zu. Dabei werden im Produktionsbetrieb beide Produktivitätskennzahlen nebeneinander gebildet und eingesetzt. Es ist selbstverständlich auch für einen Herstellerbetrieb informativ zu wissen, welche Umsatzleistung pro Mitarbeiter erbracht wird.

Der Begriff Umsatzerlöse ist in § 277 Abs. 1 HGB definiert: »Als Umsatzerlöse sind die Erlöse aus dem Verkauf von Erzeugnissen einer Kapitalgesellschaft nach Abzug von Erlösschmälerungen (Kundenrabatte, Kundenskonti) und der Umsatzsteuer auszuweisen.« Im Zähler der Produktivitätskennzahl Umsatz je beschäftigte Person erscheint demnach ein Betrag, der von allen vergleichbaren Unternehmen in gleicher Weise erfaßt und berechnet wird. Jedes Produktionsunternehmen kann sich daher in bezug auf diese Produktivitätskennzahl mit anderen Unternehmen vergleichen.

Die Gesamtleistung hingegen stellt eine Zwischengröße dar, bei der den Umsatzerlösen zum Beispiel die Bestandserhöhungen zu Herstellungskosten hinzuaddiert werden müssen. Die Bewertung der Bestandserhöhungen zu Herstellungskosten wird jedoch in vielen Unternehmen völlig unterschiedlich gehandhabt. Bestimmte Unternehmen bewerten die Herstellungskosten zu Vollkosten, andere zu Teilkosten, und wieder andere unter Umständen nur zu den Grenzherstellungskosten. Damit wird jedoch die Produktivitätskennzahl Gesamtleistung je beschäftigte Person in vielen Fällen nicht mehr vergleichbar, so daß ein externer Bilanzvergleich unter Umständen erheblich erschwert, wenn nicht gänzlich unmöglich gemacht wird.

Für Handelsunternehmen macht nur die Produktivitätskennzahl Umsatz je beschäftigte Person Sinn, da, wie bereits ausgeführt, der Handel nicht auf Lager produziert und dementsprechend auch die Zwischengröße Gesamtleistung überhaupt nicht ermittelt wird.

Im Handelsbetrieb wird als Maßstab zur Beurteilung des Umsatzerfolges eines Unternehmens vor allem die Kennzahl »Umsatz je Quadratmeter Verkaufsfläche/Geschäftsfläche« gebildet:

$$\frac{\text{Umsatz}}{\text{Zahl der qm Verkaufs-/Geschäftsfläche}} = \underline{\text{Umsatz je qm Verkaufs-/Geschäftsfläche}}$$

Diese Kennzahl drückt die Raumproduktivität eines Einzelhandelsunternehmens aus. Der Faktor Betriebsraum ist für einen Einzelhandelsbetrieb der zentrale Einsatzfaktor, da dieser über die Miet- und Raumkosten einen entscheidenden Kostenfaktor darstellt. Jedes Einzelhandelsunternehmen muß alles daran setzen, um diesen knappen und teuren Einsatzfaktor Betriebsraum so ergiebig wie irgend möglich einzusetzen. Aus diesem Grunde wird die Kennzahl Umsatz je Quadratmeter Verkaufs- bzw. Geschäftsfläche permanent verfolgt und verglichen, um eventuelle Minderleistungen in der Raumproduktivität sofort aufzuspüren.

Wie amerikanische und deutsche empirische Untersuchungen zeigen, ist jedoch die Kennzahl Umsatz je Quadratmeter Verkaufs- bzw. Geschäftsfläche zugleich der relativ beste Maßstab, um die Gesamtleistung eines Einzelhandelsunternehmens auszudrücken. Es hat sich nämlich herausgestellt, daß Einzelhandelsunternehmen, die eine überdurchschnittlich hohe Raumleistung, gemessen am Umsatz je Quadratmeter Verkaufs- bzw. Geschäftsfläche erzielen, zugleich auch eine überdurchschnittliche Personalproduktivität, gemessen am Umsatz je beschäftigte Person, eine überdurchschnittliche Lagerumschlagsgeschwindigkeit und eine überdurchschnittliche Rentabilität aufweisen.

Im Großhandelsbetrieb wird die Raumproduktivität mit Hilfe der Kennzahl Umsatz je Quadratmeter Lagerfläche gemessen. Hierbei ist besonders darauf zu achten, daß bei den modernen Hochregallagern durch Stapeln in Regionen oberhalb der Griffhöhe die Raumproduktivität erheblich gesteigert werden kann.

Die externe Bilanzanalyse schließt bei der Umsatzanalyse bestimmter Kapitalgesellschaften unter Umständen auch die folgende Gliederungszahl ein:

$$\frac{\text{Exportumsatz}}{\text{Gesamtumsatz}} \times 100 = \underline{\text{Exportanteil des Umsatzes}}$$

Der Exportumsatz läßt sich dabei im Rahmen der externen Bilanzanalyse unter Umständen dem Anhang entnehmen.

§ 285 Nr. 4 HGB schreibt nämlich eine Aufgliederung der Umsatzerlöse nach geographisch bestimmten Märkten vor.

Dem Lagebericht lassen sich unter Umständen die Aufwendungen für Forschung und Entwicklung entnehmen, wodurch folgende Kennzahl gebildet werden kann:

$$\frac{\text{Forschungs- und Entwicklungsaufwendungen (F u. E)}}{\text{Umsatz bzw. Gesamtleistung}} \times 100 = \underline{\text{Forschungs- und Entwicklungsquote (in \%)}}$$

Eine solche Kennzahl ist für viele Unternehmen im Rahmen der Konkurrenzanalyse von hohem Informationswert, da man erkennen kann, ob das Unternehmen im Vergleich zu den Mitbewerbern in der Innovation besser oder schlechter abschneidet.

4.2 Rohertrag

Der Rohertrag errechnet sich bei einem Produktionsbetrieb wie folgt:

```
  Gesamtleistung
− Materialaufwand
= Rohertrag
```

Der Rohertrag wird in der Regel in % der Gesamtleistung ausgedrückt. Man spricht dann von der Rohertragsquote.

$$\frac{\text{Rohertrag in DM}}{\text{Gesamtleistung}} \times 100 = \underline{\text{Rohertragsquote (in \%)}}$$

Die Erfolgsanalyse setzt nach der Umsatzanalye bei dem Rohertrag an. Für den Bilanzanalytiker ist klar, daß sich jede Verbesserung oder Verschlechterung des Rohertrags bzw. der Rohertragsquote in demselben Umfang unmittelbar auf den Reingewinn auswirkt. Erhöht sich beispielsweise die Rohertragsquote um einen Prozentpunkt, wird damit auch die Umsatzrendite um einen Prozentpunkt gesteigert.

Aus diesem Wirkungszusammenhang wird klar, daß der Bilanzanalytiker der Entwicklung des Rohertrags und der Rohertragsquote besondere Aufmerksamkeit widmet.

Im Rahmen der **internen** Bilanzanalyse wird bei der Rohertragsermittlung die Gesamtleistung als Zwischengröße grundsätzlich ohne die Sonstigen betrieblichen Erträge ermittelt:

Umsatzerlöse
± Bestandsveränderungen
+ Andere aktivierte Eigenleistungen

= Gesamtleistung
− Materialaufwand
  a) Aufwendungen für Roh-, Hilfs- und Betriebsstoffe und für bezogene Waren
  b) Aufwendungen für bezogene Leistungen

= Rohertrag

Sind bei der Bewertung der Herstellungskosten für die Bestandserhöhungen der Fertigerzeugnisse und der unfertigen Erzeugnisse sowie der Anderen aktivierten Eigenleistungen (selbsterstellte Werkzeuge bzw. Anlagen) stille Reserven gelegt worden, wird sie der interne Bilanzanalytiker selbstverständlich auflösen. Ebenso werden stille Reserven aufgelöst, die bei der Ermittlung des Materialaufwands gelegt wurden. Auf diese Art und Weise wird der effektiv erzielte Rohertrag in seiner wirtschaftlich richtigen Höhe ausgewiesen. Da die Bereinigung um die stillen Reserven für alle analysierten Wirtschaftsjahre vorgenommen wird, läßt sich der Rohertrag in seiner Entwicklung exakt verfolgen.

Ein Absinken der Rohertragsquote ist stets ein Alarmzeichen und diagnostiziert eine Schwachstelle im Unternehmen. Die Rohertragsquote zählt daher zu den wichtigsten Führungszahlen, die ständig beobachtet werden müssen. Hierbei empfiehlt es sich, folgende Indexzahl zu bilden:

$$\frac{\text{Rohgewinn in 02}}{\text{Rohgewinn in 01}} \times 100 = \underline{\text{Rohgewinnänderung}}$$

Diese Kennzahl ist zugleich als ein Maßstab für die Ertragskraft eines Unternehmens aufzufassen.

Im Rahmen der **externen** Bilanzanalyse wird bei den mittelgroßen Kapitalgesellschaften der Rohertrag unter der Bezeichnung Rohergebnis als zusammengefaßter Wert der ersten fünf Positionen des Gliederungsschemas der Gewinn- und Verlustrechnung nach dem Gesamtkostenverfahren ausgewiesen. Dies bedeutet, daß der Rohertrag grundsätzlich um die Sonstigen betrieblichen Erträge zu hoch ist, da die G-u.-V-Position Nr. 4 »Sonstige betriebliche Erträge« dem Rohertrag stets hinzuaddiert wurde. Der Rohertrag und die Rohertragsquote sind daher häufig nur Näherungswerte, insbesondere dann, wenn die Position »Sonstige betriebliche Erträge« einen großen Umfang einnimmt.

Im Groß- und Einzelhandelsunternehmen errechnet sich der Rohertrag wie folgt:

    Umsatzerlöse
− Wareneinsatz

= Rohertrag

Der Wareneinsatz wird im Rahmen der Bilanzanalyse wie folgt ermittelt:

    Anfangsbestand 01. 01. 01
+ Zukäufe in 01
− Endbestand 31. 12. 01

= Wareneinsatz in 01

Wurde der Endbestand am 31. 12. 01 unterbewertet, daß heißt, wurden stille Reserven gelegt, ist dies gleichbedeutend mit einer Erhöhung des Wareneinsatzes im Geschäftsjahr 01. Wird dieser durch die Unterbewertung des Endbestandes erhöhte Wareneinsatz von den Umsatzerlösen abgezogen, verringert sich der Rohertrag. Der interne Bilanzanalytiker wird daher grundsätzlich die stillen Reserven, die er bei der Bewertung des Warenendbestandes gelegt hat, auflösen, um den wirtschaftlich wahren Rohertrag zu ermitteln.

Im Rahmen der **externen** Bilanzanalyse wird der Rohertrag bei einem Handelsunternehmen grundsätzlich verfälscht, wenn der Endbestand unterbewertet wurde. Um dies zu vermeiden, schreibt beispielsweise der Betriebsvergleich des Kölner Universitätsinstituts für den Groß- und Einzelhandel vor, daß jeder Vergleichsteilnehmer den Endbestand grundsätzlich zu den historischen Anschaffungskosten bewerten muß. Auf diese Art und Weise sind die Roherträge sämtlicher Betriebsvergleichsteilnehmer voll vergleichbar, da jeder einzelne Vergleichsbetrieb die Endbestände zu den ursprünglichen Anschaffungskosten bewertet.

Bei einem Handelsbetrieb wird der Rohertrag grundsätzlich in Prozenten des Umsatzes ausgedrückt:

$$\frac{\text{Rohertrag in DM}}{\text{Umsatz}} \times 100 = \underline{\text{Rohertragsquote (in \%)}}$$

Im Groß- und Einzelhandel wird die Rohertragsquote meistens als Betriebshandelsspanne bezeichnet. Teilweise wird auch vom »Rohgewinn in Prozenten des Umsatzes« gesprochen.

Wie bereits ausgeführt, lassen zwei Drittel aller Unternehmen in Deutschland ihre Finanzbuchhaltung über ihren Steuerberater in dem externen Rechenzentrum der DATEV in Nürnberg rechnen und auswerten. Leider werden in der Mehrzahl der Fälle die Möglichkeiten der externen Datenverarbeitung für Buchführung und Jahresabschluß nur völlig unzureichend genutzt. Ein Großteil der Steuerberater hat bislang seine Mandanten über die Spezialprogramme und Dienstleistungen, die die DATEV für die meisten Betriebe bereithält, entweder überhaupt nicht oder nur unzureichend informiert. Viele Betriebe kennen daher nicht die Vorteile, die ihnen die Branchenprogramme der DATEV Betriebswirtschaftliche Auswertungen (BWA) bieten können.

Beispiel: Die BWA Einzelhandel enthält unter anderem eine kurzfristige Erfolgsrechnung (Monatsrechnung) auf

Vollkostenbasis, die in der Regel wie folgt auf gebaut ist:

Umsatzerlöse
− Wareneinsatz

= Rohertrag
− Handlungskosten

= Reingewinn/Reinverlust

In dem von den Steuerberatern am häufigsten eingesetzten Programm FIBU wird der **Wareneinsatz** als Abzugsposten vom Umsatz mit dem **Wareneinkauf** gleichgesetzt. Dadurch wird jedoch in 90% der Fälle, für die dieses Programm im Einzelhandel (oder auch in anderen Branchen) eingesetzt wird, der Rohertrag (Rohgewinn) unzutreffend ermittelt. Der Wareneinkauf, der die wechselnden Monatsendbestände unberücksichtigt läßt, deckt sich fast nie mit dem tatsächlichen Wareneinsatz (= Umsatz zu Einstandspreisen im Einzelhandel). Wird beispielsweise von einem Einzelhandelsunternehmen in einem Monat Ware für die kommende Saison eingekauft, übersteigt der Wareneinkauf selbstverständlich bei weitem den Wareneinsatz. Es wird sich vielfach ein negativer Rohgewinn ergeben, von dem dann noch zusätzlich die monatlichen Handlungskosten (z.B. Personalaufwendungen, Miete und dgl.) abgezogen werden, so daß ein Reinverlust ausgewiesen wird, der in Wirklichkeit gar nicht besteht.

Dieser Mangel könnte sofort behoben werden, wenn der Einzelhandel anstelle des Wareneinkaufs den Wareneinsatz als Prozentsatz vom Umsatz errechnet. Beträgt zum Beispiel der durchschnittliche Wareneinsatz, abgeleitet aus der Bilanz des Einzelhandelsunternehmens, 62,5% vom Umsatz, errechnet sich der Rohgewinn wie folgt:

Umsatz	100,0%
− Wareneinsatz	62,5%
= Rohgewinn	37,5%

Die Rohertragsquote (= (Rohgewinn : Umsatz) × 100) wird demnach mit 37,5% aus dem in dem betreffenden Monat erzielten Umsatz herausgerechnet und entspricht den tatsächlichen Ertragsverhältnissen des Einzelhandelsunternehmens.

Das DATEV-Programm Betriebswirtschaftliche Analyse Einzelhandel (BWA) sieht diese Bewertungsvariante vor, die von jedem Einzelhandelsunternehmer genutzt werden kann.

Was für den Einzelhandel gilt, trifft auch auf die meisten anderen Branchen zu. Bei Produktions- und Dienstleistungsbetrieben, zum Beispiel bei Handwerksbetrieben, wird im Rahmen der FIBU von dem Monatsumsatz der **Materialeinkauf** des betreffenden Monats abgezogen, um zum Rohgewinn zu kommen. Dies ist in der Regel genauso falsch wie im Einzelhandel. Auch hier könnten die Betriebe auf die Branchenlösung BWA zurückgreifen.

Jedes Unternehmen, das seine Buchführung und seinen Jahresabschluß über seinen Steuerberater bei der DATEV rechnen läßt, sollte daher darauf drängen, daß, falls vorhanden, die Branchenlösung Betriebswirtschaftliche Auswertung (BWA) und nicht das »Wald- und Wiesenprogramm« FIBU eingesetzt wird. Entsprechende Informationen können bei dem Steuerberater oder bei dem Informationszentrum der DATEV in Nürnberg eingeholt werden.

Der Rohertrag ist auch als Ergebnis einer sogenannten **Wertschöpfungsrechnung** aufzufassen. Unter Wertschöpfung ist grundsätzlich zu verstehen:

- **Produktionsbetrieb:**

  Produktionswert
  − Vorleistungen
  _____
  = Wertschöpfung (= Rohgewinn)

- **Handelsbetrieb:**

  Umsatzerlöse
  − Wareneinsatz
  _____
  = Wertschöpfung (= Betriebshandelsspanne)

Im **Produktionsbetrieb** läßt sich die so definierte Wertschöpfung als Differenz zwischen Gesamtleistung und Materialaufwand (G-u.-V-Position Nr. 5) errechnen.

Im **Handelsbetrieb** ist die Wertschöpfung die Differenz zwischen Umsatzerlösen und Materialaufwand (G-u.-V-Position Nr. 5).

Der Rohgewinn zeigt auf, welche Wertschöpfung ein Produktionsbetrieb bzw. ein Handelsbetrieb über den Materialeinsatz/Wareneinsatz hinaus erzielt. Der Bilanzanalytiker kann aus der Wertschöpfungsrechnung eine Reihe von Kennzahlen ableiten, die ihm ausdrücken, wie erfolgreich die Kombination der Betriebsfaktoren im abgelaufenen Geschäftsjahr war, zum Beispiel:

- Rohgewinn je beschäftigte Person,
- Deckungsbeitrag (= Rohgewinn − Personalaufwendungen) je beschäftigte Person (im Handelsbetrieb),
- Zahl der Beschäftigten je DM 100.000,− Rohgewinn (im Handelsbetrieb),
- Rohgewinn je DM 1,− Personalaufwendungen (im Handelsbetrieb)

4.3 Aufwandsstrukturen

Die Gewinn- und Verlustrechnung nach dem Gesamtkostenverfahren weist eine Reihe von **Aufwandsarten** aus, die im Rahmen sowohl der internen als auch der externen Bilanzanalyse zu Kennzahlen verdichtet werden sollten. Es sind dies:

$$\frac{\text{Personalaufwendungen}}{\text{Gesamtleistung/Umsatzerlöse}} \times 100 = \underline{\text{Personalaufwandsquote}}$$

Für Produktionsbetriebe bilden bei der Kennzahl Personalaufwandsquote die Gesamtleistung, für Handelsbetriebe die Umsatzerlöse, die Nennergröße.

Die Personalaufwendungen (G-u.-V-Position Nr. 6) sind für viele Branchen der größte Kostenfaktor. Es ist daher zweckmäßig und notwendig, die Personalaufwandsquote sowohl im Zeitvergleich als auch im Soll-Ist-Vergleich ständig zu verfolgen. Auf diese Art und Weise lassen sich sehr schnell Gefahren erkennen, die durch überhöhte Personalaufwendungen entstehen, bzw. ergeben sich Hinweise für Rationalisierungsbemühungen bei dem Faktor Personal.

$$\frac{\text{Abschreibungen lfd. Geschäftsjahr}}{\text{Gesamtleistung/Umsatzerlöse}} \times 100 = \underline{\text{Abschreibungsaufwandsquote}}$$

Die Zählergröße Abschreibungen (G-u.-V-Position Nr. 7) umfaßt sowohl die planmäßigen als auch die außerplanmäßigen Abschreibungen von Sachanlagen (z.B. Maschinen, Einrichtungsgegenstände) und der immateriellen Anlagewerte (z.B. Patente, Software usw.) wie auch die steuerlichen Sonderabschreibungen.

Zur Beurteilung der Abschreibungsaufwandsquote sollte im Rahmen der externen Bilanzanalyse stets auf den Anhang zurückgegriffen werden, der Hinweise liefert, inwieweit das Abschreibungsvolumen durch steuerliche Sonderabschreibungen beeinflußt ist (Bildung von stillen Reserven).

Die Höhe der Abschreibungsaufwandsquote hängt von der Anlagenintensität und damit von der Investitionstätigkeit eines Unternehmens ab.

$$\frac{\text{Zinsaufwendungen}}{\text{Gesamtleistung/Umsatzerlöse}} \times 100 = \underline{\text{Zinsaufwandsquote}}$$

Die Zählergröße Zinsaufwendungen (G-u.-V-Position Nr. 13) umfaßt auch die Diskontaufwendungen im Rahmen der Wechselfinanzierung.

Die Zinsaufwandsquote kann das Betriebsergebnis in erheblichem Umfang beeinflussen. Arbeitet ein Unternehmen mit einem relativ hohen Anteil an Fremdkapital, wirkt sich diese Kapitalstruktur, vor allem in einer Hochzinsphase, negativ auf die Unternehmensrentabilität aus. Das Zinsergebnis eines Unternehmens steht nicht im Zusammenhang mit dem eigentlichen Betriebszweck. Es ergibt sich als Differenz aus:

Zinserträge (G-u.-V-Position Nr. 11)
− Zinsaufwendungen (G-u.-V-Position Nr. 13)
───
= Zinsergebnis

Im Rahmen der **internen Bilanzanalyse** sollten die Aufwandsarten, wenn irgend möglich, tiefer gegliedert werden als in dem Gliederungsschema der Gewinn- und Verlustrechnung für die Kapitalgesellschaften. Eine solche zusätzliche Gliederung der Aufwandsarten ermöglicht dem Bilanzanalytiker einen effizienten innerbetrieblichen Zeit- bzw. Soll-Ist-Vergleich, der Schwachstellen sofort aufzeigt. Für viele kleinere Betriebe, die über keine besondere Kostenrechnung (z.B. Deckungsbeitragsrechnung) verfügen, ist diese Kostenartenrechnung die einzige Möglichkeit, um die Ertragslage einigermaßen zu überblicken und im Griff zu halten.

Wie eine solche Aufwands- und Ertragsanalyse auf der Basis der Gewinn- und Verlustrechnung optimal gegliedert sein sollte, wird an dem folgenden Beispiel für ein Einzelhandelsunternehmen, das als Einzelunternehmen geführt wird, deutlich.

Für das Geschäftsjahr 01 wird ein Soll-Ist-Vergleich durchgeführt. Die Zahlen des analysierten Betriebes werden den Branchendurchschnittswerten des Betriebsvergleichs des Kölner Universitätsinstituts gegenübergestellt.

Der Soll-Ist-Vergleich zeigt als wesentliches Ergebnis, daß die Kostensituation bei dem analysierten Betrieb ungünstiger ist als im Branchendurchschnitt. Während der Kölner Betriebsvergleich eine Gesamtkostenbelastung von 36,4 % des Umsatzes ausweist, hat der analysierte Betrieb eine Kostenbelastung von 37,8 % zu verzeichnen. Dies bedeutet eine um 1,4 Prozentpunkte höhere Kostenbelastung, die unmittelbar auf den Gewinn vor Steuern durchschlägt, der entsprechend ungünstiger ausfällt.

Außerdem wird ein innerbetrieblicher Zeitvergleich durchgeführt, in dem die Ergebnisse in den Geschäftsjahren 01 und 02 gegenübergestellt werden.

Analyse der Aufwands- und Ertragsstruktur eines Einzelhandelsunternehmens (Einzelunternehmen):

	Geschäftsjahr 01			Geschäftsjahr 02		
	DM	%	BV	DM	%	02/01
Umsatz	3.647.000	100,0	100,0	3.829.000	100,0	+5,0
- Wareneinsatz	2.047.000	56,1	56,0	2.161.000	56,5	+0,4
= Rohgewinn	1.600.000	43,9	44,0	1.668.000	43,5	-0,4
- Betriebskosten	1.380.000	37,8	36,4	1.428.000	37,2	-0,6
Personalkosten	686.000	18,8	19,1	725.000	18,9	+0,1
Miete	208.000	5,7	5,0	227.000	5,9	+0,2
Raumkosten	62.000	1,7	1,6	65.000	1,7	0,0
Werbung	125.000	3,4	3,0	96.000	2,5	-0,9
Gewerbesteuer	33.000	0,9	1,0	35.000	0,9	0,0
KfZ-Kosten	21.000	0,6	0,6	22.000	0,6	0,0
Fremdkapitalzinsen	71.000	2,0	1,4	79.000	2,1	+0,1
Abschreibungen	66.000	1,8	1,7	70.000	1,8	0,0
Alle übrigen Kosten	108.000	2,9	3,0	109.000	2,8	-0,1
= Gewinn vor Steuern	220.000	6,1	7,6	240.000	6,3	+0,3
- Unternehmerlohn	83.000	2,3	2,7	82.000	2,1	-0,2
- Eigenkapitalzinsen	75.000	2,1	1,0	79.000	2,1	0,0
= Kalk. Gewinn	62.000	1,7	3,9	79.000	2,1	+0,4

Das wichtigste Ergebnis dieses innerbetrieblichen Zeitvergleichs ist das Absinken des Rohgewinns in Prozent des Umsatzes um 0,4 Prozentpunkte. Diese Verschlechterung der Rohertragsquote ist gleichbedeutend mit einer Verschlechterung des Gewinns vor Steuern in Prozent des Umsatzes um ebenfalls 0,4 Prozentpunkte.

Zu den Aufwendungen ist kritisch anzumerken, daß der Rückgang der Kosten für Werbung um 0,9 Prozentpunkte keinesfalls als positiv, sondern eher als negativ zu interpretieren ist. Unter Umständen wäre durch höhere Werbeaufwendungen sowohl eine Steigerung des Umsatzes als auch eine Verbesserung der Ertragssituation möglich gewesen.

Bei Einzelunternehmen und bei Personenhandelsgesellschaften sollte nicht nur der Gewinn vor Steuern, sondern auch der sogenannte Kalkulatorische Gewinn ermittelt werden. Dieser Kalkulatorische Gewinn, der sowohl ein Entgelt für die nicht entlohnte Tätigkeit des Inhabers als auch entsprechende Eigenkapitalzinsen für das in dem Unternehmen investierte Eigenkapital berücksichtigt, stellt das betriebswirtschaftliche Ergebnis dar. Die Ertragsanalyse zeigt, daß dieses betriebswirtschaftliche Ergebnis in beiden analysierten Geschäftsjahren relativ bescheiden ausgefallen ist.

4.4 Rentabilität

Unter Kapitalrentabilität versteht man das Verhältnis des erzielten Gewinns zu dem im Unternehmen investierten Kapital. Der Eigenkapitalgeber (Unternehmer, Gesellschafter, Aktionär) möchte, daß das Unternehmen Gewinn erzielt, damit sich sein investiertes Eigenkapital verzinst. Der Fremdkapitalgeber (z.B. Banken) möchte ebenfalls, daß das Unternehmen Gewinn erzielt, damit er für die Kapitalüberlassung Zinsen erhält.

Das Streben nach Rentabilität ist daher für jedes Unternehmen ein unternehmerisches Oberziel, ein sogenanntes Primärziel.

Zur Messung der Rentabilität lassen sich eine ganze Reihe von Kennzahlen bilden:

$$\frac{\text{Jahresüberschuß}}{\text{Durchschnittl. Eigenkapital}} \times 100 = \underline{\text{Eigenkapitalrentabilität}}$$

Als Nennergröße wird das durchschnittliche Eigenkapital als arithmetisches Mittel aus

$$\frac{\text{Eigenkapital}_{01.01.01} + \text{Eigenkapital}_{31.12.01}}{2} = \underline{\text{Durchschnittliches Eigenkapital in 01}}$$

Die Eigenkapitalrendite sollte erheblich über dem marktüblichen Zins für langfristige Kapitalanlagen (z.B. festverzinsliche Wertpapiere) liegen.

$$\frac{\text{Zinsen und ähnliche Aufwendungen}}{\text{Durchschnittliches Fremdkapital}} = \underline{\text{Fremdkapitalrentabilität}}$$

Die Zählergröße »Zinsen und ähnliche Aufwendungen« stellt im Gliederungsschema nach dem Gesamtkostenverfahren die Gliederungsposition Nr. 13 dar. Das durchschnittliche Fremdkapital errechnet sich wiederum als arithmetisches Mittel aus Fremdkapital am Anfang und am Ende des Geschäftsjahres.

Da in der Nennergröße Fremdkapital auch Teile enthalten sein können, die nicht verzinst werden (z.B. Rückstellungen, Lieferantenschulden), ist diese Kennzahl mit dem üblichen Marktzins nicht ohne weiteres vergleichbar. Insbesondere im innerbetrieblichen Zeitvergleich gibt jedoch die Kennzahl Fremdkapitalrentabilität dem Bilanzanalytiker wichtige Hinweise, wie sich die Fremdkapitalkosten entwickeln.

$$\frac{(\text{Jahresüberschuß} + \text{Fremdkapitalzinsen})}{\text{Durchschnittl. Gesamtkapital}} \times 100 = \underline{\text{Gesamtkapitalrentabilität}}$$

Einzelunternehmen und Personengesellschaften verwenden bei der Ermittlung dieser Kennzahl als Zählergröße den Gewinn vor Steuern (Kalkulatorischer Gewinn). Will daher eine Kapitalgesellschaft die von ihr erzielte Gesamtkapitalrentabilität mit der Gesamtkapitalrentabilität eines Einzelunternehmens oder einer Personengesellschaft vergleichen, muß sie anstatt des Jahresüberschusses das Ergebnis der gewöhnlichen Geschäftstätigkeit (G-u.-V-Position Nr. 14) einsetzen. Das Ergebnis der gewöhnlichen Geschäftstätigkeit stellt das Ergebnis vor Steuern dar und entspricht damit dem Gewinn vor Steuern. Auf diese Art und Weise wird formelle Vergleichbarkeit zwischen den unterschiedlichen Rechtsformen hergestellt.

$$\frac{\text{Gewinn vor Steuern}}{\text{Gesamtleistung/Umsatzerlöse}} \times 100 = \underline{\text{Umsatzrendite}}$$

$$\frac{\text{Jahresüberschuß}}{\text{Gesamtleistung/Umsatzerlöse}} \times 100 = \underline{\text{Umsatzrendite}}$$

Die Kennzahl Umsatzrendite gibt das relative Rentabilitätsstreben wieder, da der Gewinn vor Steuern bzw. bei Kapitalgesellschaften der Jahresüberschuß in Relation zur Gesamtleistung oder zum Umsatz ausgedrückt wird. Der absolute Gewinn, den ein Unternehmen erzielt, läßt sich nur schwer mit dem Gewinn eines anderen Betriebes vergleichen. Vor allem die unterschiedliche Betriebsgröße erschwert eine solche Vergleichbarkeit. Die Kennzahl Umsatzrendite hingegen ermöglicht diesen Vergleich der Gewinnsituation auch bei unterschiedlichen Betriebsgrößen.

Die bekannteste Kennzahl zur Messung der Rentabilität ist die bereits dargestellte Kennzahl Return on Investment (ROI):

$$\text{ROI}_{GK} = \frac{(\text{Gewinn vor Steuern} + \text{Fremdkapitalzinsen}) \times 100}{\text{Gesamtleistung/Umsatzerlöse}}$$

$$\times \frac{\text{Gesamtleistung/Umsatzerlöse}}{(\text{Eigenkapital} + \text{Fremdkapital})}$$

$$\text{ROI}_{EK} = \frac{\text{Gewinn vor Steuern} \times 100}{\text{Gesamtleistung/Umsatzerlöse}}$$

$$\times \frac{\text{Gesamtleistung/Umsatzerlöse}}{\text{Eigenkapital}}$$

Die Kennzahl ROI kombiniert die Umsatzrendite mit dem Kapitalumschlag. Durch diese multiplikative Verknüpfung von Umsatzrendite und Kapitalumschlag wird dem Bilanzanalytiker vor Augen geführt, welchen enormen Einfluß die Umschlagsgeschwindigkeit des Kapitals auf die Rentabilität des im Unternehmen investierten Kapitals hat. Selbst bei einer schwachen Ertragssituation kann noch eine befriedigende Gesamtkapitalrentabilität erzielt werden, wenn ein hoher Kapitalumschlag erreicht wird.

Kapitalgesellschaften verwenden anstelle des Gewinns vor Steuern im Zähler des Faktors Umsatzrendite die Größe Jahresüberschuß, bei der die Steuern bereits abgesetzt sind.

5. Analyse der Vermögensstruktur

In Zeiten einer Hochzinsphase, in der die Fremdkapitalzinsen 15% und mehr ausmachen, wird besonders deutlich, wie durch eine Verbesserung des Kapitalumschlags die Gesamtkapitalrentabilität ebenfalls verbessert werden kann.

Grundsätzlich gilt die Bilanzgleichung Aktiva = Passiva. Ob daher im Nenner der Kennzahl Gesamtkapitalumschlag (= Gesamtleistung/Umsatzerlöse : Gesamtkapital) die Aktiva oder die Passiva stehen, ist gleichgültig; der Gesamtkapitalumschlag entspricht aufgrund der Bilanzgleichung immer dem Gesamtvermögensumschlag.

Gelingt es daher einem Unternehmen, die Aktiva zu verringern, das heißt die Bindung von Kapital in bestimmten Vermögensgegenständen entweder des Anlagevermögens oder des Umlaufvermögens zu verringern, ist dies gleichbedeutend mit einer Verbesserung sowohl des Gesamtkapitalumschlags als auch des Gesamtvermögensumschlags.

Wird der Kapitalumschlag höher, wird automatisch die Gesamtkapitalrentabilität verbessert, da die Gesamtkapitalrentabilität (ROI) das Produkt von Umsatzrendite und Kapitalumschlag darstellt.

Jedes Unternehmen wird daher alles daran setzen, um die Kapitalbindung in den Aktiva zu verringern, da auf diese Art und Weise sowohl der Kapitalumschlag als auch die Gesamtkapitalrentabilität verbessert werden können.

Eine Verbesserung des Gesamtkapitalumschlags bzw. des Gesamtvermögensumschlags stößt jedoch in den Betrieben meistens auf große Schwierigkeiten bzw. Widerstände.

Ist beispielsweise zuviel Kapital in den Beständen an Fertigerzeugnissen gebunden, wird sich der Vertrieb in der Regel einer Reduzierung dieser Bestände widersetzen, weil er argumentiert, daß nur über ein entsprechend großes Lager an Fertigerzeugnissen die potentiellen Kunden zufriedengestellt werden können.

Ist beispielsweise zuviel Kapital in den Vorräten (Roh-, Hilfs- und Betriebsstoffe) gebunden, wird sich der Einkauf gegen eine Reduzierung der Kapitalbindung sträuben, weil er argumentiert, daß nur über entsprechend hohe Einkaufsmengen günstige Einkaufspreise erzielt werden können, die zwingend zu höheren Lagerbeständen führen.

Mit Hilfe der Bilanzanalyse bzw. einer Kennzahlenrechnung läßt sich die Diskussion über die Notwendigkeit der Verbesserung des Gesamtkapitalumschlags bzw. des Gesamtvermögensumschlags auf einer objektiven, rationalen Ebene führen.

Die Bilanzanalyse hat die Aufgabe, die Vermögensstruktur eines Unternehmens zu durchleuchten, um Ansatzpunkte für eine Verbesserung zu finden.

5.1 Vermögensänderung, Vermögensintensität

Der innerbetriebliche und der zwischenbetriebliche Kennzahlenvergleich sollen aufzeigen, ob ein Unternehmen wächst, stagniert oder schrumpft. Hierzu werden unter anderem folgende Kennzahlen gebildet:

$$\frac{\text{Gesamtvermögen in 02}}{\text{Gesamtvermögen in 01}} \times 100 = \underline{\text{Gesamtvermögensänderung}}$$

Als Gesamtvermögen wird im Rahmen der Bilanzanalyse die Bilanzsumme auf der Aktivseite der Bilanz genommen. Im innerbetrieblichen Zeitvergleich zeigt diese Kennzahl an, ob das Unternehmen im Vergleich zum Vorjahr gewachsen oder geschrumpft ist. Wachstum bedeutet Kapazitätsausweitung, und

Schrumpfung bedeutet Kapazitätsreduzierung, mit entsprechenden Auswirkungen auf das Finanzierungspotential.

Da das Gesamtvermögen sowohl das Anlagevermögen als auch das Umlaufvermögen umfaßt, empfiehlt es sich, zusätzlich die beiden folgenden Kennzahlen zu bilden:

$$\frac{\text{Anlagevermögen in 02}}{\text{Anlagevermögen in 01}} \times 100 = \text{Änderung des Anlagevermögens}$$

$$\frac{\text{Umlaufvermögen in 02}}{\text{Umlaufvermögen in 01}} \times 100 = \text{Änderung des Umlaufvermögens}$$

Die beiden vorstehenden Kennzahlen stellen eine Verfeinerung der Kennzahl Gesamtvermögensänderung dar. Der Bilanzanalytiker erkennt, ob die Gesamtvermögensänderung stärker von dem Anlagevermögen oder von dem Umlaufvermögen ausgeht.

In engem Zusammenhang mit den vorstehenden Bilanzkennzahlen werden zur Vermögensstruktur eine Reihe von Intensitätskennzahlen gebildet:

$$\frac{\text{Anlagevermögen}}{\text{Gesamtvermögen}} \times 100 = \text{Anlagenintensität}$$

$$\frac{\text{Sachanlagevermögen}}{\text{Gesamtvermögen}} \times 100 = \text{Sachanlagenintensität}$$

$$\frac{\text{Finanzanlagevermögen}}{\text{Gesamtvermögen}} \times 100 = \text{Finanzanlagenintensität}$$

$$\frac{\text{Umlaufvermögen}}{\text{Gesamtvermögen}} \times 100 = \text{Intensität des Umlaufvermögens}$$

$$\frac{\text{Vorratsvermögen}}{\text{Gesamtvermögen}} \times 100 = \text{Intensität des Vorratsvermögens}$$

$$\frac{\text{Monetäres Umlaufvermögen}}{\text{Gesamtvermögen}} \times 100 = \text{Intensität des monetären Umlaufvermögens}$$

Der Bilanzanalytiker wird die vorstehenden Intensitätskennzahlen vor allem im innerbetrieblichen Zeitvergleich verfolgen. Er erkennt so, ob und in welchem Umfang sich Änderungen in der Vermögensstruktur des analysierten Unternehmens ergeben.

Die Intensitätskennzahlen zeigen, wie anpassungsfähig ein Unternehmen in bezug auf die sich verändernden Wirtschaftsbedingungen ist. Steigt zum Beispiel die Anlagenintensität, steigt zugleich die Immobilität des Unternehmens. Dadurch erhöht sich das Unternehmensrisiko.

Zur Beurteilung der Anpassungsfähigkeit eines Unternehmens an sich verändernde Wirtschaftsbedingungen dient auch noch die folgende Kennzahl:

$$\frac{\text{Anlagevermögen}}{\text{Umlaufvermögen}} \times 100 = \underline{\text{Immobilisierungsverhältnis}}$$

Liegt dieser Kennzahlenwert über 100%, ist dies gleichbedeutend mit einer unelastischen Betriebsstruktur; ein Kennzahlenwert unter 100% weist demgegenüber eine relativ elastische Betriebsstruktur aus. Unelastische Betriebsstruktur heißt, das Unternehmen kann sich in dem Zeitpunkt, in dem die Beschäftigung zurückgeht, nur relativ schwer anpassen, da es nicht möglich ist, das Anlagevermögen sofort zu verkleinern, wenn die Kapazitätsauslastung abnimmt. Bei einer unelastischen Betriebsstruktur läßt sich die Fixkostenbelastung durch ein hohes Anlagevermögen nur sehr langsam verringern.

5.2 Vermögensumschlag, Anlagenabnutzungsgrad

Wie bereits ausgeführt, signalisiert ein zu geringer Vermögensumschlag, daß in den Aktiva zuviel Kapital gebunden ist. Überhöhte Aktiva wirken sich negativ auf die Rentabilität eines Unternehmens aus. Es sollte daher in jedem Unternehmen grundsätzlich die Kennzahl

$$\frac{\text{Gesamtleistung/Umsatzerlöse}}{\text{Durchschnittl. Gesamtvermögen}} \times 100 = \underline{\text{Gesamtvermögensumschlag}}$$

als Führungszahl in einem innerbetrieblichen Zeitvergleich permanent verfolgt werden. Verlangsamt sich der Gesamtvermögensumschlag, ist dies ein Warnsignal, das unbedingt beachtet werden muß. Eine Verschlechterung dieses Kennzahlenwerts muß für den Bilanzanalytiker Anlaß sein, die Globalkennzahl Gesamtvermögensumschlag möglichst in Teilkennzahlen aufzuspalten, um herauszufinden, auf welche Vermögensteile (Sachanlagen, Finanzanlagen, Vorräte, Forderungen usw.) das Absinken des Gesamtvermögensumschlags zurückzuführen ist.

Hierzu wird zum Beispiel die Kennzahl:

$$\frac{\text{Gesamtleistung/Umsatzerlöse}}{\text{Durchschnittl. Anlagevermögen}} = \underline{\text{Umschlag des Anlagevermögens}}$$

gebildet. Eine Verlangsamung dieser Kennzahl im innerbetrieblichen Zeitvergleich ist als ungünstig, eine Beschleunigung als günstig zu interpretieren.

Weiter werden die Kennzahlen »Lagerumschlag« für das Vorratsvermögen als Ganzes oder für einzelne Teile des Vorratsvermögens, »Debitorenumschlag« für die Forderungen usw. gebildet, um zu sehen, ob beispielsweise in den Vorräten oder in den Forderungen zuviel Kapital gebunden ist.

Will ein Unternehmen auf Dauer wettbewerbsfähig bleiben, muß es sowohl Erweiterungsinvestitionen als auch Ersatzinvestitionen tätigen. Als Maßstab für die Beurteilung der Investitionsintensität dient folgende Kennzahl:

$$\frac{\text{Bruttoanlageinvestitionen}}{\text{Gesamtleistung/Umsatzerlöse}} \times 100 = \underline{\text{Investitionsquote}}$$

Die Zählergröße Bruttoanlageinvestitionen ermittelt der Bilanzanalytiker wie folgt:

Anlagevermögen 31. 12. 01:		DM 1.200.000,—
Anlagevermögen 01. 01. 01:	— DM	900.000,—
Nettoanlageinvestitionen in 01:	= DM	300.000,—
Abschreibungen auf das Anlagevermögen in 01:	+ DM	100.000,—
Bruttoanlageinvestitionen in 01:	= DM	400.000,—

Die Nettoanlageinvestitionen sind im Rahmen der Bilanzanalyse dem Anlagegitter in der Bilanz zu entnehmen. Da im Anlagegitter in der Bilanz grundsätzlich auch die Vorjahreszahlen mit angegeben werden müssen, kann der externe Bilanzleser ohne Probleme die Nettoanlageinvestitionen ermitteln. Die Nettoanlageinvestitionen sind als **Erweiterungsinvestitionen** aufzufassen.

Die Bruttoanlageinvestitionen ergeben sich dadurch, daß den Nettoanlageinvestitionen die Abschreibungen auf das Anlagevermögen im laufenden Geschäftsjahr hinzuaddiert werden. Man unterstellt im Rahmen der Bilanzanalyse, daß die Abschreibungen auf das Anlagevermögen des laufenden Geschäftsjahres genau den **Ersatzinvestitionen** des Unternehmens entsprechen. In den Bruttoanlageinvestitionen sind demnach die Ersatzinvestitionen immer in Höhe der Geschäftsjahresabschreibungen enthalten.

Die Kennzahl »Investitionsquote« zeigt dem Bilanzanalytiker, ob das Unternehmen versucht, immer auf dem neuesten Stand, das heißt vor allem auf der Höhe der Innovation zu sein. Da insbesondere die Erweiterungsinvestitionen immer in größeren zeitlichen Abständen vorgenommen werden, sollte die Kennzahl Investitionsquote über mehrere Jahre hinweg beobachtet werden.

Das Anlagegitter enthält sowohl die bis zum Bilanzstichtag insgesamt aufgelaufenen Abschreibungen (Kumulierte Abschreibungen) auf das Sachanlagevermögen als auch in Spalte 1 die historischen Anschaffungskosten bzw. Herstellungskosten des Sachanlagevermögens (darunter sind die Anschaffungskosten/Herstellungskosten zu verstehen, die sämtliche Sachanlagegüter, die sich am Bilanzstichtag im Betriebsvermögen befinden, ursprünglich einmal gekostet haben).

Mit Hilfe dieser Informationen aus dem Anlagegitter läßt sich folgende Kennzahl bilden:

$$\frac{\text{Kumulierte Abschreib. auf Sachanlagen}}{\substack{\text{Summe der historischen Anschaffungs-}\\ \text{kosten/Herstellungskosten incl. Zu-} \\ \text{gänge des laufenden Geschäftsjahres}}} \times 100 = \underline{\text{Anlageabnutzungsgrad}}$$

Die Kennzahl Anlagenabnutzungsgrad signalisiert dem Bilanzanalytiker, wie es um den technischen Stand und die Modernität der Produktionsanlagen eines Unternehmens bestellt ist. Beträgt beispielsweise der Anlagenabnutzungsgrad 83,4%, heißt dies, daß die Sachanlagen bis zum Bilanzstichtag zu 83,4% abgeschrieben sind. Dies bedeutet, daß das analysierte Unternehmen in naher Zukunft erhebliche Erweiterungs- und Ersatzinvestitionen tätigen muß, um seinen Produktionsapparat wieder auf den neuesten technischen Stand zu bringen und Anschluß an die Innovationsentwicklung zu halten. In bezug auf das analysierte Unternehmen ist also ein Investitionsstau zu registrieren. Ein hoher Anlagenabnutzungsgrad weist außerdem darauf hin, daß das Unternehmen erhebliche finanzielle Mittel benötigt, um die dringend notwendigen Investitionen tätigen zu können. Dadurch kann sich eine Anspannung in der Liquiditätssituation ergeben.

5.3 Vorratswirtschaft

Ein Absinken des Gesamtvermögensumschlags ist in zahlreichen Fällen auf ein Anwachsen der Vorräte im Unternehmen zurückzuführen. Es wird zuviel Kapital in den Roh-, Hilfs- und Betriebsstoffen sowie in den Beständen der Fertig- und unfertigen Erzeugnisse gebunden. Soll daher der Gesamtvermögensumschlag beschleunigt und damit die Rentabilität (ROI) verbessert werden, müssen die Vorräte abgebaut werden.

Um die Kapitalbindung in den Vorräten im Griff zu halten, werden eine Reihe von Kennzahlen gebildet, die eine Art Frühwarnsystem darstellen, das dem Bilanzanalytiker aufzeigt, ob und in welchen Vorräten zuviel Kapital gebunden ist:

$$\frac{\text{Vorräte}}{\text{Gesamtvermögen}} \times 100 = \underline{\underline{\text{Vorratsquote}}}$$

Diese Kennzahl Vorratsquote kann in Teilkennzahlen aufgespalten werden:

$$\frac{\text{Roh-, Hilfs- und Betriebsstoffe}}{\text{Gesamtvermögen}} \times 100 = \underline{\text{Vorratsquote}}$$

$$\frac{\text{Halb- und Fertigerzeugnisse}}{\text{Gesamtvermögen}} \times 100 = \underline{\text{Vorratsquote}}$$

Der Bilanzanalytiker wird diese Kennzahlen im inner- und zwischenbetrieblichen Zeit- und Soll-Ist-Vergleich verfolgen. Eine Verschlechterung im innerbetrieblichen Zeitvergleich kann genauso Handlungsbedarf auslösen wie eine negative Abweichung gegenüber vergleichbaren Betrieben und den Branchendurchschnittswerten.

Eine weitere wichtige Kennzahl zur Beurteilung der Vorratswirtschaft eines Unternehmens ist die Lagerumschlagsgeschwindigkeit:

$$\frac{\text{Materialeinsatz}}{\text{durchschnittl. Lagerbestand}} = \underline{\text{Lagerumschlag}}$$

$$\frac{\text{Wareneinsatz}}{\text{durchschnittl. Lagerbestand}} = \underline{\text{Lagerumschlag}}$$

Die Zählergröße Materialeinsatz findet bei Produktionsunternehmen und die Zählergröße Wareneinsatz bei Handelsunternehmen Anwendung. Der Materialeinsatz oder Wareneinsatz wird wie folgt ermittelt:

```
  Anfangsbestand 01. 01. 01
+ Zukäufe in 01
− Endbestand 31. 12. 01
─────────────────────────
= Materialeinsatz/Wareneinsatz in 01
```

Die Bewertung sowohl der Bestände als auch der Zukäufe erfolgt grundsätzlich netto zu Einstandspreisen (Anschaffungskosten) ohne Umsatzsteuer. Der durchschnittliche Lagerbestand ergibt sich im zwischenbetrieblichen Vergleich als arithmetisches Mittel aus Jahresanfangs- und Jahresendbestand. Im innerbetrieblichen Vergleich kann bei Vorliegen einer funktionierenden Materialbuchhaltung, die jeweils die Monatsendbestände ausweist, das durchschnittliche Warenlager wie folgt ermittelt werden:

$$\frac{\text{Jahresanfangsbestand 01. 01. 01} + \text{12 Monatsendbestände}}{13} = \underline{\text{Durchschnittl. Lagerbestand}}$$

Eine Verlangsamung der Kennzahl Lagerumschlag ist immer als Alarmzeichen zu werten. Es handelt sich meistens um eine Schwachstelle, da die Versuchung, zuviel Kapital in den Beständen der Vorräte zu binden, für jedes Unternehmen relativ groß ist. Dabei geht es nicht darum, ein möglichst niedriges Lager zu halten, sondern der Lagerbestand sollte optimal sein.

Viele Unternehmen bilden auch noch die folgenden Kennzahlen, die aufzeigen, wie lange die Vorräte im Durchschnitt hinreichen:

$$\frac{360 \times \text{durchschnittl. Bestand Rohstoffe}}{\text{Materialeinsatz}} = \underline{\text{Reichweite der Vorräte}}$$

$$\frac{360 \times \text{durchschnittl. Bestand Fertigerzeugnisse}}{\text{Herstellungskosten des Umsatzes}} = \underline{\text{Reichweite der Vorräte}}$$

Diese beiden Kennzahlen werden vor allem im innerbetrieblichen Zeit- und Soll-Ist-Vergleich eingesetzt. Sie geben an, wie viele Tage die Vorräte an Rohstoffen für die Produktion bzw. wie viele Tage die Vorräte an Fertigerzeugnissen für den Absatz hinreichen. Die Kennzahlen sind hilfreich für das Finden von optimalen Lagerbeständen, die sowohl eine reibungslose Produktion als auch einen reibungslosen Absatz sicherstellen.

5.4 Monetäres Umlaufvermögen

Das monetäre Umlaufvermögen umfaßt die **flüssigen Mittel** (Kasse, Bankguthaben, Schecks) und die **Forderungen**.

Im Rahmen der Bilanzanalyse werden unter anderem folgende Kennzahlen zur Charakterisierung des monetären Umlaufvermögens gebildet:

$$\frac{\text{Monetäres Umlaufvermögen}}{\text{Gesamtvermögen}} \times 100 = \underline{\text{Finanzmittelquote}}$$

$$\frac{\text{Flüssige Mittel}}{\text{Gesamtvermögen}} \times 100 = \underline{\text{Finanzmittelquote}}$$

$$\frac{\text{Forderungen}}{\text{Gesamtvermögen}} \times 100 = \underline{\text{Finanzmittelquote}}$$

Bildet man die Kennzahl Finanzmittelquote in der Weise, daß im Zähler das gesamte monetäre Umlaufvermögen erscheint, ist für den Bilanzanalytiker nicht sofort erkennbar, worauf ein höherer Prozentwert zurückzuführen ist. Es kann sein, daß die Forderungen des Unternehmens schwerer zu Geld zu machen sind, wodurch sich die Finanzmittelquote erhöht, es kann aber auch sein, daß sich die flüssigen Mittel wesentlich erhöht haben und damit den Prozentwert Finanzmittelquote steigerten.

Um diese Schwierigkeiten der Interpretation zu umgehen, wird die Finanzmittelquote auch noch mit den beiden Zählergrößen »Flüssige Mittel« und »Forderungen« gebildet.

Die Forderungen sind in vielen Fällen die Ursache für eine Verlangsamung des Gesamtvermögensumschlages und damit der Rentabilität (ROI). Gerade in wirtschaftlich schwierigen Zeiten verschlechtert sich die Zahlungsmoral der Kunden, so daß die Forderungen erst relativ spät beglichen werden. Das Unternehmen muß die Forderungsbestände vorfinanzieren, was bei Zinssätzen von 15% und mehr selbstverständlich die Rentabilität negativ beeinflußt.

Der Bilanzanalytiker wird daher dem Forderungsbestand besondere Aufmerksamkeit widmen. Als wichtige Kennzahl hat sich hierfür bewährt:

$$\frac{360 \times \text{durchschnittl. Forderungsbestand}}{\text{Debitorenumsatz} + \text{USt.}} = \underline{\text{Umschlagsdauer der Forderungen}}$$

Da die Forderungen in der Bilanz grundsätzlich inklusive Umsatzsteuer auszuweisen sind, während der Umsatz in der Gewinn- und Verlustrechnung grundsätzlich netto ohne Umsatzsteuer erscheint, muß der Umsatz um die Umsatzsteuer erhöht werden, damit Zähler- und Nennergröße gleich bewertet sind.

Als Ergebnis dieser Kennzahl erhält man beispielsweise 80,4 Tage. Dies bedeutet, daß das Unternehmen im Durchschnitt 80,4 Tage warten muß, bis es seine Forderungen wieder zu Geld gemacht hat. Das Unternehmen muß diese 80,4 Tage durch Aufnahme eines teuren Kontokorrentkredites vorfinanzieren und verschlechtert damit seine Rentabilität.

Eine Verschlechterung der Kennzahl Umschlagsdauer der Forderungen im innerbetrieblichen Zeitvergleich ist ein bedenkliches Schwächezeichen. Der Bilanzanalytiker wird den Ursachen einer solchen negativen Entwicklung dieses Kennzahlenwertes nachspüren.

Hierzu könnte zum Beispiel wie folgt vorgegangen werden: Aus dem Gesamtforderungsbestand des Unternehmens werden die sogenannten »überfälligen Forderungen« ausgegliedert. Wenn im Durchschnitt die Kunden ihre Forderungen nach 50 Tagen begleichen, könnte man die überfälligen Forderungen als solche definieren, die nicht innerhalb von 50 Tagen realisiert werden.

	Überfällige Forderungen (> 50 Tage) in % des Gesamtforderungsbestandes
Geschäftsjahr 01	43%
Geschäftsjahr 02	68%

Der interne Bilanzanalytiker wird die Debitorenbuchhaltung zu Rate ziehen und die Firmen einzeln identifizieren, die ihre Forderungen erst nach mehr als 50 Tagen begleichen. Es kann dann im Einzelfall entschieden werden, ob gegen bestimmte Kunden das gerichtliche Mahnverfahren eingeleitet werden muß.

6. Analyse der Kapitalstruktur

Die Kapitalstruktur ergibt sich aus der Passivseite der Bilanz. Grundsätzlich wird zwischen Eigenkapital und Fremdkapital unterschieden.

Eigenkapital steht dem Unternehmen in der Regel unbefristet zur Verfügung. Für den Bilanzanalytiker ist das Eigenkapital in erster Linie als Haftungskapital für die Gläubiger von Bedeutung. Man spricht in diesem Zusammenhang auch von Risikokapital.

Darüber hinaus bildet das Eigenkapital die Finanzierungsgrundlage eines Unternehmens. Ohne Eigenkapital ist prinzipiell kein Fremdkapital zu bekommen.

6.1 Gesamtkapitaländerung, Verschuldungsgrad

Die Entwicklung des Gesamtkapitals eines Unternehmens läßt sich mit der Kennzahl:

$$\frac{\text{Gesamtkapital in 02}}{\text{Gesamtkapital in 01}} \times 100 = \underline{\text{Gesamtkapitaländerung}}$$

darstellen. Als Gesamtkapital wird im Rahmen der Bilanzanalyse die Passivseite der Bilanz zum jeweiligen Bilanzstichtag genommen.

Den Bilanzanalytiker interessieren dabei insbesondere Kapitalstrukturveränderungen. Er wird daher die Kennzahl Gesamtkapitaländerung mindestens um die beiden weiteren Kennzahlen ergänzen:

$$\frac{\text{Eigenkapital in 02}}{\text{Eigenkapital in 01}} \times 100 = \underline{\text{Eigenkapitaländerung}}$$

$$\frac{\text{Fremdkapital in 02}}{\text{Fremdkapital in 01}} \times 100 = \underline{\text{Fremdkapitaländerung}}$$

Bei Bildung dieser beiden Kennzahlen werden sowohl das Eigenkapital als auch das Fremdkapital zum jeweiligen Bilanzstichtag genommen.

Während die Kennzahl Gesamtkapitaländerung nur anzeigt, ob sich das Gesamtkapital vergrößert oder verringert hat, das heißt ob das Unternehmen gewachsen oder geschrumpft ist, geben die beiden weiteren Kennzahlen Eigenkapitaländerung und Fremdkapitaländerung einen vertieften Einblick in die Kapitalstruktur. Ist die Gesamtkapitaländerung auf eine Aufstockung des Eigenkapitals oder auf eine Vergrößerung des Fremdkapitals (neue Schulden) zurückzuführen? Die drei vorgenannten Kennzahlen bilden in der Regel die Ausgangsbasis für eine weitere und vertiefte Durchleuchtung der Kapitalstruktur eines Unternehmens.

Zur Analyse der Kapitalstruktur dient vor allem auch die Kennzahl:

$$\frac{\text{Fremdkapital}}{\text{Eigenkapital}} \times 100 = \underline{\text{Verschuldungsgrad}}$$

Die Kennzahl Verschuldungsgrad wird von vielen Unternehmen als Maßstab für die Beurteilung der finanziellen Unabhängigkeit herangezogen. Verfolgt ein Unternehmen das unternehmerische Oberziel »Finanzielle Unabhängigkeit«, wird es in der Regel dieses Ziel mit Hilfe der Kennzahl Verschuldungsgrad operational formulieren. Ein Unternehmen kann zum Beispiel definieren, daß das Ziel der finanziellen Unabhängigkeit nur dann erreicht ist, wenn der Verschuldungsgrad nicht über 250% ansteigt. Steigt der Verschuldungsgrad wider Erwarten über 250% an, ist das Ziel der finanziellen Unabhängigkeit verfehlt und das Unternehmen fühlt sich finanziell von seinen Gläubigern abhängig. Es wird verstärkte Anstrengungen unternehmen, um den Verschuldungsgrad auf die Obergrenze von beispielsweise 250% zurückzuführen.

6.2 Kapitalumschlag

Die Kennzahl Gesamtkapitalumschlag wird wie folgt gebildet:

$$\frac{\text{Gesamtleistung}}{\text{Gesamtkapital}} = \underline{\text{Gesamtkapitalumschlag}}$$

$$\frac{\text{Umsatz}}{\text{Gesamtkapital}} = \underline{\text{Gesamtkapitalumschlag}}$$

Die Kennzahl Gesamtkapitalumschlag zeigt an, wie oft das Gesamtkapital im Umsatz bzw. in der Gesamtleistung (bei Produktionsunternehmen) wieder hereingeholt wird. Ein hoher Gesamtkapitalumschlag trägt in der Regel zu einer überdurchschnittlichen Gesamtkapitalverzinsung bei.

Die Nennergröße Gesamtkapital kann entweder die Bilanzsumme (Passivseite der Bilanz) zum Bilanzstichtag oder die durchschnittliche Bilanzsumme bilden. Die durchschnittliche Bilanzsumme errechnet sich als arithmetisches Mittel aus:

$$\frac{\text{Gesamtkapital 01. 01. 01} + \text{Gesamtkapital 31. 12. 01}}{2} = \underline{\text{Durchschnittl. Bilanzsumme}}$$

Will ein Unternehmen die Kennzahl Gesamtkapitalumschlag im zwischenbetrieblichen Vergleich mit den entsprechenden Kennzahlenwerten eines oder mehrerer vergleichbarer Betriebe oder mit Branchendurchschnittswerten vergleichen, ist die Nennergröße, wie eben dargestellt, als arithmetisches Mittel zu errechnen.

Ein Absinken der Kennzahl Gesamtkapitalumschlag ist als ein Alarmzeichen zu werten, das eine eingehende Analyse sowohl der Vermögensstruktur (In welchen Vermögensgegenständen ist das Kapital gebunden?) als auch der Kapitalstruktur nach sich ziehen dürfte.

Je höher der Kapitalumschlag eines Unternehmens ist, um so niedriger ist im allgemeinen das Fremdkapitalrisiko einzuschätzen.

Während die Kennzahl Gesamtvermögensumschlag in eine Reihe von Teilkennzahlen aufgespalten wird (z.B. Lagerumschlagskennzahlen, Debitorenumschlag und dgl.), wird neben der Kennzahl Gesamtkapitalumschlag in der Regel nur die Kennzahl Eigenkapitalumschlag gebildet. Eine Aufspaltung der Kennzahl Gesamtkapitalumschlag in weitere Teilkennzahlen ist nicht sinnvoll.

6.3 Eigenkapitalkennzahlen

Den Bilanzanalytiker interessiert als erstes die Veränderung des Eigenkapitals eines Unternehmens. Hierzu wird die bereits unter Punkt 6.1 dargestellte Kennzahl

$$\frac{\text{Eigenkapital in 02}}{\text{Eigenkapital in 01}} \times 100 = \underline{\underline{\text{Eigenkapitaländerung}}}$$

gebildet. Diese Kennzahl wird vor allem zur Beurteilung der Frage herangezogen, ob das betreffende Unternehmen das Ziel der Unternehmenssicherung erfüllt oder verfehlt hat. Dabei ist allerdings festzustellen, daß ein Unternehmen das Ziel der Unternehmenssicherung bzw. Substanzerhaltung nicht schon dann erreicht, wenn das zahlenmäßige Eigenkapital (angenommen DM 500.000,—) Jahr für Jahr gleich bleibt. In einem solchen Falle bleibt unberücksichtigt, daß das Eigenkapital eines Unternehmens durch die Geldentwertung gemindert wird. Eine solche Inflationierung kann sowohl das Anlagevermögen (z.B. gestiegene Wiederbeschaffungskosten für Maschinen) als auch das Umlaufvermögen (z.B. gestiegene Wiederbeschaffungspreise für Roh-, Hilfs- und Betriebsstoffe) betreffen. Das zahlenmäßig gleichbleibende Eigenkapital würde im Falle einer anstehenden Wiederbeschaffung solcher Vermögensgegenstände nicht mehr ausreichen.

Außerdem muß ein Unternehmen, um das Ziel der Unternehmenssicherung zu erfüllen und die Substanz zu erhalten, den technischen Fortschritt berücksichtigen. Dies macht es häufig erforderlich, Innovationen durchzuführen, das heißt neue oder geänderte Verfahren anzuwenden, wofür in der Regel Kapital, insbesondere auch Eigenkapital, eingesetzt werden muß.

Eine Erhöhung des Eigenkapitals (absolut und in Prozent) deutet daher darauf hin, daß das analysierte Unternehmen das Ziel der Unternehmenssicherung erfüllt bzw. zumindest anstrebt.

Als nächstes wird die Kennzahl:

$$\frac{\text{Gesamtleistung/Umsatzerlöse}}{\text{Eigenkapital}} = \underline{\text{Eigenkapitalumschlag}}$$

gebildet. Als Zählergröße kann entweder die Gesamtleistung oder der Umsatz angesetzt werden. Die Nennergröße Eigenkapital wird in der Regel als arithmetisches Mittel aus Jahresanfangskapital und Jahresendkapital eines Geschäftsjahres errechnet.

Die Kennzahl Eigenkapitalumschlag zeigt an, mit wieviel Eigenkapitaleinsatz welche Gesamtleistung bzw. welcher Umsatz erzielt wurde. Je höher der Eigenkapitalumschlag ist, umso günstiger ist das Verhältnis des Eigenkapitaleinsatzes zur erbrachten Gesamtleistung (Umsatz). Dabei ist nicht nur die Entwicklung der Kennzahl Eigenkapitalumschlag im innerbetrieblichen Zeitvergleich, sondern insbesondere der Vergleich mit Branchendurchschnittswerten interessant, die als Soll-Werte aufgefaßt werden können.

Zur Analyse der Kapitalstruktur wird vor allem die Kennzahl:

$$\frac{\text{Eigenkapital}}{\text{Gesamtkapital}} \times 100 = \underline{\text{Eigenkapitalquote}}$$

gebildet.

Bei der Beurteilung dieser Kennzahl ergeben sich erhebliche Unterschiede, je nachdem, ob eine interne oder eine externe Bilanzanalyse durchgeführt wird.

Der interne Bilanzanalytiker ist imstande, sämtliche stillen Reserven, die im Anlage- und/oder im Umlaufvermögen gelegt wurden, wieder aufzulösen. Dadurch vermindern sich sowohl das im Jahresabschluß eines Unternehmens ausgewiesene Eigenkapital als auch das Gesamtkapital. Die Kennzahl Eigenkapitalquote kann somit zutreffend ermittelt werden.

Der externe Bilanzanalytiker, der nur auf den veröffentlichten Jahresabschluß angewiesen ist, kann die im Anlage- und/oder Umlaufvermögen gebildeten stillen Reserven nur teilweise erkennen und damit auflösen. So vermag insbesondere eine Analyse des Anhangs Informationen über die Bildung von stillen Reserven (z.B. steuerliche Sonderabschreibungen) zu vermitteln. Ein Großteil der gebildeten stillen Reserven bleibt dem externen Bilanzanalytiker verborgen. Dabei wird jedoch im Rahmen der externen Bilanzanalyse sowohl die Zähler- als auch die Nennergröße der Kennzahl Eigenkapitalquote verfälscht.

Die Kennzahl Eigenkapitalquote bringt zum Ausdruck, in welchem Umfang sich der Unternehmer (die Gesellschafter) für die Sicherheit und Kreditwürdigkeit des Unternehmens engagieren. Sie wird als Führungszahl sowohl im innerbetrieblichen Zeitvergleich als auch zwischenbetrieblich (durchschnittliche Eigenkapitalquote der Unternehmen einer bestimmten Branche) im Soll-Ist-Vergleich permanent verfolgt.

Wie bereits ausgeführt, umfaßt das Eigenkapital einer Kapitalgesellschaft auch die offenen Rücklagen. Für Kapitalgesellschaften wird daher zweckmäßigerweise folgende Kennzahl gebildet:

$$\frac{\text{Rücklagen}}{\text{Eigenkapital}} \times 100 = \underline{\text{Eigenkapitalsicherung}}$$

Je höher der Prozentwert ist, der sich bei dieser Kennzahl ergibt, um so günstiger ist die Eigenkapitalsituation der Kapitalgesellschaft zu beurteilen. Rücklagen sichern nämlich das Eigenkapital (Einlagekapital), da sie bei eventuell auftretenden Verlusten als erstes in Anspruch genommen werden.

6.4 Fremdkapitalkennzahlen

Zur Analyse des Fremdkapitals kann die Kennzahl Fremdkapitalquote herangezogen werden:

$$\frac{\text{Fremdkapital}}{\text{Gesamtkapital}} \times 100 = \underline{\underline{\text{Fremdkapitalquote}}}$$

Für eine vertiefte Analyse der Fremdkapitalstruktur werden noch die beiden folgenden Kennzahlen gebildet:

$$\frac{\text{Langfrist. Fremdkapital}}{\text{Gesamtkapital}} \times 100 = \underline{\underline{\text{Fremdkapitalquote}}}$$

$$\frac{\text{Kurzfrist. Fremdkapital}}{\text{Gesamtkapital}} \times 100 = \underline{\underline{\text{Fremdkapitalquote}}}$$

Die vorstehenden Fremdkapitalkennzahlen zeigen das Ausmaß des Fremdkapitals insgesamt auf. Zugleich wird noch die Struktur des Fremdkapitals deutlich, da die prozentualen Anteile des lang- und kurzfristigen Fremdkapitals ausgewiesen sind.

Die Kennzahl:

$$\frac{\text{Langfrist. Fremdkapital}}{\text{Kurzfrist. Fremdkapital}} \times 100 = \underline{\underline{\text{Fristenrelation des Kapitals}}}$$

zeigt das Verhältnis des langfristigen zum kurzfristigen Fremdkapital auf. Diese Kennzahl sollte stets innerhalb der Branche interpretiert werden, der das zu analysierende Unternehmen angehört. Ein Handelsunternehmen hat grundsätzlich einen höheren prozentualen Anteil des kurzfristigen Fremdkapitals am Gesamtkapital aufzuweisen als ein Industrieunternehmen, das in der Regel einen höheren prozentualen Anteil langfristigen Fremdkapitals am Gesamtkapital aufweist.

Erhöht sich bei einem Unternehmen die Fristenrelation des Kapitals in der Weise, daß das langfristige Fremdkapital prozentual zunimmt, stellt dies eine positive Entwicklung dar. Umgekehrt ist eine prozentuale Zunahme des kurzfristigen

Fremdkapitals am Gesamtkapital in der Regel negativ zu interpretieren.

Die Kennzahl:

$$\frac{360 \times \text{durchschnittl. Kreditorenbestand}}{\text{Wareneinkauf/Materialeinkauf} + \text{USt.}} = \underline{\text{Umschlagsdauer der Kreditoren}}$$

zeigt an, nach wie vielen Tagen im Durchschnitt ein Unternehmen seine Lieferantenverbindlichkeiten begleicht.

Die Zählergröße ergibt sich als arithmetisches Mittel aus Jahresanfangsbestand und Jahresendbestand der Lieferantenverbindlichkeiten × 360 Tage. Dabei ist sorgfältig darauf zu achten, daß im Zähler nur Lieferantenverbindlichkeiten, zu denen auch die Lieferantenwechsel zählen, und keine sonstigen kurzfristigen Verbindlichkeiten aufgeführt sind.

Als Nennergröße erscheint entweder der Materialeinkauf (bei einem Produktionsunternehmen) oder der Wareneinkauf (bei einem Handelsunternehmen). Da die Lieferantenverbindlichkeiten in der Bilanz brutto (incl. Umsatzsteuer) ausgewiesen werden, muß im Nenner der Material- bzw. Wareneinkauf ebenfalls die Umsatzsteuer mit enthalten. Nur so sind Zähler- und Nennergröße gleich bewertet.

Beträgt die Kennzahl der Umschlagsdauer der Kreditoren beispielsweise 30 Tage, heißt dies, daß das analysierte Unternehmen nicht skontiert. Da der Lieferantenkredit grundsätzlich der teuerste Kredit ist, den ein Unternehmen in Anspruch nehmen kann, ist ein Kennzahlenwert von beispielsweise 30 Tagen oder mehr für die Umschlagsdauer der Kreditoren als negativ zu interpretieren.

Beispiel: Lautet die Zahlungskondition 3% Skonto bei Zahlung innerhalb von 10 Tagen oder 30 Tage netto, ist dies gleichbedeutend mit 3% Zinsen für 20 Tage Kreditinanspruchnahme, da das Unternehmen mit der Bezahlung der Rechnung ohnehin 10 Tage warten könnte. Rechnet man diese 3% auf das ganze Jahr hoch, ergibt sich ein Jahreszins von 54% (360 : 20 = 18; 18 × 3% = 54%).

Die Kennzahl:

$$\frac{\text{Lieferantenschulden} + \text{Wechselverbindlichkeiten}}{\text{Gesamtverbindlichkeiten}} \times 100 = \underline{\text{Lieferantenabhängigkeit}}$$

zeigt, vor allem im innerbetrieblichen Zeitvergleich, an, in welchem Umfang ein Unternehmen von seinen Lieferanten abhängig ist bzw. werden kann. Das Unternehmen wird sich in der Regel ein Limit setzen, bis zu welchem Prozentsatz es eine Lieferantenabhängigkeit als noch tolerierbar betrachtet.

Als weitere Kennzahl kann die sogenannte Bankenabhängigkeit:

$$\frac{\text{Bankverbindlichkeiten}}{\text{Gesamtverbindlichkeiten}} \times 100 = \underline{\text{Bankenabhängigkeit}}$$

gebildet werden, die den Grad der Abhängigkeit von den Banken als Gläubiger aufzeigt.

Zu den Fremdkapitalkennzahlen zählen auch die sogenannten Rückstellungsquoten, die wie folgt gebildet werden:

$$\frac{\text{Rückstellungen}}{\text{Gesamtkapital}} \times 100 = \underline{\text{Rückstellungsquote}}$$

$$\frac{\text{Pensionsrückstellungen}}{\text{Gesamtkapital}} \times 100 = \underline{\text{Rückstellungsquote}}$$

$$\frac{\text{Sonstige Rückstellungen}}{\text{Gesamtkapital}} \times 100 = \underline{\text{Rückstellungsquote}}$$

Steigen die Rückstellungsquoten im Zeitvergleich an, erhöht sich häufig das Unternehmensrisiko.

Das Unternehmen ist verpflichtet, unter der Bilanz oder im Anhang auch die sogenannten **Eventualverbindlichkeiten** auszuweisen. Hierzu wird folgende Kennzahl gebildet:

$$\frac{\text{Eventualverbindlichkeiten}}{\text{Gesamtkapital}} \times 100 = \underline{\underline{\text{Eventualverbindlichkeitenquote}}}$$

Da Eventualverbindlichkeiten zu echten Verbindlichkeiten für ein Unternehmen werden können, ist ein Ansteigen dieser Kennzahl in der Regel als ungünstig zu beurteilen.

7. Analyse der Finanzstruktur

Der Grundsatz des true and fair view verlangt unter anderem, daß der Jahresabschluß der Kapitalgesellschaften ein den tatsächlichen Verhältnissen entsprechendes Bild der **Finanzlage** zu vermitteln hat.

Dabei sind sämtliche Bilanzleser daran interessiert, ein zuverlässiges Bild über die Liquiditätslage eines Unternehmens zu gewinnen. Unter **Liquidität ist die Fähigkeit eines Unternehmens zu verstehen, allen Zahlungsnotwendigkeiten und allen Zahlungsverpflichtungen jederzeit termingerecht nachkommen zu können.** Das Unternehmen muß in der Lage sein, die Löhne und Gehälter, die Steuern, die Zinsen, die Lieferantenverbindlichkeiten usw. zu bezahlen, die Tilgungsraten für Kredite zu entrichten und dgl. Kurz, das Unternehmen muß sich im finanziellen Gleichgewicht befinden. Dabei interessiert den Bilanzanalytiker nicht nur die Liquidität zu einem bestimmten Zeitpunkt (Bilanzstichtag), sondern er möchte wissen, ob die Liquidität des Unternehmens auch in der Zukunft gesichert ist. Die Finanzanalyse hat daher auch Informationen über die künftige finanzielle Situation eines Unternehmens zu liefern.

7.1 Finanzierungsregeln

In Teil II, Punkt 2.4 wurde bereits die »Goldene Bankregel in der erweiterten Form« als horizontale Bilanzstrukturregel vorgestellt. Die Banken setzen diese Finanzierungsregel bei ihren Kreditwürdigkeitsprüfungen ein.

Das Unternehmen sollte daher permanent die Kennzahl

$$\frac{\text{Eigenkapital + langfristiges Fremdkapital}}{\text{Anlagevermögen} + \frac{1}{4}\,(\frac{1}{5})\ \text{Umlaufvermögen}} \times 100 = \underline{\text{Anlagendeckungsgrad}}$$

verfolgen. Wird der Wert von 100 % überschritten, ist die Goldene Bankregel in der erweiterten Form nicht mehr erfüllt. Dies kann unter Umständen die Kreditaufnahme eines Unternehmens gefährden.

Als weitere Finanzierungsregel ist die sogenannte »Banker's Rule« zu nennen:

$$\frac{\text{Umlaufvermögen}}{\text{Kurzfrist. Verbindlichkeiten}} = 2:1$$

Amerikanische Banken fordern nach dieser Finanzierungsregel bei der Kreditaufnahme ein Verhältnis von 2 : 1 zwischen Umlaufvermögen und kurzfristigem Fremdkapital. Von deutschen Unternehmen wird diese Relation aufgrund der Banker's Rule im Durchschnitt nicht erreicht. Dabei kann jedoch keinesfalls behauptet werden, daß die Liquidität eines Unternehmens grundsätzlich gefährdet ist, wenn eine solche Bilanzrelation nicht erreicht wird.

Zur Beurteilung der kurzfristigen Liquidität wird vor allem die folgende Kennzahl eingesetzt:

$$\frac{\text{Monetäres Umlaufvermögen}}{\text{Kurzfrist. Fremdkapital}} \times 100 = \underline{\text{Quick Ratio}}$$

Für die Kennzahl Quick Ratio gilt wiederum nach amerikanischen Erfahrungen die 1 : 1-Regel, das heißt ein Wert von 100 % sollte möglichst nicht unterschritten werden. Die Kennzahl Quick Ratio zeigt an, ob ein Unternehmen jederzeit aus seinen liquiden bzw. leicht zu liquidierenden Mitteln die laufenden Ausgaben bezahlen bzw. die kurzfristigen Verbindlichkeiten begleichen kann.

Finanzierungsregeln können nicht als allgemeingültige Aussagen akzeptiert werden. Sie gewähren in der Regel nur einen groben Einblick in die Liquiditätsverhältnisse am **Bilanzstichtag**. Nichtsdestoweniger sollte sie jedes Unternehmen kennen und als eine Art Handlungsempfehlung betrachten, die Finanzierungsentscheidungen vorbereiten hilft.

7.2 Liquiditätskennzahlen

Das Gliederungsschema der Bilanz folgt auf der Aktivseite dem Grundgedanken der **absoluten Liquidität.** Die am schwersten zu liquidierenden Vermögensteile stehen am Anfang. Je geldnäher ein Vermögensteil ist, um so weiter unten wird er im Gliederungsschema auf der Aktivseite aufgeführt, bis hin zu den flüssigen Mitteln (Kassenbestand, Schecks und dgl.).

Zur kurzfristigen Liquiditätsanalyse werden vor allem die sogenannten Liquiditätsgrade eingesetzt. Dabei bildet man in der Praxis vor allem die beiden folgenden Liquiditätskennzahlen:

$$\frac{\text{Liquide Mittel 1. Grades}}{\text{Kurzfrist. Verbindlichkeiten}} \times 100 = \underline{\text{Liquidität 1. Grades}}$$

$$\frac{\text{Liquide Mittel 2. Grades}}{\text{Kurzfrist. Verbindlichkeiten}} \times 100 = \underline{\text{Liquidität 2. Grades}}$$

Dabei werden die liquiden Mittel und die kurzfristigen Verbindlichkeiten wie folgt abgegrenzt:

Liquide Mittel 1. Grades = Barmittel, Bankguthaben, Schecks, Wechsel

Liquide Mittel 2. Grades = Liquide Mittel 1. Grades
+ Vorräte an Roh-, Hilfs- und Betriebsstoffen
+ Forderungen aus Lieferungen und Leistungen

| Kurzfristige Verbindlichkeiten | = Verbindlichkeiten aus Lieferungen und Leistungen
+ Sonstige kurzfristige Verbindlichkeiten
+ Kurzfrist. Rückstellungen |

Dabei wird in der Regel erwartet, daß die Liquidität 1. Grades 100 % betragen sollte. Der Aussagewert der Liquiditätsgrade als Liquiditätskennzahlen wird in der Fachliteratur als relativ gering eingeschätzt. Diese eher negative Einschätzung resultiert daraus, daß sich aus der Liquidität am Bilanzstichtag und der zukünftigen Liquidität kein kausaler Zusammenhang herstellen läßt.

Eine Liquiditätskennzahl, die im Rahmen der Bilanzanalyse relativ schnell eine Beurteilung der Liquiditätssituation eines Unternehmens zuläßt, ist das **Net Working Capital,** das in der Regel in einem innerbetrieblichen Zeitvergleich verfolgt wird:

	Periode		
	01	02	03
Umlaufvermögen − Kurzfristige Verbindlichkeiten − Kurzfristige Rückstellungen			
= Net Working Capital ±			

Steigt das Net Working Capital im innerbetrieblichen Zeitvergleich permanent an, das heißt übersteigt das Umlaufvermögen das kurzfristige Fremdkapital, eventuell noch mit wachsender Tendenz, kann man davon ausgehen, daß das Unternehmen bei normalem Fortgang auch in der Zukunft keine Liquiditätsprobleme haben wird. Dies läßt sich anhand des folgenden vereinfachten Bilanzschemas verdeutlichen:

Aktiva	Passiva
Anlagevermögen	Eigenkapital
Net Working Capital	Langfristiges Fremdkapital (> 5 Jahre)
Umlaufvermögen	Kurzfristiges Fremdkapital (≤ 1 Jahr)

Der schraffierte Teil stellt das Net Working Capital dar. Um diesen Teil übersteigt das Umlaufvermögen das kurzfristige Fremdkapital. Der übersteigende Teil ist langfristig, das heißt mit Fremdkapital, das eine Laufzeit von mehr als fünf Jahren aufweist, finanziert. Dies bedeutet, daß Teile des Umlaufvermögens, die relativ schnell wieder zu Geld gemacht werden können, wie Forderungen, Vorräte, Wertpapiere und dgl., langfristig finanziert sind. Das Unternehmen verfügt dadurch über einen erheblichen Aktionsraum. Es hat keine Liquiditätsprobleme, da es im normalen Geschäftsfortgang alle auftretenden Zahlungsnotwendigkeiten und Zahlungsverpflichtungen in der Regel termingerecht erfüllen kann.

Anders wäre die Situation zu beurteilen, wenn das Unternehmen entweder ein negatives Net Working Capital aufweisen würde oder wenn es größere Investitionsvorhaben plante, die erhebliche finanzielle Mittel verlangen. In einem solchen Falle reicht eine statische Liquiditätsanalyse, wie sie die Bildung solcher Liquiditätskennzahlen darstellt, nicht mehr aus. Hier ist eine dynamische Liquiditätsanalyse und eine Finanzplanung anzuraten bzw. notwendig.

7.3 Cashflow

Unter dem Cashflow ist der finanzielle Überschuß aus den laufenden Operationen eines Unternehmens innerhalb einer Bilanzierungsperiode zu verstehen. Der Cashflow ist eine besonders instruktive Kennzahl zur Darstellung der Finanzlage eines Unternehmens, die jeder Manager permanent verfolgen sollte.

Der Cashflow bildet das Gegenstück zu dem Ergebnis der Gewinn- und Verlustrechnung. Während der Gewinn bzw. Verlust den periodengerechten Erfolg ausweist, vermittelt der Cashflow einen Überblick über die finanziellen Auswirkungen, die der Umsatzprozeß eines Unternehmens in der Bilanzierungsperiode gehabt hat.

Der Cashflow wird grundsätzlich wie folgt errechnet:

>   Gewinn
> + Aufwand, der nicht mit Ausgaben verbunden ist
> − Erträge, die nicht mit Einnahmen verbunden sind
> _____
> = Cashflow

Der Gewinn als Ausgangsgröße für die Berechnung des Cashflow wird um alle Aufwendungen erhöht, die zwar den Gewinn gemindert, die jedoch zu keinerlei Mittelabflüssen an die Umwelt geführt haben. So haben beispielsweise die Abschreibungen auf das Anlagevermögen, die ein Unternehmen innerhalb eines Geschäftsjahres getätigt hat, zwar den Gewinn gemindert, es sind jedoch durch diese Anlagenabschreibungen keine finanziellen Mittel an die Umwelt abgeflossen. Wenn man unterstellt, daß diese Abschreibungen in den Absatzpreisen kalkuliert wurden, sind sie im Laufe der Bilanzierungsperiode wieder an das Unternehmen zurückgeflossen und haben entsprechend zu einer Erhöhung der liquiden Mittel, das heißt des finanziellen Überschusses, geführt.

Umgekehrt sind bei der Berechnung des Cashflow alle Erträge von dem Gewinn abzusetzen, die zwar den Gewinn erhöht, aber zu keinerlei Mittelzuflüssen aus der Umwelt geführt haben. So sind Zuschreibungen bei dem Anlagevermögen (z.B. Kursgewinne bei Wertpapieren im Anlagevermögen), die den Gewinn der laufenden Bilanzierungsperiode erhöht haben, für die Berechnung des Cashflow wieder abzuziehen, da sie zu keiner Erhöhung der liquiden Mittel (finanzieller Überschuß) geführt haben.

Eine GmbH kann im Rahmen der Analyse ihres Jahresabschlusses, ausgehend von dem Bilanzgewinn (= Jahresüberschuß nach Gewinnverwendung), den Cashflow wie folgt berechnen:

Bilanzgewinn
+ Rücklagenerhöhung
− Rücklagenauflösung
+ Abschreibungen auf das Anlagevermögen
− Zuschreibungen auf das Anlagevermögen
+ Erhöhung der langfristigen Rückstellungen
− Verminderung der langfristigen Rückstellungen
+ Neutrale Aufwendungen (außerordentliche, periodenfremde)
− Neutrale Erträge (außerordentliche, periodenfremde)

= Cashflow

Der Bilanzgewinn ist die G-u.-V-Position Nr. 20 »Jahresüberschuß« oder »Jahresfehlbetrag« nach Gewinnverwendung. Dies bedeutet, daß der erzielte Jahresüberschuß bereits teilweise in die Rücklagen eingestellt bzw. an die Gesellschafter ausgeschüttet wurde.

Wurde ein Teil des Jahresüberschusses in die Gewinnrücklagen eingestellt, handelt es sich um Aufwendungen, die nicht zu Ausgaben geführt haben. Es ist nichts an die Umwelt abgeflossen. Aus diesem Grunde sind Rücklagenerhöhungen dem Bilanzgewinn wieder hinzuzurechnen.

Umgekehrt sind Rücklagenauflösungen Erträge, die den Gewinn erhöht haben, aber zu keinerlei Mittelzuflüssen aus der Umwelt geführt haben. Sie sind von dem Gewinn wieder abzuziehen.

Während Anlagenabschreibungen Aufwendungen sind, die mit keinen Ausgaben verbunden sind, stellen Zuschreibungen auf das Anlagevermögen Erträge dar, die mit keinen Einnahmen verbunden sind. Die Anlagenabschreibungen sind dem Bilanzgewinn hinzuzuaddieren, und die Zuschreibungen sind vom Bilanzgewinn zu kürzen.

Die Erhöhung von langfristigen Rückstellungen, zum Beispiel Pensionsrückstellungen, stellt Aufwendungen dar, die nicht mit Ausgaben verbunden sind, also dem Bilanzgewinn wieder hinzugerechnet werden müssen.

Die Auflösung von langfristigen Rückstellungen, zum Beispiel von Prozeßkostenrückstellungen, stellt Erträge dar, die nicht mit Einnahmen verbunden sind, also vom Bilanzgewinn wieder abgesetzt werden müssen.

Neutrale Aufwendungen werden dem Bilanzgewinn wieder hinzugerechnet, obwohl es sich um Aufwendungen handeln kann, die mit Ausgaben verbunden sind (z. B. Spenden an das Rote Kreuz). Man begründet dies damit, daß solche Aufwendungen nicht unmittelbar aus dem Betriebszweck heraus (z. B. Herstellung und Vermarktung eines bestimmten Produktes) resultieren.

Neutrale Erträge (z. B. Verkauf von Anlagegegenständen über ihrem Buchwert) können ebenfalls zu Einnahmen führen, die den finanziellen Überschuß erhöhen. Sie werden jedoch vom Cashflow wieder abgezogen, weil sie ebenfalls nicht aus dem Betriebszweck heraus erzielt wurden. Das Unternehmen handelt nicht mit Anlagegegenständen, sondern stellt ein bestimmtes Produkt her, das es vermarktet.

Ein Einzelunternehmen und eine Personenhandelsgesellschaft müssen, wie die Kapitalgesellschaften, zwischen dem Brutto-Cashflow und dem Netto-Cashflow unterscheiden. Das vorgenannte Cashflow-Schema führt bei einer Kapitalgesellschaft unmittelbar zum Netto-Cashflow. Im Einzelunternehmen und in den Personengesellschaften gelangt man zum Netto-Cashflow, indem man den Brutto-Cashflow um die Privatentnahmen und die privaten Steuern (Einkommensteuer, Vermögensteuer, Kirchensteuer) vermindert:

　　Brutto-Cashflow
－ Privatentnahmen
－ Private Steuern
———————————————
＝ Netto-Cashflow

Der Bilanzanalytiker muß sich darüber im klaren sein, daß der Cashflow keine Liquiditätsreserve für die Zukunft darstellt, die am Bilanzstichtag noch vorhanden wäre. Das Unternehmen hat den in der Bilanzierungsperiode erwirtschafteten finanziellen Überschuß entsprechend seinem Finanz- und Investitionsplan bereits wieder investiert, das heißt, es wurden z. B. Anlagegüter oder Vorräte angeschafft und dgl.

Der Cashflow stellt eine instruktive Kennzahl dar, die etwas über die

- Selbstfinanzierungskraft,
- Investitionskraft,
- Schuldentilgungskraft

eines Unternehmens aussagt.

Der finanzwirtschaftliche Überschuß aus der Betriebstätigkeit ist in erster Linie ein Maßstab für die **Selbstfinanzierungskraft** eines Unternehmens. Der Cashflow beschreibt die Expansionsmöglichkeiten eines Unternehmens, da diese an die Leistung des Betriebsprozesses, das heißt an den finanzwirtschaftlichen Überschuß, gekoppelt ist. Je höher der Cashflow ist, desto weniger muß von dem Unternehmen liquiditätsbeanspruchendes Fremdkapital zur Finanzierung aufgenommen werden. Um den Cashflow für die Beurteilung des Innenfinanzierungsspielraums noch aussagekräftiger zu machen, wird insbesondere die Cashflow-Rate als Kennzahl ermittelt:

$$\frac{\text{Cashflow}}{\text{Umsatz}} \times 100 = \underline{\underline{\text{Cashflow-Rate}}}$$

$$\frac{\text{Cashflow}}{\text{Gesamtleistung}} \times 100 = \underline{\underline{\text{Cashflow-Rate}}}$$

Die Kennzahl Cashflow-Rate bildet das Gegenstück zu der Kennzahl Umsatzrendite. Grundsätzlich sollte die Cashflow-Rate bei einem Unternehmen höher ausfallen als die Umsatzrendite (Cashflow-Rate > Umsatzrendite). Die Cashflow-Rate sollte als Führungszahl permanent im inner- und zwischenbetrieblichen Kennzahlenvergleich verfolgt werden. Ein Absinken der Cashflow-Rate im Zeitvergleich sollte Anlaß für weitergehende Ursachenanalysen sein.

Der Cashflow bildet auch einen Maßstab für die **Investitionskraft** eines Unternehmens. Der Cashflow, der von dem Unternehmen selbst erwirtschaftet wurde, steht für Finanzierungen zur Verfügung, ohne daß sich das Unternehmen an außenstehende Kreise wenden muß. Der Cashflow kann daher der Finanzierung sowohl von Ersatzinvestitionen als auch von Erweiterungsinvestitionen dienen. Die Kennzahl sagt etwas darüber aus, ob geplante Rationalisierungs- und Erweiterungsinvestitionen durch den betrieblichen Umsatzprozeß abgegolten werden können.

Zur Beurteilung der Investitionskraft eines Unternehmens werden in der Regel folgende Kennzahlen gebildet:

$$\frac{\text{Cashflow}}{\text{Nettoanlageinvestitionen}} \times 100 = \frac{\text{Cashflow in \% der}}{\text{Nettoanlageinvestitionen}}$$

$$\frac{\text{Cashflow}}{\text{Bruttoanlageinvestitionen}} \times 100 = \frac{\text{Cashflow in \% der}}{\text{Bruttoanlageinvestitionen}}$$

Die Nettoanlageinvestitionen errechnen sich als Differenzbetrag des Sachanlagevermögens am 31. 12. 02 und am 31. 12. 01 unmittelbar aus dem Anlagegitter.

Zu den Bruttoinvestitionen gelangt man, indem man den Nettoanlageinvestitionen die Abschreibungen des laufenden Geschäftsjahres, die als Ersatzinvestitionen angesehen werden, hinzuaddiert.

Beide Kennzahlen sollen einen möglichst hohen Prozentsatz erreichen. Dadurch wird aufgezeigt, in welchem Umfang die Erweiterungs- und Ersatzinvestitionen aus dem selbst erwirtschafteten finanziellen Überschuß finanziert werden können, ohne daß die Banken einen Kredit zur Verfügung stellen müssen.

Schließlich dient der Cashflow auch als Maßstab für die **Schuldentilgungskraft** eines Unternehmens. Die Kennzahl gibt an, wieviel als finanzieller Überschuß anfällt und wieviel davon bei normalem Fortgang des Unternehmens zur Schuldentilgung außerhalb des laufenden Umschlagsprozesses verwendet werden kann. Dabei vermag der Cashflow vor allem die Verschuldungsgrenze aufzuzeigen, das heißt das Ausmaß der zulässigen Verschuldung. Zur Beurteilung der Schuldentilgungskraft eines Unternehmens werden vor allem die beiden folgenden Kennzahlen herangezogen:

$$\frac{\text{Cashflow}}{\text{Nettogesamtschulden}^{1)}} \times 100 = \underline{\text{Schuldentilgungspotential}}$$

$$\frac{\text{Nettogesamtschulden}^{1)}}{\text{Cashflow}} = \underline{\text{Schuldentilgungsdauer in Jahren}}$$

[1] Fremdkapital
 − Liquide Mittel

= Nettogesamtschulden

Zur Ermittlung der Nettogesamtschulden eines Unternehmens werden die liquiden Mittel abgesetzt, die selbstverständlich sofort zur Schuldentilgung eingesetzt werden könnten.

Bei der Kennzahl **Schuldentilgungspotential** sollte ein möglichst hoher Prozentsatz erreicht werden. Ein solcher zeigt auf, daß das Unternehmen seine Betriebsschulden weitgehend aus selbst erwirtschafteten Mitteln innerhalb kurzer Zeit zurückzahlen kann.

Die **Schuldentilgungsdauer** in Jahren sagt ebenfalls etwas aus zur Schuldentilgungskraft eines Unternehmens. Es ist eine Variante zur Beurteilung der Schuldentilgungskraft. Es sollte sich eine möglichst niedrige Schuldentilgungsdauer errechnen. Beträgt die Schuldentilgungsdauer beispielsweise fünf Jahre, bedeutet dies, daß das Unternehmen in der Lage ist, seine Nettogesamtschulden aus selbst erwirtschafteten finanziellen Mitteln innerhalb dieses Zeitraums zurückzuzahlen. Wird daher von diesem Unternehmen bei seiner Hausbank ein größeres Tilgungsdarlehen mit angenommen zwölfjähriger Laufzeit beantragt, wird ein solcher Kreditantrag in der Regel positiv gesehen.

7.4 Dynamische Liquidität

Der Haupteinwand gegen die statische Liquiditätsanalyse mit Hilfe von Finanzierungsregeln und Liquiditätskennzahlen besteht darin, daß es sich immer nur um eine Momentaufnahme zum Bilanzstichtag handelt. Aus diesem Grunde wird gefordert, die bestandsorientierte Liquiditätsanalyse um eine dynamische Liquiditätsanalyse zu ergänzen bzw. zu erweitern, die eine bewegungs- oder stromgrößenorientierte Finanzabrechnung darstellt, die mit Einnahmen und Ausgaben operiert.

Das neue deutsche Bilanzrecht hat die Empfehlung der Vierten EG-Bilanzrichtlinie, eine sogenannte Kapitalflußrechnung zusätzlich zum Jahresabschluß zu verlangen, nicht aufgegriffen. Der externe Bilanzanalytiker ist daher gezwungen, selbst eine **Kapitalflußrechnung** aus dem Jahresabschluß abzuleiten.

Eine Kapitalflußrechnung soll zusätzlich zur Bilanz und zur Gewinn- und Verlustrechnung in einer gesonderten Darstellung ergänzende Aussagen über die Investitions- und Finanzierungsvorgänge sowie die Entwicklung der finanziellen Lage eines Unternehmens machen. Es handelt sich um eine Veränderungsrechnung, die die Herkunft und die Verwendung liquider Mittel zwischen zwei Bilanzstichtagen aufzeigen soll.

Ausgangspunkt einer Kapitalflußrechnung ist die Gesamtheit von Finanzierungsmitteln, die als Fonds bezeichnet werden und deren Veränderung innerhalb einer Bilanzierungsperiode als Mittelherkunft und als Mittelverwendung aufgezeigt werden. Damit besteht die Kapitalflußrechnung aus zwei Teilrechnungen:

1. **Fondsveränderungsnachweis:**

   In dieser Teilrechnung wird die Gesamtveränderung des Fonds und seiner Komponenten dargestellt.

2. **Eigentliche Kapitalflußrechnung:**

   Hier werden die Ursachen der Veränderungen der Fonds als Mittelherkunft und als Mittelverwendung aufgezeigt.

Für die Aussagefähigkeit einer Kapitalflußrechnung kommt der Abgrenzung der Finanzmittelfonds eine zentrale Bedeutung zu. Eine mögliche Fondsabgrenzung könnte wie folgt vorgenommen werden:

Netto verfügbare flüssige Mittel:

Hierzu gehören: Kasse, Bank, Postscheck, leicht veräußerbare Wertpapiere des Umlaufvermögens. Diese flüssigen Mittel werden um entsprechende Passivposten (z.B. kurzfristige Verbindlichkeiten) vermindert und führen zu dem Fonds (netto verfügbare flüssige Mittel).

Bei der Fondsabgrenzung wird im Regelfall von einer Laufzeit bis zu einem Jahr ausgegangen, wobei jedoch nicht die ursprünglich vereinbarte, sondern die Restlaufzeit maßgebend ist. Die hierfür notwendigen Angaben sind entweder der Bilanz oder dem Anhang zu entnehmen.

In der Kapitalflußrechnung werden als Herkunft und als Mittelverwendung nur die Veränderungen der nicht zum Finanzmittelfonds gehörenden Positionen ausgewiesen. Diese Finanzierungsvorgänge wirken sich als Saldo auf den Finanzmittelfonds aus. Das folgende Beispiel einer vereinfachten Kapitalflußrechnung soll diese Zusammenhänge verdeutlichen (*Abb. 17*):

Abb. 17: **Entwicklung einer einfachen Kapitalflußrechnung**

AKTIVA	BJ.	VJ.	PASSIVA	BJ.	VJ.
Anlagevermögen	56	45	**Eigenkapital**	47	46
Zugang	(30)	(20)	Gewinn	(1)	(2)
Abschreibungen	(19)	(15)			
Umlaufvermögen			**Fremdkapital**		
flüssige Mittel	11	20	Bankkredit	6	5
Forderungen			Verbindlichkeiten		
aus L + L	36	34	aus L + L	40	34
Vorräte	10	12	sonstige Verbindlichkeiten	20	26
	113	111		113	111

FINANZMITTELFONDS	VJ.	Veränd.	BJ.
flüssige Mittel	20	./. 9	11
Bankkredit	./. 5	./. 1	./. 6
netto verfügbare flüssige Mittel	15	./. 10	5

Erläuterung der Veränderung

Mittelherkunft:	
Gewinn	1
Abschreibungen	19
Innenfinanzierung (Cash-Flow)	20
Mittelverwendung:	
Zugang Anlagevermögen	./. 30
Veränderung der »netto verfügbaren flüssigen Mittel«	./. 10

8. 25 Führungszahlen für das Management

Im Rahmen der Bilanzanalyse läßt sich eine fast unbegrenzte Menge von Bilanzkennzahlen bilden. Hier kann es leicht passieren, daß Kennzahlen um ihrer selbst willen und nicht für die Lösung von Entscheidungsproblemen aufgestellt werden.

Für das Management gilt es daher, eine Auswahl zu treffen. Die folgenden 25 Bilanzkennzahlen stellen Führungszahlen dar, die das Management stets parat haben sollte. Diese Führungszahlen sollten permanent gebildet und auch ausgewertet werden. Auf diese Weise bekommt das Management einen vertieften Einblick in die wirtschaftliche Gesamtsituation seines Unternehmens, erkennt relativ frühzeitig und damit hoffentlich auch rechtzeitig Gefahren, die der Entwicklung des Unternehmens drohen, und kann so im richtigen Zeitpunkt gegensteuern.

Selbstverständlich kann es notwendig werden, im Einzelfall über diese 25 Führungszahlen hinaus zusätzliche Bilanzkennzahlen zu bilden, wenn es darum geht, bestimmte wirtschaftliche Situationen zu verdeutlichen und dem Bilanzleser transparent zu machen.

25 FÜHRUNGSZAHLEN FÜR DAS MANAGEMENT

A. AUFWANDS- UND ERTRAGSSTRUKTUR

1. Return on Investment (ROI)

$$*\text{ROI}_{GK} = \frac{(\text{Jahresüberschuß} + \text{Fremdkapitalzinsen}) \times 100}{\text{Gesamtleistung/Umsatzerlöse}} \times \frac{\text{Gesamtleistung/Umsatzerlöse}}{(\text{Eigenkapital} + \text{Fremdkapital})}$$

$$*\text{ROI}_{EK} = \frac{\text{Jahresüberschuß} \times 100}{\text{Gesamtleistung/Umsatzerlöse}} \times \frac{\text{Gesamtleistung/Umsatzerlöse}}{\text{Eigenkapital}}$$

* Die Kennzahl wird so nur für Kapitalgesellschaften ermittelt.

$$\text{ROI}_{GK} = \frac{(\text{Gewinn vor Steuern} + \text{Fremdkap.zinsen}) \times 100}{\text{Gesamtleistung/Umsatzerlöse}} \times \frac{\text{Gesamtleistung/Umsatzerlöse}}{(\text{Eigenkapital} + \text{Fremdkapital})}$$

$$\text{ROI}_{EK} = \frac{\text{Gewinn vor Steuern} \times 100}{\text{Gesamtleistung/Umsatzerlöse}} \times \frac{\text{Gesamtleistung/Umsatzerlöse}}{\text{Eigenkapital}}$$

2. Umsatzrendite

$$*\text{Umsatzrendite} = \frac{\text{Jahresüberschuß}}{\text{Gesamtleistung/Umsatzerlöse}} \times 100$$

* Die Kennzahl wird so nur für Kapitalgesellschaften ermittelt.

$$\text{Umsatzrendite} = \frac{\text{Gewinn vor Steuern}}{\text{Gesamtleistung/Umsatzerlöse}} \times 100$$

3. **Umsatzindex**

$$\text{Umsatzindex} = \frac{\text{Umsatz lfd. Geschäftsjahr}}{\text{Umsatz Vorjahr}} \times 100$$

4. **Personalproduktivität**

$$\text{Umsatz je beschäftigte Person} = \frac{\text{Umsatz}}{\text{Zahl der Beschäftigten}}$$

$$\frac{\text{Gesamtleistung je}}{\text{beschäftigte Person}} = \frac{\text{Gesamtleistung}}{\text{Zahl der Beschäftigten}}$$

5. **Rohertragsquote**

$$\text{Rohertragsquote} = \frac{\text{Rohertrag}}{\text{Gesamtleistung}} \times 100$$

$$\text{Rohertragsquote} = \frac{\text{Rohertrag}}{\text{Umsatz}} \times 100$$

6. **Personalaufwandsquote**

$$\frac{\text{Personalauf-}}{\text{wandsquote}} = \frac{\text{Personalaufwendungen}}{\text{Gesamtleistung/Umsatzerlöse}} \times 100$$

7. **Abschreibungsaufwandsquote**

$$\frac{\text{Abschreibungs-}}{\text{aufwandsquote}} = \frac{\text{Abschreibungen lfd. Geschäftsjahre}}{\text{Gesamtleistung/Umsatzerlöse}} \times 100$$

8. **Zinsaufwandsquote**

$$\text{Zinsaufwandsquote} = \frac{\text{Zinsaufwendungen}}{\text{Gesamtleistung/Umsatzerlöse}} \times 100$$

B. VERMÖGENSSTRUKTUR

9. **Gesamtvermögensumschlag**

$$\frac{\text{Gesamtvermögens-}}{\text{umschlag}} = \frac{\text{Gesamtleistung/Umsatzerlöse}}{\text{Gesamtvermögen}}$$

10. Gesamtvermögensänderung

$$\text{Gesamtvermögensänderung} = \frac{\text{Gesamtvermögen in 02}}{\text{Gesamtvermögen in 01}} \times 100$$

11. Anlagenintensität

$$\text{Anlagenintensität} = \frac{\text{Anlagevermögen}}{\text{Gesamtvermögen}} \times 100$$

12. Immobilisierungsverhältnis

$$\text{Immobilisierungsverhältnis} = \frac{\text{Anlagevermögen}}{\text{Umlaufvermögen}} \times 100$$

13. Investitionsquote

$$\text{Investitionsquote} = \frac{\text{Bruttoanlageinvestitionen}}{\text{Gesamtleistung/Umsatzerlöse}} \times 100$$

14. Anlagenabnutzungsgrad

$$\text{Anlagenabnutzungsgrad} = \frac{\text{Kumulierte Abschreibungen auf Sachanlagen}}{\text{Summe der historischen Anschaffungs-/Herstellungskosten incl. Zugänge lfd. Geschäftsjahr}} \times 100$$

15. Lagerumschlag

$$\text{Lagerumschlag} = \frac{\text{Materialeinsatz}}{\text{durchschnittl. Lagerbestand}}$$

$$\text{Lagerumschlag} = \frac{\text{Wareneinsatz}}{\text{durchschnittl. Lagerbestand}}$$

16. Umschlagsdauer der Forderungen

$$\text{Umschlagsdauer der Forderungen} = \frac{360 \times \text{durchschnittl. Forderungsbestand}}{\text{Debitorenumsatz} + \text{USt.}}$$

C. KAPITALSTRUKTUR

17. Gesamtkapitalumschlag

$$\text{Gesamtkapitalumschlag} = \frac{\text{Gesamtleistung/Umsatzerlöse}}{\text{Gesamtkapital}}$$

18. Gesamtkapitaländerung

$$\text{Gesamtkapitaländerung} = \frac{\text{Gesamtkapital in 02}}{\text{Gesamtkapital in 01}} \times 100$$

19. Eigenkapitaländerung

$$\text{Eigenkapitaländerung} = \frac{\text{Eigenkapital in 02}}{\text{Eigenkapital in 01}} \times 100$$

20. Verschuldungsgrad

$$\text{Verschuldungsgrad} = \frac{\text{Fremdkapital}}{\text{Eigenkapital}} \times 100$$

21. Eigenkapitalquote

$$\text{Eigenkapitalquote} = \frac{\text{Eigenkapital}}{\text{Gesamtkapital}} \times 100$$

22. Umschlagsdauer der Kreditoren

$$\frac{\text{Umschlagsdauer}}{\text{der Kreditoren}} = \frac{360 \times \text{durchschnittl. Lieferantenschulden}}{\text{Wareneinkauf} + \text{USt.}}$$

D. FINANZSTRUKTUR

23. Net Working Capital

$$\begin{aligned}&\text{Umlaufvermögen} \\ &\underline{-\text{ Kurzfristige Verbindlichkeiten}} \\ &= \text{Net Working Capital}\end{aligned}$$

24. Cashflow-Rate

$$\text{Cashflow-Rate} = \frac{\text{Cashflow}}{\text{Gesamtleistung}} \times 100$$

$$\text{Cashflow-Rate} = \frac{\text{Cashflow}}{\text{Umsatz}} \times 100$$

25. Schuldentilgungspotential

$$\text{Schuldentilgungspotential} = \frac{\text{Cashflow}}{\text{Nettogesamtschulden}} \times 100$$

Teil III:
Kontrollfragen und Antworten

Wenn Sie das Buch »Grundwissen Bilanz« durchgearbeitet haben, sollten Sie in der Lage sein, die folgenden programmierten Fragen zu beantworten. Bitte kreuzen Sie an, welche Antworten zutreffen:

1.

a) Der oder die Geschäftsführer bilden die Unternehmensspitze einer GmbH. ☐

b) Personengesellschaften betreiben in der Regel eine eigenständige Handelsbilanzpolitik. ☐

c) Der handelsrechtliche Jahresabschluß ist auch dem zuständigen Finanzamt einzureichen. ☐

d) Das Finanzamt kann von jedem Unternehmen auch die Betriebsübersicht (Hauptabschlußübersicht) einfordern. ☐

2.

a) Der Jahresabschluß einer Kapitalgesellschaft besteht aus Bilanz, Gewinn- und Verlustrechnung und Anhang, die eine Einheit bilden. ☐

b) Der Lagebericht ist ergänzender Bestandteil des Jahresabschlusses einer Kapitalgesellschaft. ☐

c) Für den Anhang gibt es im HGB ein verbindliches Gliederungsschema. ☐

d) Der Prognosebericht im Rahmen des Lageberichts ist nicht verpflichtend. ☐

3.

a) Die offengelegten handelsrechtlichen Jahresabschlüsse der Kapitalgesellschaften in den EG-Staaten können von jedermann eingesehen werden. ☐

b) Die Bilanzierungs- und Bewertungsvorschriften der Kapitalgesellschaften in den EG-Staaten sind vereinheitlicht. ☐

c) Die Betriebsgrößenmerkmale, nach denen in kleine, mittelgroße und große Kapitalgesellschaften unterschieden wird, sind in den einzelnen EG-Staaten unterschiedlich. ☐

d) Grundlage des europäischen Bilanzrechts für die Kapitalgesellschaften bildet die 4. EG-Bilanzrichtlinie. ☐

4.

a) Die kleinen Kapitalgesellschaften in den EG-Staaten brauchen ihre Gewinn- und Verlustrechnung nicht zu veröffentlichen. ☐

b) Die mittelgroßen Kapitalgesellschaften müssen in ihren Gewinn- und Verlustrechnungen auch die Umsätze veröffentlichen. ☐

c) Einen Lagebericht braucht die kleine Kapitalgesellschaft weder aufzustellen noch zu veröffentlichen. ☐

d) Die kleine Kapitalgesellschaft braucht nur eine verkürzte Bilanz (Großbuchstaben und römische Ziffern) aufzustellen und zu veröffentlichen. ☐

5.

a) Der Grundsatz des true and fair view ist als Generalnorm allen anderen Bilanzierungsgrundsätzen, die für Kapitalgesellschaften gelten, übergeordnet. ☐

b) Der Bilanzierungsgrundsatz der Darstellungsstetigkeit kann niemals durchbrochen werden. ☐

c) Der Grundsatz der Wesentlichkeit ist in jeder handelsrechtlichen Vorschrift, in der er enthalten ist, inhaltlich genau bestimmt. ☐

d) Nach dem Grundsatz des true and fair view hat der handelsrechtliche Jahresabschluß einer Kapitalgesellschaft ein den tatsächlichen Verhältnissen entsprechendes Bild der Vermögens-, Finanz- und Ertragslage zu vermitteln. ☐

6.

a) Das HGB kennt für Kapitalgesellschaften drei unterschiedliche Bilanzgliederungsschemata. ☐

b) Die kleine Kapitalgesellschaft darf das Bilanzgliederungsschema der großen Kapitalgesellschaft nicht verwenden. ☐

c) Die Gewinn- und Verlustrechnung der deutschen Kapitalgesellschaften hat als Gliederungsschema die Kontoform aufzuweisen. ☐

d) Der selbstgeschaffene (originäre) Firmenwert ist im handelsrechtlichen Jahresabschluß der Kapitalgesellschaften aktivierungspflichtig. ☐

7.

a) Die Gesamtleistung ist im Gliederungsschema der Gewinn- und Verlustrechnung nach dem Gesamtkostenverfahren als Zwischensumme ausgewiesen. ☐

b) Das Ergebnis der gewöhnlichen Geschäftstätigkeit umfaßt auch die außerordentlichen Aufwendungen und Erträge. ☐

c) Zu den sonstigen betrieblichen Erträgen zählen auch Veräußerungsgewinne bei der Veräußerung von Anlagegegenständen (= Veräußerungspreis minus Buchwert). ☐

d) Von dem Jahresüberschuß sind noch die Ertragsteuern abzuziehen. ☐

8.

a) Im Anlagegitter sind sämtliche Vermögensgegenstände, die zum Betriebsvermögen zählen, mit ihren historischen Anschaffungs- oder Herstellungskosten auszuweisen. ☐

b) Dem Anlagegitter können stets die Nettoanlageinvestitionen des laufenden Geschäftsjahres entnommen werden. ☐

c) Das Anlagegitter einer Kapitalgesellschaft enthält im Normalfall neun Spalten. ☐

d) Die laufenden Geschäftsjahresabschreibungen sind bei einer Kapitalgesellschaft stets im Anhang auszuweisen. ☐

9.

a) Das Anlagegitter enthält sowohl die Zuschreibungen des laufenden Geschäftsjahres als auch die kumulierten Zuschreibungen. ☐

b) Mit Hilfe des Anlagegitters kann jederzeit die Kennzahl »Anlagenabnutzungsgrad« errechnet werden. ☐

c) Scheidet ein Vermögensgegenstand aus dem Betriebsvermögen aus, muß er mit seinen historischen Anschaffungs- oder Herstellungskosten nur aus der Spalte kumulierte Abschreibungen entnommen werden. ☐

d) Entgeltlich erworbene Standard-Software muß im Anlagegitter ausgewiesen werden. ☐

10.

a) Ingangsetzungs- und Erweiterungsaufwendungen können sowohl in der Handels- als auch in der Steuerbilanz aktiviert werden. ☐

b) Die Aktivierung von Ingangsetzungs- und Erweiterungsaufwendungen erfordert die Passivierung einer Rückstellung für latente Steuern. ☐

c) Ingangsetzungs- und Erweiterungsaufwendungen müssen planmäßig innerhalb von vier Jahren abgeschrieben werden. ☐

d) Das Damnum (Disagio) kann in der Handelsbilanz sofort als Aufwand verrechnet werden. ☐

11.

a) Verluste aus dem Abgang von Anlagegegenständen sind in der Gewinn- und Verlustrechnung einer Kapitalgesellschaft als sonstige betriebliche Aufwendungen auszuweisen. ☐

b) Erträge aus der Auflösung eines SOPOs sind in der Handelsbilanz einer Kapitalgesellschaft unter der Position »Außerordentliche Erträge« auszuweisen. ☐

c) Der Jahresüberschuß ist die Ausgangsgröße für die Gewinnverwendungsrechnung. ☐

d) Jede GmbH muß eine gesetzliche Rücklage bilden. ☐

12.

a) Ein Sonderposten mit Rücklageanteil (SOPO) wird im Rahmen der Bilanzanalyse je zur Hälfte zum Eigen- und zum Fremdkapital gerechnet. ☐

b) Zuschreibungen auf das Anlage- und Umlaufvermögen beeinflussen das Eigenkapital nicht. ☐

c) Bei einer nur vorübergehenden Wertminderung darf in der Handelsbilanz der Kapitalgesellschaften nur bei dem Finanzanlagevermögen eine Zuschreibung erfolgen. ☐

d) Die Gewinnverwendung kann nur in der Bilanz der Kapitalgesellschaft dargestellt werden. ☐

13.

a) Zu den internen Bilanzlesern bzw. -analytikern zählen auf jeden Fall die Unternehmensleitung, die großen Gläubiger und die Mitarbeiter. ☐

b) Der externe Bilanzleser bzw. -analytiker ist ausschließlich auf den veröffentlichten Jahresabschluß angewiesen. ☐

c) Im Rahmen der externen Bilanzanalyse einer Kapitalgesellschaft wird auch der Anhang systematisch ausgewertet. ☐

d) Kreditauskunftsbüros stützen sich bei ihren Kreditauskünften in bezug auf Kapitalgesellschaften zu einem erheblichen Teil auf die Informationen aus den offengelegten Jahresabschlüssen. ☐

14.

a) Absolute Zahlen können grundsätzlich keine Kennzahlen sein. ☐

b) Zu den Relativzahlen zählen auch die Produktivitätskennzahlen. ☐

c) Kennzahlen sollten grundsätzlich im Rahmen von Kennzahlenvergleichen eingesetzt werden. ☐

d) Das HGB schreibt für Kapitalgesellschaften einen innerbetrieblichen Zeitvergleich zwingend vor. ☐

15.

a) Materielle Vergleichbarkeit bedeutet in etwa identische betriebsstrukturelle Faktoren bei den zu vergleichenden Betrieben. ☐

b) Formelle Vergleichbarkeit verlangt die Anwendung einer einheitlichen Terminologie und gleicher Bewertungsregeln in bezug auf die zu bildenden Kennzahlen. ☐

c) Unterschiedliche Rechtsformen von Unternehmen können für die Vergleichbarkeit im Rahmen eines zwischenbetrieblichen Vergleichs einen Störfaktor bilden. ☐

d) Der Gewinn vor Steuern bei einem Einzelunternehmen und das Ergebnis der gewöhnlichen Geschäftstätigkeit bei einer Kapitalgesellschaft sind direkt vergleichbar. ☐

16.

a) Die Auswertung eines zwischenbetrieblichen Vergleichs im Wege der Gruppenbildung ist einer Auswertung mit Hilfe der Gegenüberstellung von betriebseigenen Kennzahlen und Branchendurchschnittswerten in der Regel vorzuziehen. ☐

b) Die DATEV stellt einen idealen Träger von zwischenbetrieblichen Vergleichen dar. ☐

c) Bei einer GmbH sollte der Jahresüberschuß grundsätzlich um einen kalkulatorischen Unternehmerlohn vermindert werden. ☐

d) Bei der Ermittlung des kalkulatorischen Gewinns wird bei Gebäuden im Betriebsvermögen an Stelle der Grundstücksaufwendungen in der Gewinn- und Verlustrechnung eine kalkulatorische Miete angesetzt. ☐

17.

a) Die Kennzahl ROI gewährt Einblick in die Quellen des Erfolgs eines Unternehmens. ☐

b) Der Faktor »Kapitalumschlag« in der Kennzahl ROI wird stets auf der Grundlage des Gesamtkapitals errechnet. ☐

c) Bei der Ermittlung des ROI bei einer Kapitalgesellschaft müssen dem Jahresüberschuß stets die Fremdkapitalzinsen hinzuaddiert werden. ☐

d) Der ROI kann den Dreh- und Angelpunkt eines Kennzahlensystems bilden. ☐

18.

a) Der Umsatzindex wird grundsätzlich nur für den Betrieb als Ganzes ermittelt. ☐

b) Der Rohgewinn errechnet sich aus Gesamtleistung abzüglich Materialaufwand. ☐

c) Die Gewinn- und Verlustrechnung enthält auch die kalkulatorischen Eigenkapitalzinsen. ☐

d) Das Ergebnis der gewöhnlichen Geschäftstätigkeit muß in der Gewinn- und Verlustrechnung einer Kapitalgesellschaft stets als Zwischensumme ausgewiesen werden. ☐

19.

a) Durch die Auflösung von stillen Reserven im Anlage- und Umlaufvermögen vermindert sich der Kapitalumschlag. ☐

b) Werden stille Reserven in den Aktiva aufgelöst, erhöht sich das Eigenkapital genau in Höhe der aufgelösten stillen Reserven. ☐

c) Stille Reserven im durchschnittlichen Lagerbestand als Nennergröße können die Kennzahl Lagerumschlag verfälschen. ☐

d) Aus dem Anhang kann der externe Bilanzleser häufig erkennen, daß in bestimmten Fällen stille Reserven gebildet wurden. ☐

20.

a) Die Zählergröße der Kennzahl »Personalaufwandsquote« enthält auch die Aufwendungen für Pensionsrückstellungen. ☐

b) In der Ausgangsgröße »Rohergebnis« der offengelegten Gewinn- und Verlustrechnung einer Kapitalgesellschaft sind auch die sonstigen betrieblichen Erträge enthalten. ☐

c) Durch steuerliche Sonderabschreibungen wird die Kennzahl »Abschreibungsquote« erhöht. ☐

d) Dem Anhang kann meistens entnommen werden, in welchem Umfang durch steuerliche Sonderabschreibungen stille Reserven gebildet wurden. ☐

21.

a) Der Gesamtvermögensumschlag und der Gesamtkapitalumschlag sind im Rahmen der Bilanzanalyse identische Kennzahlenwerte. ☐

b) Die Kennzahl »Gesamtleistung je beschäftigte Person« ist eine Produktivitätskennzahl. ☐

c) Eine zunehmende »Anlagenintensität« ist grundsätzlich positiv zu bewerten. ☐

d) Der Verschuldungsgrad ist ein Maßstab für die finanzielle Unabhängigkeit eines Unternehmens. ☐

22.

a) Die Kennzahl »Gesamtvermögensänderung« zeigt an, ob ein Unternehmen wächst oder schrumpft. ☐

b) Die Cashflow-Rate stellt das Gegenstück zur Umsatzrendite dar. ☐

c) Der Cashflow steht am Bilanzstichtag dem Unternehmen in vollem Umfang zur Verfügung. ☐

d) Der Cashflow ist ein Maßstab für die Schuldentilgungskraft eines Unternehmens. ☐

Lösungen:

Folgende Antworten der programmierten Fragen treffen zu:

1: a, c, d	12: a, c
2: a, b	13: b, c, d
3: a, b, d	14: b, c, d
4: a, d	15: a, b, c
5: a, d	16: a, b, d
6: a	17: a, d
7: c	18: b, d
8: a, b, c	19: a, c, d
9: b, d	20: a, b, c, d
10: b, c, d	21: a, b, d
11: a, c	22: a, b, d

Anhang

Gliederung der Bilanz deutscher Kapitalgesellschaften

DEUTSCH Bilanz	AMERIKANISCH Balance Sheet

AKTIVSEITE
A. Anlagevermögen
  I. Immaterielle Vermögensgegenstände
    1. Konzessionen, gewerbliche Schutzrechte und ähnliche Rechte und Werte sowie Lizenzen an solchen Rechten und Werten
    2. Geschäfts- oder Firmenwert
    3. Geleistete Anzahlungen
  II. Sachanlagen
    1. Grundstücke, grundstücksgleiche Rechte u. Bauten einschl. d. Bauten a. fremden Grundstücken
    2. Technische Anlagen und Maschinen
    3. Andere Anlagen, Betriebs- und Geschäftsausstattung
    4. Geleistete Anzahlungen und Anlagen im Bau
  III. Finanzanlagen
    1. Anteile an verbundenen Unternehmen
    2. Ausleihungen an verbundene Unternehmen
    3. Beteiligungen
    4. Ausleihungen an Unternehmungen, mit denen ein Beteiligungsverhältnis besteht
    5. Wertpapiere des Anlagevermögens
    6. Sonstige Ausleihungen
B. Umlaufvermögen
  I. Vorräte
    1. Roh-, Hilfs- und Betriebsstoffe
    2. Unfertige Erzeugnisse, unfertige Leistungen
    3. Fertige Erzeugnisse und Waren
    4. Geleistete Anzahlungen
  II. Forderungen u. sonst. Vermögensgegenstände
    1. Forderungen aus Lieferungen und Leistungen
    2. Forderungen gegen verbundene Unternehmen
    3. Forderungen gegen Unternehmen, mit denen ein Beteiligungsverhältnis besteht
    4. Sonstige Vermögensgegenstände
  III. Wertpapiere
    1. Anteile an verbundenen Unternehmen
    2. Eigene Anteile
    3. Sonstige Wertpapiere
  IV. Schecks, Kassenbestand, Bundesbank und Postgiroguthaben, Guthaben b. Kreditinstituten
C. Rechnungsabgrenzungsposten
	ASSETS
	A. Fixed assets
	  I. Intangible assets
	    1. Concessions, industrial and similar rights and assets and licences in such rights and assets
	    2. Excess of purchase price over fair value of net assets of businesses acquired
	    3. Prepayments on intangible assets
	  II. Tangible assets
	    1. Land, land rights and building including buildings on third party land
	    2. Technical equipment and machines
	    3. Other equipment, factory and office equipment
	    4. Prepayments on tangible assets and construction in progress
	  III. Financial assets
	    1. Shares in affiliated companies
	    2. Loans to affiliated companies
	    3. Participations
	    4. Loans to companies in which participations are held
	    5. Long term investments
	    6. Other loans
	B. Current assets
	  I. Inventories
	    1. Raw materials and supplies
	    2. Work in process
	    3. Finished goods and merchandise
	    4. Prepayments on inventories
	  II. Receivables and other assets
	    1. Trade receivables
	    2. Receivables from affiliated companies
	    3. Receivables from companies in which participations are held
	    4. Other assets
	  III. Securities
	    1. Shares in affiliated companies
	    2. Treasury stock
	    3. Other short term investments
	  IV. Cash
	C. Prepaid expenses

nach § 266 HGB

ENGLISCH Balance Sheet	FRANZÖSISCH Bilan

ASSETS
A. Fixed assets
  I. Intangible assets
    1. Concessions, patents, licences, trade marks and similar rights and assets
    2. Goodwell
    3. Payment on account
  II. Tangible assets
    1. Land, leasehold rights and buildings including buildings on third party land
    2. Plant and machinery
    3. Fixtures, fittings, tools and equipment
    4. Payment on account and assets in course of construction
  III. Investments
    1. Shares in group undertakings
    2. Loans in group undertakings
    3. Participating interests
    4. Loans to undertakings in which the company has a participating interest
    5. Other investments other than loans
    6. Other loans
B. Current assets
  I. Stocks
    1. Raw materials and supplies
    2. Work in progress
    3. Finished goods and goods for resale
    4. Payments on account
  II. Debtors and other assets
    1. Trade debtors
    2. Amounts owed by group undertakings
    3. Amounts owed by undertakings in which the company has a participating interest
    4. Other assets
  III. Investments
    1. Shares in group undertakings
    2. Own shares
    3. Other investments
  IV. Cheques, Cash at bank and in hand, postal giro balances and central bank balances
C. Prepayments and accrued income
	ACTIF
	A. Actif Immobilisé
	  I. Immobilisations incorporelles
	    1. Concessions, droits de propriété industrielle et droits et valeurs similares ainsi que licences permettant l'exploitation de ces droits et valeurs
	    2. Fonds commercial ou Goodwill
	    3. Acomptes versés
	  II. Immobilisations corporelles
	    1. Terrains, droits assimilés et constructions y compris constructions sur sol d'autrui
	    2. Installations techniques, matériel et outillage industriels
	    3. Autres immobilisations corporelles et immobilisations en cours
	    4. Acomptes versés
	  III. Immobilisations financières
	    1. Parts dans des entreprises liées
	    2. Prêts à des entreprises liées
	    3. Participations
	    4. Prêts à des entreprises apparentées
	    5. Titres de placement immobilisées
	    6. Autres prêts
	B. Actif circulant
	  I. Stocks
	    1. Matières premières et autres approvisionnements
	    2. Produits intermédiaires et travaux en cours
	    3. Produits finis et marchandises
	    4. Acomptes versés
	  II. Créances et autres éléments de l'actif
	    1. Créances résultant de ventes de biens ou de prestations de services
	    2. Créances sur des entreprises liées
	    3. Créances sur des entreprises apparentées
	    4. Autres éléments de l'actif
	  III. Valeurs mobilières de placement
	    1. Parts dans des entreprises liées
	    2. Actions propres
	    3. Autres valeurs mobilières de placement
	  IV. Chèques, caisse, banque d'émission et chèques postaux, banques
	C. Comptes de régularisation

Gliederung der Bilanz deutscher Kapitalgesellschaften

DEUTSCH Bilanz	AMERIKANISCH Balance Sheet
PASSIVSEITE **A. Eigenkapital** 　I. Gezeichnetes Kapital 　II. Kapitalrücklage 　III. Gewinnrücklagen 　　1. Gesetzliche Rücklage 　　2. Rücklage für eigene Anteile 　　3. Satzungsmäßige Rücklagen 　　4. Andere Gewinnrücklagen 　IV. Gewinnvortrag / Verlustvortrag 　V. Jahresüberschuß / Jahresfehlbetrag **B. Rückstellungen** 　1. Rückstellungen für Pensionen und ähnliche Verpflichtungen 　2. Steuerrückstellungen 　3. Sonstige Rückstellungen **C. Verbindlichkeiten** 　1. Anleihen, davon konvertibel 　2. Verbindlichkeiten gegenüber Kreditinstituten 　3. Erhaltene Anzahlungen auf Bestellungen 　4. Verbindlichkeiten aus Lieferungen und Leistungen 　5. Verbindlichkeiten aus der Annahme gezogener Wechsel und der Ausstellung eigener Wechsel 　6. Verbindlichkeiten gegenüber verbundenen Unternehmen 　7. Verbindlichkeiten gegenüber Unternehmen, mit denen ein Beteiligungsverhältnis besteht 　8. Sonstige Verbindlichkeiten 　　davon aus Steuern 　　davon im Rahmen der sozialen Sicherheit **D. Rechnungsabgrenzungsposten**	**EQUITY AND LIABILITIES** **A. Equity** 　I. Subscribed capital 　II. Capital reserve 　III. Revenue reserve 　　1. Legal reserve 　　2. Reserve for own shares 　　3. Statutory reserves 　　4. Other revenue reserves 　IV. Retained profits / accumulated losses brought forward 　V. Net income / net loss for the year **B. Accruals** 　1. Accruals for pensions and similar obligations 　2. Tax accruals 　3. Other accruals **C. Liabilities** 　1. Loans, of which DM ... convertible 　2. Liabilities to banks 　3. Payments received on account of orders 　4. Trade payables 　5. Liabilities on bills accepted and drawn 　6. Payable to affiliated companies 　7. Payable to companies in which participations are held 　8. Other liabilities 　　of which DM ... taxes 　　of which DM ... relating to social security and similar obligations **D. Deferred income**

nach § 266 HGB (Fortsetzung)

ENGLISCH Balance Sheet	FRANZÖSISCH Bilan
LIABILITIES	**PASSIV**

A. Shareholder's equity
  I. Share capital
	A. Capitaux propres
	  I. Capital souscrit

II. Share premium account	II. Réserves ayant un caractère de capital

III. Appropriated surplus
    1. Statutory reserves
    2. Reserve for own shares
    3. Reserves provided for by the articles of association
    4. Other reserves
	III. Réserves prélevées sur les bénfices
	    1. Réserve légale
	    2. Réserves pour actions propres
	    3. Réserves statutaires
	    4. Autres réserves prélevées sur les bénéfices

IV. Retained earnings brought forward	IV. Report à nouveau
V. Net income for the year	V. Bénéfice figurant au bilan / Perte figurant au bilan

B. Provisions
  1. Provisions for pensions and similar obligations
  2. Provisions for taxation including deferred taxation
  3. Other provisions
	B. Provisions pour risques et charges
	  1. Provisions pour pensions et obligations similaires
	  2. Provisions pour impôts
	  3. Autres provisions

C. Creditors
  1. Loans payable, of which DM … convertible
  2. Bank loans and overdraft
  3. Payments received on account
  4. Trade creditors
  5. Bills of exchange payable
  6. Amounts owed to group undertakings
  7. Amounts owed to undertakings in which the company has a participating interest
  8. Other creditors including taxation and social security
	C. Dettes
	  1. Emprunts obligataires, dont DM … convertible
	  2. Dettes auprès d'établissements financiers
	  3. Acomptes reçus sur commandes
	  4. Dettes sur achats de biens ou de prestations de services
	  5. Effets à payer
	  6. Dettes envers des entreprises liées
	  7. Dettes envers des entreprises apparentées
	  8. Dettes diverses
	    dont DM … impôts
	    dont DM … charges sociales

D. Deferred income	**D. Comptes de régularisation**

Gliederung der Gewinn- und Verlustrechnung deutscher

DEUTSCH Gewinn- und Verlustrechnung	AMERIKANISCH Profit and Loss Account
Bei Anwendung des Gesamtkostenverfahrens sind auszuweisen:	**For the type of expenditure format there must be disclosed:**
1. Umsatzerlöse	1. Sales
2. Erhöhung oder Verminderung des Bestandes an fertigen und unfertigen Erzeugnissen	2. Increase or decrease in finished goods inventories and work in process
3. andere aktivierte Eigenleistungen	3. Own work capitalized
4. sonstige betriebliche Erträge	4. Other operating income

5. Materialaufwand
   a) Aufwendungen für Roh-, Hilfs- und Betriebsstoffe und für bezogene Waren
   b) Aufwendungen für bezogene Leistungen
	5. Cost of materials
	   a) Cost of raw materials, consumables and supplies and of purchased merchandise
	   b) Cost of purchased service

6. Personalaufwand
   a) Löhne und Gehälter
   b) soziale Abgaben und Aufwendungen für Altersversorgung und für Unterstützung
   davon für Altersversorgung
	6. Personnel expenses
	   a) Wages and salaries
	   b) Social security and pension expenses, thereof DM ... pension expenses

7. Abschreibungen
   a) auf immaterielle Vermögensgegenstände des Anlagevermögens und Sachanlagen sowie auf aktivierte Aufwendungen für die Ingangsetzung und Erweiterung des Geschäftsbetriebs
   b) auf Vermögensgegenstände des Umlaufvermögens soweit diese die in der Kapitalgesellschaft üblichen Abschreibungen überschreiten
	7. Depreciation and amortization
	   a) on intangible fixed assets and tangible assets as well as on capitalized start-up and business expansion expenses
	   b) exceptional write downs on current assets

8. sonstige betriebliche Aufwendungen	8. Other operating expenses
9. Erträge aus Beteiligungen	9. Income from participations, of which DM ... from affiliated companies
10. Erträge aus anderen Wertpapieren und Ausleihungen des Finanzanlagevermögens davon aus verbundenen Unternehmen	10. Income from other investments and long term loans, of which DM ... relating to affiliated companies
11. sonstige Zinsen und ähnliche Erträge davon aus verbundenen Unternehmen	11. Other interest and similar income, of which DM ... from affiliated companies
12. Abschreibungen aus Finanzanlagen und auf Wertpapiere des Umlaufvermögens	12. Write downs on financial assets and short term investments
13. Zinsen und ähnliche Aufwendungen davon an verbundene Unternehmen	13. Interest and similar expenses, of which DM ... to affiliated companies
14. Ergebnis der gewöhnlichen Geschäftstätigkeit	14. Result of ordinary activities
15. außergewöhnliche Erträge	15. Extraordinary income
16. außerordentliche Aufwendungen	16. Extraordinary expenses
17. außerordentliches Ergebnis	17. Extraordinary result
18. Steuern vom Einkommen und vom Ertrag	18. Taxes on income
19. sonstige Steuern	19. Other taxes
20. Jahresüberschuß/Jahresfehlbetrag	20. Net income/net loss for the year

Kapitalgesellschaften nach § 275 HGB

ENGLISCH Profit and Loss Account	FRANZÖSISCH Compte de résultat

For the type of expenditure format there must be disclosed:
1. Turnover
2. Change in stock of finished goods and work in progress
3. Own work capitalized
4. Other operating income
5. Cost of materials
   a) Cost of raw materials, consumables and of purchased merchandise
   b) Cost of purchased services
6. Staff costs
   a) Wages and salaries
   b) Social security, pensions and other benefit costs, of whitch DM ... is for pension costs
7. Depreciation
   a) written off tangible and intangible fixed assets
   b) written off current assets
8. Other operating charges
9. Participating interests, of which DM ... is for shares in group undertakings
10. Income from fixed asset investments and long-term loans, of which DM ... relates to shares in group undertakings
11. Other interest receivable and similar income, of which DM ... relates to shares in group undertakings
12. Amounts written off investments
13. Interest payable and similar charges
14. Profit or loss on ordinary activities
15. Extraordinary income
16. Extraordinary charges
17. Extraordinary profit or loss
18. Tax on profit
19. Other taxes
20. Profit or loss for the financial year
	A faire figurer en cas d'application du modèle présentant les charges par nature de dépenses:
	1. Chiffre d'affaires (hors TVA)
	2. Augmentation des stocks ou diminution des stocks
	3. Production immobilisée
	4. Autres produits d'exploitation
	5. Coût des achats consommés
	   a) Coût des matières premières et autres approvisionnements ainsi que des achats de marchandises
	   b) Coût des achats de prestations de services
	6. Charges de personnel
	   a) Salaires et appointements
	   b) Charges de sécurité, de prévoyance-vieillesse et d'assistance
	dont DM ... prévoyance-vieillesse
	7. Dotations aux amortissements et aux provisions pour dépréciation
	   a) Dotations aux amortissements des immobilisations corporelles et incorporelles ainsi que des frais d'établissement et de développement de l'entreprise portés à l'activ
	   b) Dotations aux provisions pour dépréciation des éléments de l'activ circulant, dépassant le cadre habituel des dépréciations pratiquées dans l'entreprise
	8. Autres charges d'exploitation
	9. Produits de participations
	dont DM ... d'entreprises liées
	10. Produits des autres titres de placement et prêts immobilisés
	dont DM ... d'entreprises liées
	11. Autres intérêts et produits assimilés
	dont DM ... d'entreprises liées
	12. Dotations aux provisions pour déprécation des éléments financiers
	13. Intérêts et charges assimilés
	dont DM ... d'entreprises liées
	14. Résultat provenant des activités ordinaires
	15. Produits extraordinaires
	16. Charges extraordinaires
	17. Résultat extraordinaires
	18. Impôts et taxes sur le revenu et les bénéfices
	19. Autres impôts et taxes
	20. Bénéfice/Perte

Gliederung der Gewinn- und Verlustrechnung deutscher

DEUTSCH Gewinn- und Verlustrechnung	AMERIKANISCH Profit and Loss Account
Bei Anwendung des Umsatzkostenverfahrens sind auszuweisen:	**For the operational format there shall be disclosed:**
1. Umsatzerlöse	1. Sales
2. Herstellungskosten der zur Erzielung der Umsatzerlöse erbrachten Leistungen	2. Cost of sales
3. Bruttoergebnis vom Umsatz	3. Gross profit on sales
4. Vertriebskosten	4. Selling expenses
5. allgemeine Verwaltungskosten	5. General administration expenses
6. sonstige betriebliche Erträge	6. Other operating income
7. sonstige betrieblichen Aufwendungen	7. Other operating expenses
8. Erträge aus Beteiligungen davon aus verbundenen Unternehmen	8. Income from participations, of which DM ... affiliated companies
9. Erträge aus anderen Wertpapieren und Ausleihungen des Finanzanlagevermögens davon aus verbundenen Unternehmen	9. Income from other investments and long term loans, of which DM ... relating to affiliated companies
10. sonstige Zinsen und ähnliche Erträge davon aus verbundenen Unternehmen	10. Other interest and similar income, of which DM ... from affiliated companies
11. Abschreibungen auf Finanzanlagen und auf Wertpapiere des Umlaufvermögens	11. Write downs on financial assets and short term investments
12. Zinsen und ähnliche Aufwendungen davon an verbundene Unternehmen	12. Interest and similar expenses, of which DM ... to affiliated companies
13. Ergebnis der gewöhnlichen Geschäftstätigkeit	13. Result of ordinary activities
14. außerordentliche Erträge	14. Extraordinary income
15. außergewöhnliche Aufwendungen	15. Extraordinary expenses
16. außerordentliches Ergebnis	16. Extraordinary result
17. Steuern vom Einkommen und vom Ertrag	17. Taxes on income
18. sonstige Steuern	18. Other taxes
19. Jahresüberschuß/Jahresfehlbetrag	19. Net income/net loss for the year

Kapitalgesellschaften nach § 275 HGB (Fortsetzung)

ENGLISCH Profit and Loss Account	FRANZÖSISCH Compte de résultat
For the operational format there shall be disclosed: 1. Turnover 2. Cost of sales 3. Gross profit or loss 4. Distribution costs 5. General administrative expenses 6. Other operating income 7. Other operating expenses/charges 8. Income from participating interests, of which DM … is for shares in group undertakings 9. Income from fixed assets investments and long-term loans, of which DM … relates to shares in group undertakings 10. Other interest receivable and similar income of which DM … relates to shares in group undertakings 11. Amounts written off investments 12. Interest payable and similar charges of which DM … relates to shares in group undertaking 13. Profit or loss on ordinary activities 14. Extraordinary income 15. Extraordinary charges 16. Extraordinary profit or loss 17. Tax on profit 18. Other taxes 19. Profit or loss for the financial year	Sont à faire figurer en cas d'application du modèle du coût production: 1. Chiffre d'affaires (hors TVA) 2. Frais des ventes 3. Marge brute 4. Frais de commercialisation 5. Frais d'administration 6. Autres produits d'exploitation 7. Autres charges d'exploitation 8. Produits de participations dont DM … d'entreprises liées 9. Produits des autres titres de placement et prêts immobilisées dont DM … d'entreprises liées 10. Autres intérêts et produits assimilés dont DM … d'entreprises liées 11. Dotations aux provisions pour dépréciation des éléments financiers 12. Intérêts et charges assimilées dont DM … d'entreprises liées 13. Résultat provenant des activités ordinaires 14. Produits extraordinaires 15. Charges extraordinaires 16. Résultat extraordinaires 17. Impôts et taxes sur les revenu et les bénéfices 18. Autres impôts et taxes 19. Bénéfice/Perte

Literaturverzeichnis

Glade, A., Rechnungslegung und Prüfung nach dem Bilanzrichtlinien-Gesetz, Kommentar, Herne/Berlin 1986.

Gräfer, H., Bilanzanalyse, 5. Auflage, Herne/Berlin 1990.

Käfer, K., Kapitalflußrechnungen, 2. Auflage, Stuttgart 1984.

Kerth, A., Wolf, J., Bilanzanalyse und Bilanzpolitik, 2. Auflage, München/Wien 1992.

Küting, K. H., Weber, C., Handbuch der Rechnungslegung, Kommentar, 2. Auflage, Stuttgart 1987.

Langenbeck, J., Wolf, J., Buchführung und Jahresabschluß, Herne/Berlin 1991.

Riebell, C., Die Praxis der Bilanzauswertung, 4. Auflage, Stuttgart 1988.

Schult, E., Bilanzanalyse, 7. Auflage, Freiburg i. Br. 1988.

Wolf, J., GmbH-Rechnungslegung, Herne/Berlin 1987.

Wolf, J., Handels- und Steuerbilanz, 2. Auflage, Ehningen 1988.

Stichwortverzeichnis

A

Abschreibungen 71 f., 169
Aktivseite 65 ff.
Anhang 19 f., 32 ff.
Anlageinvestition 179 f.
Anlagendeckungsgrad 108
Anlagespiegel (-gitter) 66 ff., 180
Anlagevermögen 65 ff., 177 f.
Anschaffungskosten 47, 69
Aufbereitung des Jahresabschlusses 92 ff.
Aufwandsstrukturen 168 ff.
Auskunftsbüros 100, 111
Außerordentliches Ergebnis 27 f., 30 f.

B

Banken 104 ff., 128 f.
Beizulegender Wert 73 f.
Betriebliche Schwachstellen 143 f.
Betriebliche Vergleiche 116 ff.
Betriebsergebnis 27 f.
Betriebsgrößenklassen 21 ff.
Betriebsvergleichsträger 127 ff.
Beziehungszahlen 115
Bilanzanalyse 89 ff.
Bilanzgewinn 80
Bilanzgliederungsschema 23 ff.

Bilanzidentität 44
Bilanzierungsgrundsätze 40 ff.
Bilanzleser 96 ff.
Bilanzpolitik 57 ff.
Bilanzverlust 80
Börsenpreis 73 f.
Branchendurchschnittswerte 138 f.
BWA 167

C

Cashflow 199 ff.

D

Darstellungsstetigkeit 47
DATEV 129, 132 f., 165
Dynamische Liquidität 206 ff.

E

EG-Bilanzrichtlinie 13 ff.
Eigenkapital 64, 76 ff., 186 f., 189 ff.
Einzelbewertung 45 f.
Ertragskraft 153
Externe Bilanzanalyse 90 f.

F

FIBU 132, 166
Finanzamt 109 f.
Finanzergebnis 27 f.
Finanzierungsregeln 195 f.
Finanzstruktur 195 ff.
Formelle Vergleichbarkeit 123 ff.
Forschung und Entwicklung 37 f., 162
Fremdkapital 82 ff., 192 ff.
Fristgerechte Aufstellung 43
Führungszahlen 208 ff.

G

Gesamtkapital 186 f.
Gesamtkapitalverzinsung 145 ff.
Gesamtkostenverfahren 25 f., 29 f.
Gesamtleistung 156
Gewinn- und Verlustrechnung 25 ff., 153
Gewinnrücklagen 78
Gliederungszahlen 115
Goldene Bankregel 106 ff., 195 f.
Große Kapitalgesellschaft 22, 56
Grundsätze ordnungsmäßiger Buchführung und Bilanzierung 18 f.

H

Handelsbilanz 57 ff.
Herstellungskosten 69 ff.

I

Immobilität 178
Imparitätsprinzip 49
Indexzahlen 115
Innerbetriebliche Vergleiche 116 ff.
Interne Bilanzanalyse 91 f.
Inventar 20
Investitionskraft 204

J

Jahresabschluß 19 f.

K

Kalkulatorischer Gewinn 172
Kapitalflußrechnung 206 f.
Kapitalgesellschaft 77 f.
Kapitalrücklagen 78
Kapitalstruktur 186 ff.
Kapitalumschlag 149, 188 f.
Kennzahlenanalyse 114 ff.
Kennzahlensystem 144 ff.
Kennzahlenvergleich 117
Klarheit und Übersichtlichkeit 43
Kleine Kapitalgesellschaft 22, 54
Konkurrenten 101 ff.
Kreditwürdigkeitsprüfung 105 f.
Kunden 99 ff.

L

Lagebericht 20, 34 ff.
Lagerumschlag 182 f.
Lieferanten 99 ff.
Liquidität 195 ff.

M

Marktpreis 73 f.
Maßgeblichkeitsgrundsatz 38 ff.
Materielle Vergleichbarkeit 120
MIDIAS 133, 136
Mindestbericht 35 f.
Mittelgroße Kapitalgesellschaft 22, 55 f.
Monetäres Umlaufvermögen 183 ff.

N

Net Working Capital 198 f.
Niederstwertprinzip 50

O

Öffentlichkeitsarbeit 113
Offene Rücklagen 78
Offenlegungspflicht 16, 50

P

Passivseite 76 ff.
Periodenabgrenzung 46
Personalaufwendungen 168 f.
Personenhandelsgesellschaft 77
Prognosebericht 36 f.

Q

Quick Ratio 196

R

Realisationsprinzip 48 f.
Relativzahlen 115
Rentabilität 172 ff.
Rohergebnis 157 f.
Rohertrag 162 ff.
ROI (Return on Investment) 144 ff., 174
Rückstellungen 83 f., 194

S

Schuldentilgungskraft 204 f.
Selbstfinanzierungskraft 203
Soll-Ist-Vergleich 118 f., 170
Sonderposten mit Rücklagenanteil 82
Sonstige betriebliche Erträge 156
Sparkassen 128 f.
Steuerbilanz 57 ff.
Steuern 28
Stichtagsbezogenheit 45
Stille Reserven 152

T

Teilwert 72 f.
True and fair view 40 ff.

U

Überfällige Forderungen 185
Umlaufvermögen 73 ff., 177 f.
Umsatzerfolg 154 ff.
Umsatzerlöse 158 f.
Umsatzkostenverfahren 25 f., 28 ff.
Umsatzrendite 145 f., 149, 174
Unternehmensberater 112 f.
Unternehmensergebnis 28
Unternehmensfortführung 44

V

Verbot der Saldierung 44
Vergleichsbetriebe 137 f.
Vermögensstruktur 175 ff.
Vermögensumschlag 178 f.
Veröffentlichung 50 ff.
Verschuldungsgrad 187
Vollständigkeit 43 f.
Vorratswirtschaft 181 f.
Vorsichtsprinzip 48

W

Wertansatz 125 f.
Wertschöpfung 167 f.
Wesentlichkeit 42

Z

Zeitvergleich 117
Zinsaufwendungen 169 f.
Zukunftswert 75
Zusatzbericht 35 f.
Zwischenbetriebliche Vergleiche 116 ff., 127 ff.

Grundwissen Wirtschaft

Das praktische und theoretische Rüstzeug für den Manager in leicht verständlicher Darstellung.

22/180

Außerdem lieferbar:

Thomas Fröhlich/
Klaus Gertoberens
**Der Wirtschaftsteil der Zeitung.
Richtig gelesen und genutzt.**
Wer Nachrichten aus der Wirtschaft richtig einordnen kann, hat anderen viel voraus!
22/235

Jakob Wolf (Hrsg.)
Das Management-Handbuch
Die Führungskraft und ihr persönlicher Umkreis – Das Unternehmen und seine Funktionsbereiche
22/286

Derek Rowntree
Handbuch Checklisten
*Schnelle Analysen und präzise Aktionsprogramme für Führungskräfte auf allen Ebenen
Karriere-Check up mit System*
22/255

Wilhelm Heyne Verlag
München

Grundwissen Management

Das grundlegende Fachwissen für alle Unternehmensbereiche in kompakter, verständlicher Darstellung.

Hans-Hermann Stück
Grundwissen Kalkulation
Für Einzelhandel, Handwerk und Industriebetrieb. Mit vielen Beispielen zum Selbststudium
22/117

Hans-Hermann Stück
Buchführungstraining
Integrierte Lernschritte zur raschen und gründlichen Aneignung von Buchführungskenntnissen
22/164

Ernst Obermaier
Grundwissen Werbung
Marktchancen erkennen – Zielgruppen optimal ansprechen – Budgets bestimmen – Erfolge kontrollieren
22/203

Raimund Berger/
Wolfgang Borkel
Grundwissen Betriebsorganisation
Mit zahlreichen Beispielen und Checklisten für die Praxis
22/207

Hans-Georg Lettau
Grundwissen Marketing
Marktforschung und -planung, Produkt und Preis, Verkauf und Vertrieb, Werbung und PR
22/218

Günther Krüger
Grundwissen praktische Betriebswirtschaft
Abläufe und Strukturen im Unternehmen
22/227

René Klaus Grosjean
Handbuch Geldbeschaffung
Finanzierungsalternativen – Erfolgreiche Kreditverhandlungen – Leasing – Sponsoring
22/301

Hans-Hermann Stück
Grundwissen Steuern
Alles Wissenswerte für das Gespräch mit dem Steuerberater bzw. Finanzamt.
22/305

Wilhelm Heyne Verlag
München

Wirtschaft

Praxisnah vermitteln renommierte Autoren Wissenswertes und Informatives zu aktuellen Wirtschaftsthemen unserer Zeit.

19/28

Außerdem lieferbar:

Peter Müri
Chaos-Management
19/61

Martin Page
Managen wie die Wilden
19/145

Ludwig Rieger
Das Börsenlexikon
19/149

Harvey Mackay
Schwimmen mit den Haien ohne gefressen zu werden
19/171

Daniel Goeudevert
Die Herausforderung Zukunft
19/191

André Kostolany
Kostolanys Börsenpsychologie
19/220

Wilhelm Heyne Verlag
München

Stichwort

Die neue Informationsreihe im Heyne Taschenbuch vermittelt Wissen in kompakter Form. Anschaulich und übersichtlich, kompetent, verständlich und vollständig bietet sie den schnellen Zugriff zu den aktuellen Themen des Zeitgeschehens. Jeder Band präsentiert sich zweifarbig auf rund 96 Seiten, enthält zahlreiche Grafiken und Übersichten, ein ausführliches Register und eine Liste mit weiterführender Literatur.

Autismus
19/4019

Asylrecht
19/4005

Börse
19/4008

Buddhismus
19/4015

Bundesrepublik Deutschland
19/4011

CDU
19/4017

Deutschland
19/4001

DM
19/4021

EG
19/4000

Freimaurer
19/4020

GUS: Völker und Staaten
19/4002

Habsburger
19/4022

Islam
19/4007

30. Januar 1933
19/4016

Die Katholische Kirche
19/4010

Klima
19/4009

Marktwirtschaft
19/4003

Österreich
19/4012

Ozonloch
19/4014

Psychotherapien
19/4006

Schweiz
19/4013

SPD
19/4018

Wilhelm Heyne Verlag
München